人群聚集的
风险管理理论与实务

刘思施　张侃　陈媛媛 ◎ 著

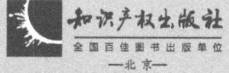

图书在版编目（CIP）数据

人群聚集的风险管理理论与实务/刘思施，张侃，陈媛媛著. —北京：知识产权出版社，2024.12. —ISBN 978 - 7 - 5130 - 9634 - 8

Ⅰ. D631.43

中国国家版本馆 CIP 数据核字第 2024S9V314 号

内容提要

本书围绕人群聚集的风险管理理论和实务展开，主要介绍了人群聚集风险管理的基本理论、人群踩踏事故的触发机理、人群踩踏事故的演化机理，并基于触发—演化链条提出人群聚集风险控制的思路。以上海外滩踩踏事故作为案例，剖析了上海外滩踩踏事故的触发机理，对其演化过程进行了仿真模拟，并针对上海外滩踩踏事故进行风险控制分析。本书的创新之处在于：（1）建立了物理—心理—地理三个维度的 3P 研究范式，并将其作为人群聚集风险管理研究的理论基础；（2）构建了人群踩踏事故触发与演化的贝叶斯网络模型以及复杂网络模型和演化博弈模型；（3）提出了人群踩踏事故的风险防控体系及其实施方案，重点阐述了两步控制策略及其实现。通过归纳和总结人群聚集的风险管理理论，揭示人群聚集触发和演化的基本规律，为人群聚集风险控制与管理提供理论参考。

责任编辑：张水华	责任校对：谷 洋
封面设计：臧 磊	责任印制：孙婷婷

人群聚集的风险管理理论与实务

刘思施　张　侃　陈媛媛　著

出版发行： 知识产权出版社 有限责任公司	网　　址：http：//www.ipph.cn
社　　址：北京市海淀区气象路 50 号院	邮　　编：100081
责编电话：010 - 82000860 转 8389	责编邮箱：46816202@qq.com
发行电话：010 - 82000860 转 8101/8102	发行传真：010 - 82000893/82005070/82000270
印　　刷：北京建宏印刷有限公司	经　　销：新华书店、各大网上书店及相关专业书店
开　　本：720mm×1000mm　1/16	印　　张：13
版　　次：2024 年 12 月第 1 版	印　　次：2024 年 12 月第 1 次印刷
字　　数：205 千字	定　　价：79.00 元

ISBN 978 - 7 - 5130 - 9634 - 8

出版权专有　侵权必究

如有印装质量问题，本社负责调换。

序　言

近年来世界各地人群踩踏事故时有发生，造成了大量人员伤亡，产生了不良的社会影响。运用科学可行的方法防范人群踩踏风险既是现实所需，又是政府防控人群安全风险的重要任务之一。在这样的背景下，理解和管理人群聚集所带来的风险，不仅是一门科学，更是一种艺术。本书正是在这样的视角下诞生的。

本书通过深入浅出的方式，探讨了人群拥挤现象的多种面向。从基本理论的阐述到实际案例的分析，从机理分析到应对策略的制定，每一个环节都紧密联系，形成一个完整的知识体系。作者不仅提供了丰富的实证数据支撑，还结合了最新的风险管理思想，使得本书内容既有深度又具前瞻性。

在风险管理的领域中，人群拥挤作为一个特殊话题，往往被忽视。然而，随着大规模公共活动的增多和城市化进程的加快，这一问题变得越来越突出。本书不仅针对专业人士提供了实用的知识和工具，也为广大读者提供了理解和应对人群拥挤风险的新视角。

通过阅读这本书，读者不仅能获得关于人群聚集风险管理的全面认识，还能学习到如何在复杂多变的环境中做出合理的判断和有效的应对。无论是专业人士、学者，还是对这一领域感兴趣的普通读者，这本书都将打开一个新世界的大门。

在当前这个充满不确定性的时代，理解并有效管理人群聚集的风险，不仅是对专业知识的挑战，也是对人类智慧的考验。本书提供了这样一个探索的平台，希望读者能够在这个平台上获得启发，学习到实用的知识，共同推动这一重要领域的发展。

欢迎你踏上这段旅程，一起探索人群拥挤风险管理的奥秘。

刘思施
2024 年 1 月

目 录

第1章 导 论 ································· 1
  1.1 研究目的 ································· 1
  1.2 研究意义 ································· 3
    1.2.1 理论意义 ······························ 3
    1.2.2 现实意义 ······························ 3
  1.3 研究现状 ································· 4
    1.3.1 国内外研究现状概述 ······················ 4
    1.3.2 关于人群踩踏事故原因的相关研究 ············ 5
    1.3.3 关于人群聚集风险管理的相关研究 ··········· 11
    1.3.4 关于人群疏散的相关研究 ·················· 14
    1.3.5 对现有研究的评述 ······················· 17
  1.4 研究内容和研究方法 ························ 19
    1.4.1 研究内容 ······························ 19
    1.4.2 研究方法 ······························ 20

第2章 人群聚集风险管理的基本理论 ············· 23
  2.1 人群运动、人群聚集与人群踩踏 ··············· 23
    2.1.1 人群运动的界定及特点 ··················· 23
    2.1.2 人群聚集的界定和分类 ··················· 25
    2.1.3 人群踩踏的界定及特征 ··················· 28
  2.2 人群踩踏事故的触发与演化的界定 ············· 30
    2.2.1 人群踩踏事故的触发 ····················· 30

2.2.2 人群踩踏事故的演化 ………………………………………… 31
  2.3 人群踩踏事故触发与演化的3P研究范式 …………………………… 33
   2.3.1 3P范式的描述 ………………………………………………… 33
   2.3.2 物理维度 ……………………………………………………… 34
   2.3.3 心理维度 ……………………………………………………… 37
   2.3.4 地理维度 ……………………………………………………… 38
  本章小结 ………………………………………………………………… 41

第3章 人群踩踏事故的触发机理分析 …………………………………… 42
  3.1 基于扎根理论的触发因素分析及概念模型 ………………………… 42
   3.1.1 扎根理论的研究程序 ………………………………………… 42
   3.1.2 资料选取 ……………………………………………………… 44
   3.1.3 人群踩踏事故的触发因素的开放式编码 …………………… 46
   3.1.4 人群踩踏事故的触发因素的主轴式编码 …………………… 54
   3.1.5 人群踩踏事故的触发因素的选择式编码 …………………… 56
   3.1.6 人群踩踏事故的触发因素的概念模型 ……………………… 57
  3.2 基于解释结构模型的人群踩踏事故触发逻辑分析 ………………… 58
   3.2.1 人群踩踏事故触发因素ISM要素选择 ……………………… 59
   3.2.2 基于人群踩踏事故触发因素的相互关系构建邻接矩阵 …… 63
   3.2.3 风险因素的可达矩阵与层次化 ……………………………… 65
   3.2.4 解释结构模型的构建与分析 ………………………………… 69
  3.3 人群踩踏事故触发临界点及触发条件分析 ………………………… 71
   3.3.1 人群踩踏事故的触发临界点分析 …………………………… 71
   3.3.2 基于四维分析范式的人群踩踏事故触发条件分析 ………… 73
  本章小结 ………………………………………………………………… 76

第4章 人群踩踏事故的演化机理分析 …………………………………… 77
  4.1 人群踩踏事故演化的生命周期模型及仿真 ………………………… 77
   4.1.1 人群踩踏事故的生命周期特征分析 ………………………… 77
   4.1.2 人群踩踏事故演化的生命周期分析 ………………………… 78
   4.1.3 基于贝叶斯网络模型的人群踩踏事故演化模型 …………… 79

4.1.4　人群踩踏事故演化的生命周期判断 ………………… 87
4.2　基于情绪传染的人群踩踏事故演化及仿真分析 ……………… 88
　　4.2.1　人群踩踏情绪传染机理的概念模型 ………………… 89
　　4.2.2　模型假设 ……………………………………………… 90
　　4.2.3　模型构建 ……………………………………………… 90
　　4.2.4　稳定性及阈值分析 …………………………………… 91
　　4.2.5　仿真分析 ……………………………………………… 94
4.3　基于异常行为的人群踩踏事故演化及仿真分析 …………… 100
　　4.3.1　异常行为的分类 …………………………………… 100
　　4.3.2　基于视频的异常行为分析 ………………………… 102
　　4.3.3　基于Pathfinder仿真的异常行为演化分析 ………… 105
　　4.3.4　仿真结果分析 ……………………………………… 113
4.4　人群踩踏事故的多方博弈分析 ……………………………… 114
　　4.4.1　合理性分析 ………………………………………… 114
　　4.4.2　模型构建 …………………………………………… 115
　　4.4.3　策略的进化稳定分析 ……………………………… 117
　　4.4.4　人群聚集风险控制策略的系统动力学模拟 ……… 121
　　4.4.5　结果分析 …………………………………………… 123
本章小结 ………………………………………………………………… 124

第5章　基于触发—演化链条的人群聚集风险控制 …………… 125
5.1　人群聚集风险控制的两步预警原理 ………………………… 125
　　5.1.1　人群聚集风险控制的两步预警的含义 …………… 125
　　5.1.2　人群聚集风险控制的两步预警的区别与联系 …… 126
5.2　人群聚集风险的预防性控制分析 …………………………… 128
　　5.2.1　针对人群聚集活动的预防性风险控制 …………… 128
　　5.2.2　针对特定场地的预防性风险控制 ………………… 135
5.3　人群聚集风险的救援性控制分析 …………………………… 141
　　5.3.1　视频图像背景建模的理论基础 …………………… 142
　　5.3.2　基于视频分析的人群密度初判 …………………… 144

5.3.3 人群聚集风险分级 ································· 147
5.3.4 基于不同风险等级的救援性控制策略 ········· 148
5.4 人群聚集风险控制的两步预警的实现 ················· 149
5.4.1 常见的两步预警策略 ································· 149
5.4.2 基于技术创新的两步预警策略 ····················· 152
本章小结 ·· 157

第6章 案例分析：以上海外滩踩踏事故为例 ············· 158
6.1 上海外滩踩踏事故场景描述 ····························· 158
6.1.1 准备阶段（2014年12月31日前）············· 159
6.1.2 潜伏期（2014年12月31日20：00-22：00）··· 159
6.1.3 发展期（2014年12月31日22：00-23：00）··· 160
6.1.4 爆发期（2014年12月31日23：00-23：50）··· 161
6.1.5 衰退期（2014年12月31日23：50-23：55）··· 161
6.2 上海外滩踩踏事故的触发机理分析 ····················· 162
6.2.1 上海外滩踩踏事故的触发因素分析 ············· 162
6.2.2 上海外滩踩踏事故的触发条件分析 ············· 163
6.3 上海外滩踩踏事故的演化模拟 ··························· 164
6.3.1 仿真模型构建 ··· 164
6.3.2 正常疏散下的仿真模拟 ···························· 168
6.3.3 存在人流对冲的仿真模拟 ························· 174
6.3.4 事发楼梯人流对冲下的人群疏散演化分析 ····· 180
6.3.5 仿真结果与分析 ······································ 183
6.4 上海外滩人群聚集风险控制分析 ························· 184
6.4.1 上海外滩人群聚集风险控制的现有策略分析 ··· 184
6.4.2 上海外滩人群聚集风险控制的两步预警分析 ··· 186
6.5 上海外滩踩踏事故的启示 ································· 190
本章小结 ·· 191

第7章 总结与研究展望 ·· 192
7.1 总结 ·· 192

7.2 本书创新点 …………………………………………… 194
7.3 研究展望 ……………………………………………… 195
后　记 ……………………………………………………… 197

第1章 导 论

1.1 研究目的

拥挤是一个自然的过程，许多人同时聚集在用于预定目的或作为日常事务的一部分的位置。[①] 节日、嘉年华、游行，这样的时间都有人群聚集的可能。剧院、体育场、宗教场所等都是人群聚集的地点。人群聚集如果没有有效管理，则很容易发生踩踏等事件。据不完全统计，自2000年以来，全球共发生有记录的人群踩踏事件72起，共造成了5208人死亡，3997人受伤。这些事故发生在亚洲、非洲等五大洲的多个国家，其中亚洲占74%，非洲占20%，欧洲占3%。中国是人群踩踏事件的频发国之一，人群踩踏事故导致了大量人员伤亡，造成了严重的社会影响。例如，2014年12月31日，发生在中国上海外滩的人群踩踏事件，造成了36人死亡、49人受伤的悲剧。因此，围绕人群聚集风险事件的生命周期，通过研究人群聚集的风险管理理论，剖析人群聚集的风险管理实践，降低人群踩踏事故发生的风险，具有现实迫切性。

人群踩踏事故具有突发性，容易被忽视。人群踩踏事件往往集中爆发于音乐会、迎新会、庙会等集体活动，或发生在地铁站、学校、体育馆等人群密集场所。2017年2月11日，在意大利都灵市圣卡洛广场，因临近比赛结束时，

[①] Karthika P S, Kedar V, Verma A. A walk accessibility-based approach to assess crowd management in mass religious gatherings [J]. Journal of Transport Geography, 2022 (104): 103443.

　人群聚集的风险管理理论与实务

现场突然发生骚动，人们惊恐奔跑，导致踩踏事故发生。2015年4月21日，在深圳地铁黄贝岭站，一名乘客在站台晕倒，引起现场乘客恐慌而导致人群踩踏。类似的事件不计其数，其产生极为突然且事态恶化迅速，给管理造成极大困难。然而，许多国家的政府并没有把人群踩踏作为其应急管理的对象，特别是发展中国家普遍未对人群踩踏予以足够重视。①

人群聚集的风险管理是有规律可循的。与地震、海啸等自然灾害不同的是，人群踩踏事故作为一种人群聚集导致的人为灾难，在事件发展的过程中受到触发因素的推动而逐渐演化产生，通过理论分析、模型验证和软件仿真，可以有助于人们掌握其触发、演化的一般规律。通过了解人群踩踏事故触发、演化机理并采取正确的预防控制措施，绝大多数的人群踩踏事故是可以规避的。结合现有的文献研究、相关案例和管理学、计算机、心理学等多学科交叉知识，探讨人群踩踏事故的发生和演化规律是防范人群聚集风险的关键。通过研究人群踩踏事故的触发和演化机理，剖析人群聚集的风险管理机理，可以为应急管理部门防范人群聚集风险提供理论依据。

已有的研究多集中于人群踩踏事故的影响因素分析、人群踩踏事故的风险管理、人群疏散规律的仿真模拟等方面，而综合运用管理学、心理与行为学、数理理论和计算机仿真等多种理论方法，立足于人群踩踏事故的触发和演化机理，研究人群聚集的风险管理理论的文献则较少。基于此，本书在以往理论模型的基础上，结合理论分析和案例分析，综合运用多学科的理论方法，剖析人群踩踏事故的触发及演化机理，并提出人群聚集风险管理的两步预警策略，以期为人群聚集风险控制提供决策参考。

本书的主要目的是：通过界定人群踩踏事故的触发的定义和演化的过程，提出人群踩踏事故的研究范式，分析人群踩踏事故的触发和演化的链式关系；剖析人群踩踏事故的触发因素，分析触发临界点和触发条件；从多个维度研究人群踩踏事故的演化机理；提出人群聚集风险管理的两步预警方案；以上海外滩人群踩踏事故为案例，分析该案例的触发、演化机理，并提出相应风险管理对策。

---

① Prashanth G P. Human stampedes: a neglected disaster in the developing world. [J]. American Journal of Disaster Medicine, 2011, 6 (2): 69-70.

1.2 研究意义

本书将通过多场地实地调研和视频拍摄，分析人群运动的基本规律，构建生理—心理—力学—地形的四维分析模型，总结人群踩踏发生机理的基本范式；通过大量的案例分析，综合运用扎根理论和解释结构模型，分析人群踩踏事故的触发因素；构建贝叶斯网络模型、复杂网络模型、演化博弈等模型，研究人群踩踏的演化机理，并通过 Pathfinder 软件进行仿真模拟；针对不同人群聚集情况，设计不同的疏散和控制策略；基于上海外滩人群踩踏事故进行案例分析，通过实地调查和建模仿真，分析上海外滩人群踩踏事件的发生机理，并对其风险防控方案进行分析，提出改进的疏散及预警控制方案。

1.2.1 理论意义

1. 综合运用跨学科理论，丰富人群踩踏事故机理理论

综合运用心理学、物理学、风险管理学等理论，结合案例分析、数理模型、仿真分析等方法，分析人群踩踏事故的触发和演化机理，丰富人群踩踏事故机理理论。从心理的角度利用传染病模型和复杂网络理论，分析人群踩踏事故的情绪演化机理；从行为的角度分析了异常行为的传染效应，剖析人群踩踏事故的异常行为演化机理；从风险管理的角度对大型室外活动人群踩踏事故进行风险预警和预控，丰富人群踩踏事故理论。

2. 尝试进行人群聚集风险的预警和预控的理论探索

本研究基于风险管理理论、复杂科学理论、信息技术理论、行为学理论等，综合运用现场调研、模拟、预测等方法，结合扎根理论与解释结构模型的方法、贝叶斯网络模型方法、演化博弈和系统动力学等多种方法，进行实证分析，通过定性分析和定量分析，进行人群聚集风险的预警和预控的理论探索。

1.2.2 现实意义

通过对人群聚集风险管理的理论和实务研究，促进人们加深对人群踩踏事

故发生规律的理解，以便及时防范和规避人群聚集风险。对个人而言，能够切实提高应对人群聚集风险的防范意识和实践能力，在参加人群聚集活动时，能够密切关注身边隐藏的风险，一旦发生严重事故，首先能够做到自我保护，其次能为阻止事态蔓延作出贡献。

对于政府部门等相关组织来说，通过对人群聚集风险管理的理论与实务研究，一是能够为政府部门等相关组织，在人群密集活动安全风险预控方面提供建议和决策参考；二是能够为政府部门等相关组织，在制定人群密集场所防踩踏预案和疏散方案方面提供借鉴；三是能够多方面提升政府部门等相关组织公共安全管理能力，保证大型人群聚集活动的顺利进行，并保障人民群众的人身安全。

1.3 研究现状

1.3.1 国内外研究现状概述

人群踩踏是发生在大规模人群聚集时的最大灾难[1]，它在世界各地都可能发生，一旦发生，不仅造成巨大的人员伤亡，而且导致惨重的经济损失和环境破坏[2]。因此，对人群聚集活动进行管理有利于降低人群踩踏的发生概率，减少人员伤亡。

为了探索国内外人群聚集管理的研究趋势，基于 Web of Sciences（WOS）和中国知网数据库收集相关文献，并进行统计分析。国外相关研究中最高频率的关键词包括人群疏散研究、仿真模拟、行人动态研究和元胞自动机分析，以及人流、疏散模型、行人行为、行人疏散、火灾和行人动态。相关的研究主要

---

[1] Illiyas F T, Mani S K, Pradeepkumar A P, et al. Human stampedes during religious festivals: a comparative review of mass gathering emergencies in India [J]. International Journal of Disaster Risk Reduction, 2013 (5): 10–18.

[2] Santos R J, Olmos P S. Analysis of the "News Divine" stampede disaster [J]. Safety Science, 2017 (91): 11–23.

涉及应急管理、安全管理等领域，研究的理论基础涉及物理学、信息科学、数学等学科。从国外的研究现状来看，关于人群聚集风险管理的相关研究较多地集中于行人人流规律分析、人群密度估计、人群疏散研究、行人动态和行为等方面。

国内相关研究较多的是人群疏散及疏散相关的研究，其次是人群踩踏事故分析、人群密度研究，最后是公共安全、应急管理、安全工程。

综合国内外的研究现状，人群聚集风险管理的相关研究主要包括人群踩踏事故原因分析、人群聚集风险管理研究、人群疏散及仿真分析等方面。

1.3.2 关于人群踩踏事故原因的相关研究

1. 人群踩踏事故的原因分析

关于人群踩踏事故的影响因素，主流的分类是分为人的因素、物的因素、环境因素和管理因素等方面[1]，总结见表1-1。

表1-1 人群踩踏事故的影响因素相关研究总结

触发因素	表现	代表文献
人的因素	人群的运动轨迹和路径选择、人的生理因素、人的心理因素等。	Rao；Fu；Illiyas，王维莉
物的因素	物品、设备、设施等对人群密集、人群运动、人群疏散的影响。	Alizadeh R；Zheng
环境因素	主要是自然环境、自然灾害等因素对人群运动的影响。	Zheng；Illiyas
管理因素	管理者个人因素、引导机制和现场控制等对人群疏散的影响。	Ma；Hou

一些研究关注人的因素，认为人群的对冲和涌冲、人的竞争和哄抢、突然的尖叫、人的入场和退场等都是人群聚集时的危险因素[2]。人的运动轨迹和路径选择也是非常重要的因素，人们对路径选择的决策对人群疏散的速度有非常

---

[1] 王维莉，薛雪．人群聚集场所拥挤踩踏风险评估 [J]．灾害学，2024，39 (1)：146－151，157．

[2] Liu J, Chen Y, Chen Y. Emergency and disaster management - crowd evacuation research [J]. Journal of Industrial Information Integration, 2021 (21): 100191.

人群聚集的风险管理理论与实务

大的影响，同时，人的生理因素如年龄、性别等，也是导致人群踩踏风险的重要因素①。人的心理也是重要影响因素，如恐慌心理、自私程度和压力情绪②等，都是导致人群踩踏风险的因素。人群拥挤密度因素也受到了广泛关注，一些研究采用不同的方法对其进行估测③，以期降低其对人群踩踏的风险。Rao 认为视频监控技术对保证人们的安全、紧急疏散有极大作用，通过采用视频监控技术，对人群密度进行测度，来防范人群踩踏风险。④ Tiang 通过使用大数据和尖端的计算机智能技术，可以预测全市范围内人群或交通的密度和流量，发布了一个由真实世界的智能手机应用程序生成的新的聚合人类流动性数据集。⑤

对物的因素的研究主要聚焦于物品、设备、设施等对人群密集、人群运动、人群疏散的影响。Alizadeh R 通过元胞自动机模型进行仿真，分析了门的位置、门的宽度、障碍物的位置、环境的灯光、拥挤区域位置等都对人群疏散产生影响。⑥ Zheng 研究了火灾条件下的疏散，表明房屋构造、防火门的厚度、火源地等物的因素对人群疏散有重要影响。⑦ Illiyas 归纳了斜坡、火灾、湿滑地面等都是人群拥挤的威胁。⑧ Nurulaqilla 通过研究发现，一些低效的建筑设计容易导致人群踩踏，比如出口门的位置等⑨。Xiaomeng Shi 通过受控实验室

---

① Shi X M, Zhi R, et al. Empirical investigation on safety constraints of merging pedestrian crowd through macroscopic and microscopic analysis. [J]. Accident Analysis & Prevention, 2016, 95 (Pt B): 405 – 416.

② Li X J, Chen R X, et al. On group evacuation behavior of subway station halls using an improved evolutionary game model [J]. Journal of Building Engineering, 2024 (82): 108288.

③ Fadhlullah S Y, Ismail W. A statistical approach in designing an RF – based human crowd density estimation system [J]. International Journal of Distributed Sensor Networks, 2016: 8351017.

④ 逄焕利，李红岩. 拥挤行人异常行为智能检测仿真 [J]. 计算机仿真，2018, 35 (11): 405 – 408.

⑤ Jiang R, Cai Z, Wang Z, et al. DeepCrowd: a deep model for large – scale citywide crowd density and flow prediction [J]. IEEE Transactions on Knowledge and Data Engineering, 2021, 35 (1): 276 – 290.

⑥ Alizadeh R. A dynamic cellular automaton model for evacuation process with obstacles [J]. Safety Science, 2011, 49 (2): 315 – 323.

⑦ Zheng Y, Jia B, Li X G, et al. Evacuation dynamics with fire spreading based on cellular automaton [J]. Physica A: Statistical Mechanics and its Applications, 2011, 390 (18 – 19): 3147 – 3156.

⑧ Illiyas F T, Mani S K, Pradeepkumar A P, et al. Human stampedes during religious festivals: A comparative review of mass gathering emergencies in India [J]. International Journal of Disaster Risk Reduction, 2013, 5: 10 – 18.

⑨ Khamis N S, H F S Lutfy, et al. Optimized exit door locations for a safer emergency evacuation using crowd evacuation model and artificial bee colony optimization [J]. Chaos, Solitons and Fractals, 2020 (131): 109505.

实验来测量行人流量，通过不同的出口位置和出口附近的障碍物，涉及在正常和慢速运行条件下通过14种不同几何配置的行人流[1]。研究发现，在相同的障碍物条件下，拐角出口比中间出口表现更好。此外，还观察到障碍物的有效性对其大小和与出口的距离很敏感。Wu Peihong通过仿真分析，认为在早期疏散阶段，栏杆对平衡出口较少的地区不同出口的比例有积极作用。[2] 对于多个出口分布良好的区域，对称结构有利于疏散和有效利用不同的出口。此外，设置栏杆可以在一定程度上减少瓶颈处的拥挤。

一些研究从环境因素展开，分析了其对人群踩踏风险的影响。Zheng认为自然环境因素也是人群踩踏风险的来源，如暴雨等。Illiyas基于视频资料，比较分析了正常情况下和发生地震时学生的疏散行为。[3] Song建立了元胞自动机模型模拟了地震来临前的疏散行为，研究了模型参数、疏散优先级和倒塌楼梯的影响。[4] 结果表明，最短的疏散时间与疏散人员对地震发生地周围环境的更高熟悉程度、无差别的习惯偏好以及适当的协议稳健性有关。还有一些研究关注恐怖袭击环境下人群拥挤风险问题。Jia Wang基于图像处理方法，从视频素材中提取售票大厅内被攻击人群的瞬时速度场，通过分析人群速度、人群运动频率和人群熵的统计特征，发现了人群振荡、自组织分组等现象。[5]

一些研究关注管理因素对人群聚集的影响。Ma认为管理者的疏散引导能使人群疏散更加高效，通过社会力模型探索了管理因素对人群疏散的作用，当管理者在可视范围内将比较有效，但是如果房间的可视度不高，管理能力具有

---

[1] Shi X, Ye Z, Shiwakoti N, et al. Examining effect of architectural adjustment on pedestrian crowd flow at bottleneck [J]. Physica A: Statistical Mechanics and its Applications, 2019 (522): 350-364.

[2] Wu P, Wang Y, Jiang J, et al. Evacuation Optimization of a Typical Multi-exit Subway Station: Overall partition and local railing [J]. Simulation Modelling Practice and Theory, 2021 (115): 102425.

[3] Illiyas F T, Mani S K, Pradeepkumar A P, et al. Human stampedes during religious festivals: A comparative review of mass gathering emergencies in India [J]. International Journal of Disaster Risk Reduction, 2013 (5): 10-18.

[4] Song Y, Xie K, Su W. Mechanism and Strategies of Post-Earthquake Evacuation Based on Cellular Automata Model [J]. International Journal of Disaster Risk Reduction, 2018 (34): 220-231.

[5] Wang J, Ni S, Shen S, et al. Empirical study of crowd dynamic in public gathering places during a terrorist attack event [J]. Physica A: Statistical Mechanics and its Applications, 2019 (523): 1-9.

负面的效果。① Hou 调查了在有限可视范围内，领导者的数量和位置对疏散效果的影响，结果表明：如果是单一出口的情况下，一个或者两个领导将具有更好的效果；如果是多个出口，除非每个出口都有领导者在指导，否则疏散速度会变慢。②

2. 人群踩踏事故的发展分析

人群踩踏事故的演化的研究主要集中于以下几个方面：基于事故发展过程、基于人的行为、基于情绪传染、基于风险理论等。

一些学者通过研究人群踩踏事故的发展过程来分析其演化机理，主要分为具体案例剖析型和总体概括分析型。具体案例剖析型以 Helbing 和 Jaime 为代表。Helbing 基于利物浦踩踏事件的案例分析，剖析了该踩踏事件的发生和演化过程。③ Jaime 基于 News Divine 人群踩踏事件回顾，通过构建 MORT 模型和 FIST 模型剖析了一些偶然性因素共同作用和发展导致 News Divine 人群踩踏的过程。④ 总体概括分析型是指在案例分析和理论分析的基础上，分析具有普适性的人群踩踏事件演化过程，以 Ramesh 为代表。Ramesh 分析了人群拥挤演化成人群踩踏事故的原因主要有以下方面：在人流中存在意料之外的障碍物，从而增加人流压力；逃跑或者恐慌，从而导致人群踩踏事件发生；为了获得某个更高的目标而发生的竞争性地冲挤。沈越通过对 2014 年 "12·31" 上海外滩踩踏事件与 2022 年 "10·29" 首尔梨泰院踩踏事件进行案例分析，剖析了这两起典型踩踏事件的预防预警和应对处置过程，并提出防范自发性公众聚集踩踏风险的对策建议。⑤ 岳诗瑶通过剖析首尔梨泰院踩踏事件，分析了事件的背景与经过，从环境、人、管理和信息因素角度剖析了事故发生的原因，总结了

---

① Ma Y, Yuen R., Lee E. Effective leadership for crowd evacuation [J]. Physica A Statistical Mechanics & Its Applications, 2016: 333 - 341.

② Hou L, Liu J G, Pan X, et al. A social force evacuation model with the leadership effect [J]. Physica A Statistical Mechanics & Its Applications, 2014, 400 (2): 93 - 99.

③ Helbing D, Mukerji P. Crowd disasters as systemic failures: analysis of the Love Parade disaster [J]. Epj Data Science, 2012, 1 (1): 1 - 40.

④ Santos R J, Olmos P S. Analysis of the" News Divine" stampede disaster [J]. Safety Science, 2017 (91): 11 - 23.

⑤ 沈越, 曹海峰. 自发性公众聚集踩踏的发生路径和防范对策：基于 "三段链式进程" 分析框架 [J]. 中国应急管理科学, 2023 (6): 100 - 111.

大型踩踏事故的安全管理难点。[1]

人的行为的演化分析一般是基于行人在拥挤运动中的行为，探索行人行为对人群踩踏事故演化的影响。Charitha Dias 从行为学的角度，研究了在复杂情况下人们的逃跑行为。[2] 研究结果表明，更高的转弯角度能使行人降低速度，从而能显著地减少人流，而交叉路口和合并结构将导致人流的走走停停，从而更容易演化成人群踩踏和碾压。Nikolai 从行人行为的角度分析了在人群拥挤时候人们的路径选择，通过在封闭式区间进行试验，预测行人在面临压力或恐惧时的路径选择，从而分析人群拥挤的演化。[3] Yixue 通过人群疏散观察实验，研究了16种工作条件下的群体行为，包括改变参与者数量、改变紧急程度和设置障碍，获得了不同侧面和出口的参与者分配和人群移动时间，提出了判断区域和人群密度来理解群体行为和决策者的选择。[4]

情绪感染一般会呈现"情绪觉察—无意识模仿—生理反馈—情绪体验"的过程[5]。一些学者研究了人群的情绪感染问题，如 Barsada 提出了情绪感染的"涟漪效应"，即情绪感染会对群体内成员产生影响[6]。赵卫东等提出，人群密集的场合中人们的情绪极易相互感染，而且这些感染表现为连锁式循环式反应过程。[7] 情绪具有感染性和复杂性，尤其是在人群密集的场合。恐慌情绪是一种消极的情绪，在人群聚集时，恐慌也具有传染性。已有学者关注到人群聚集时恐慌情绪对人群疏散的影响。Helbing 基于行人行为模型研究了恐慌对人群疏散的影响，提出了减少类似事件发生的实用方法，并论证了人群恐慌疏

---

[1] 岳诗瑶. 大型自发聚集类踩踏事故探析：从梨泰院踩踏事故谈起 [J]. 城市与减灾, 2023 (3): 17-21.

[2] Dias C, Sarvi M, Shiwakoti N, et al. Investigating collective escape behaviours in complex situations [J]. Safety Science, 2013 (60): 87-94.

[3] NWF Bode, Au Kemloh Wagoum, EA Codling. Human exit route choice in virtual crowd evacuations [J]. Animal Behaviour. 2015, 86 (2): 347-358.

[4] Liu Y, Mao Z. An experimental study on the critical state of herd behavior in decision-making of the crowd evacuation [J]. Physica A: Statistical Mechanics and Its Applications, 2022 (595): 127087.

[5] 张奇勇, 卢家楣, 闫志英, 等. 情绪感染的发生机制 [J]. 心理学报, 2016, 48 (11): 1423-1433.

[6] Barsade S G. The ripple effect: emotional contagion and its influence on group behavior [J]. Administrative Science Quarterly, 2002, 47 (4): 644-675.

[7] 赵卫东, 赵旭东, 戴伟辉. 突发事件的网络情绪传播机制及仿真研究 [J]. 系统工程理论与实践, 2015, 35 (10): 2573-2581.

人群聚集的风险管理理论与实务

散中的自组织行为。① 基于 Helbing 的社会力模型，Daniel 分析了由于恐慌所导致的疏散中"快即是慢"的问题。② Elzie 构建模型对恐慌情况下的人群运动进行了仿真模拟，并分析出人群聚集时的潜在的危险行为。③ Zhao 通过在出口附近制造障碍，设置恐慌的疏散情形，研究了在这种情况下的人群疏散问题。④ Wang 借助于多代理模型研究了恐慌下的人群疏散，通过仿真模拟分析了不同情形下的疏散。⑤ 类似地，Frank、Wang 等也研究了恐慌情绪下人群的疏散问题，这些研究侧重于人群聚集时的恐慌心理对人群疏散的影响，表明人的恐慌情绪具有感染性、复杂性和自组织性等特点，但关于人群聚集时恐慌情绪传染机理的研究较少。⑥

基于风险理论的人群踩踏事故演化分析以张青松、李华为代表。张青松等基于人群拥挤踩踏事故风险理论（四阶段）模型研究了人群踩踏事故的演化，依据牛顿第二定律和经典"社会力"模型对人群中的个体受力进行建模。⑦ 李华等通过分析景区密集人群踩踏事故，选取情景状态、致灾体、承灾体、驱动要素为关键要素，探索密集人群踩踏事故情景演化的特征与路径；运用动态贝叶斯网络构建密集人群踩踏事故情景网络，从情景状态概率推演情景发展趋势。⑧

---

① Helbing D, Farkas I, Vicsek T. Simulation software for simulating dynamical features of escape panic [J]. Nature, 2003, 407 (6803): 2000.

② Parisi DR., Dorso CO. The role of panic in the room evacuation process [J]. International journal of modern physics C, 2006, 17 (3): 419–434.

③ Elzie T, Frydenlund E, Collins A J, et al. Panic that spreads sociobehavioral contagion in pedestrian evacuations [J]. Transportation Research Record Journal of the Transportation Research Board, 2016 (2586): 1–8.

④ Zhao Y, Li M, Lu X, et al. Optimal layout design of obstacles for panic evacuation using differential evolution [J]. Physica A: Statistical Mechanics & Its Applications, 2017 (465): 175–194.

⑤ Wang J, Zhang L, Shi Q, et al. Modeling and simulating for congestion pedestrian evacuation with panic [J]. Physica A: Statistical Mechanics & Its Applications, 2015 (428): 396–409.

⑥ Frank G A, Dorso C O. Panic evacuation of single pedestrians and couples [J]. International Journal of Modern Physics C, 2016, 27 (8): 1650091.

⑦ 张青松, 刘金兰, 赵国敏. 人群拥挤踩踏事故后果微观建模及模拟分析 [J]. 安全与环境学报, 2008, 8 (4): 164–168.

⑧ 李华, 李琳倩, 益朋. 景区密集人群拥挤踩踏事故情景分析 [J]. 中国安全科学学报, 2020, 30 (4): 108–113.

1.3.3 关于人群聚集风险管理的相关研究

1. 关于人群密集程度的测算

人群密度是单位区域内人的数量,人群密度的估计是评估人群聚集事件是否危险的重要依据,是公共安全和拥挤管理中的重要工具①。实时人群密度估计可以帮助监测人群运动,从而支持及时制定疏散策略。估计人群密度的主要技术分为基于像素的人群密度估计、基于纹理的人群密度估计和其他技术。

基于像素的人群密度估计主要是通过提取一些局部的特征来估计人群拥挤中的人群密度。② Hussain 基于像素分析构建了一个自动的人群密度估计系统 CDES。③ 通过图像处理和计算机智能技术,CDES 系统具有灵活选择区域在高密度情况下进行人群计数的功能,通过该方法对人群密度进行估计,并进行风险分级。Fradi 基于像素分析提出了一种新的估计人群密度的方法,通过提取观察物的局部特征估计人群密度,并构建了自动密度估计地图。④ Huang 基于像素统计特征分析进行人群密度的估计,并且在高密度和极高密度下进行了试验。⑤

一些研究聚焦于纹理特征对人群密度进行估计。Yang 基于图像纹理分析方法估计人群密度,对所选择的拥挤图片计算灰度共生矩阵,利用支持向量机器来估计拥挤密度,最后通过线性回归的方法对人群计数。⑥ Fu 在基于纹理的理论基础上,引入了卷积神经网络来估计人群密度,通过对比分析,证明该种方法能快速、有效地计算人群密度。⑦ 李寅等结合局部和全局特征进行人群密

---

① Zhou B Y, Zhang F, Peng L Z. Higher – order SVD analysis for crowd density estimation [J]. Computer vision and image understanding 2012, 116 (9): 1014 – 1021.
② Saleh S A M, Suandi S A, Ibrahim H. Recent survey on crowd density estimation and counting for visual surveillance [J]. Engineering Applications of Artificial Intelligence, 2015 (41): 103 – 114.
③ Hussain N, Yatim H S M, Hussain N L, et al. CDES: A pixel – based crowd density estimation system for Masjid al – Haram [J]. Safety Science, 2011, 49 (6): 824 – 833.
④ Fradi H, Dugelay J L. Towards crowd density – aware video surveillance applications [J]. Information Fusion, 2015 (24): 3 – 15.
⑤ Huang J C, Wang X, Wu C M, et al. An approach for crowd density and crowd size estimation [J]. Journal of Software, 2014, 9 (3): 757 – 762.
⑥ Yang J. Crowd density and counting estimation based on image textural feature [J]. Journal of Multimedia, 2014, 9 (10): 1152 – 1159.
⑦ Fu Z, Luo L, Yang Y, et al. Effect of speed matching on fundamental diagram of pedestrian flow [J]. Physica A: Statistical Mechanics and Its Applications, 2016 (458): 31 – 42.

人群聚集的风险管理理论与实务

度估算，首先对输入图像进行预处理以减少背景噪声干扰；其次，计算前景团块像素数占全幅图像的比例，并引入阈值分割机制；最后，对阈值上下的图像分别采用基于全局特征的分类算法和基于局部特征的回归算法来获取人群密度。[1] 此外，对基于全局特征的分类算法，提出结合小波变换和灰度共生矩阵的纹理特征描述来提高分类准确率。

关于人群密度的估计吸引了很多学者进行研究，随着技术的进步，也出现了越来越多创新的方法。Wang 将改进的 MobileNetv2 和膨胀卷积相结合，提出了一种基于轻量级卷积神经网络（CNN）的人群密度估计模型。[2] 近年来随着深度学习和大型人群数据集的发展，人群密度的计算有了一些新方法：Zhu 提出基于分类激活图和斑块密度水平的人群密度估计方法；[3] Fadhlullah 利用无线电频率的方法和统计分析方法，构建了人群拥挤密度估计系统；[4] Rao 结合光学流和动作提示、轮廓分析，并对人群密度进行分类，提出一种基于动作提示和分级聚类的方法来估计人群密度。[5] 在物联网技术的推动下，Ma 一种基于通道状态信息（CSI）的无设备人群密度估计框架，可以可视化人员分布。[6] Bouhlel 提出了一种在航空图像中估计人群密度的新方法，以检测表现出异常密度的拥挤区域。[7]

2. 关于人群聚集的风险评估

Illiyas 建立了人群踩踏事件风险控制模型。[8] 通过对活动策划、活动决议、

---

[1] 李寅，王贵锦，林行刚. 结合局部和全局特征的人群密度估计算法 [J]. 清华大学学报（自然科学版），2013，53 (4)：542-545.

[2] Wang S, Pu Z Y, Li Q M, et al. Estimating crowd density with edge intelligence based on lightweight convolutional neural networks [J]. Expert Systems with Application, 2022 (206)：117823.

[3] Zhu L P, Li C Y, Yang Z G, et al. Crowd density estimation based on classification activation map and patch density level [J]. Neural Computing & Applications, 2020, 32 (9)：5105-5116.

[4] Fadhlullah S Y, Ismail W. A statistical approach in designing an RF-based human crowd density estimation system [J]. International Journal of Distributed Sensor Networks, 2016：835107.

[5] Rao A S, Gubbi J, Marusic S, et al. Estimation of crowd density by clustering motion cues [J]. The Visual Computer, 2014, 31 (11)：1533-1552.

[6] Ma X Y；Xi W, Zhao X Y, et al. Wisual：indoor crowd density estimation and distribution visualization using Wi-Fi [J]. IEEE Internet of Things Journal, 2022, 9 (12)：10077-10092.

[7] Bouhlel, F；Mliki, H and Hammami, M. Abnormal crowd density estimation in aerial images based on the deep and handcrafted features fusion [J]. Expert Systems with Applications, 2021 (173)：114656.

[8] Illiyas F T, Mani S K, Pradeepkumar A P, et al. Human stampedes during religious festivals: A comparative review of mass gathering emergencies in India [J]. International Journal of Disaster Risk Reduction, 2013 (5)：10-18.

风险评估、项目（或计划）分解、降低风险评估等各个流程进行风险评估，从而对人群踩踏事故进行风险防范和控制。王起全基于数据处理系统（DPS），引入非参数投影寻踪回归模型的理论方法，对拥挤踩踏事故影响因素的多维数据进行降维处理，通过交叉核实，进行参数拟合，得出每一因素的权重值及事故发生预测值，从而对中小学校园拥挤踩踏事故进行风险评价。[①] Yang 等提出了一种评估大城市开放公共空间人群聚集风险等级和空间分布的新方法。[②] 首先，基于腾讯用户密度（TUD）数据，构建开放公共空间不同时间人群密度估计方法；接着，划定合理的人群密度阈值，以检测开放公共空间中的危急人群情况，并找出需要加强人群聚集预防的关键开放公共空间。最后，基于经典风险理论进行量化风险评估方法，同时考虑事故发生的概率、事故后果的严重程度和风险规避因素。Lu 等通过引入迭代自组织聚类算法（ISODATA）和模糊理论相结合的方法，检验不同集群风险群体中人群踩踏事件的成因，通过对风险因素分析，对不同风险的地方提出控制策略。[③] Lu 等应用三角模糊数和贝叶斯网络建立了体育场踩踏事故的风险分析模型。[④] 他们收集了 46 个事故样本和 24 个与活动密切相关的危险因素。结果表明，观众情绪、弱势群体、逆行人群、异常人员、易燃易爆物品、体育场走道、特殊时段等 7 个因素更容易引发踩踏事件。为了开发一种新的方法来识别客船人员的疏散风险，Wang 等对影响客船疏散的风险因素进行了分析和识别，并提出了基于人、船、环境和组织（HSEO）的 HEPS 分析框架。另外，提出了一个风险评估模型，对 HEPS 过程中的风险因素进行量化和排序。[⑤] Wu 等提出了一个自然灾害事故链演化

---

① 王起全, 吴嘉鑫. 基于 STAMP 模型的地铁拥挤踩踏应急联动系统设计 [J]. 中国安全科学学报, 2016, 26 (12): 158-162.

② Yang Y C, Yu J, Wang C Y, et al. Risk assessment of crowd-gathering in urban open public spaces supported by spatio-temporal big data [J]. Sustainability, 2022, 14 (10): 6175.

③ Lu Y, Qiu L, et al. Human stampede causative factors and cluster risk: a multi-dimensional analysis based on ISODATA and fuzzy theory [J]. International Journal of Disaster Risk Reduction, 2021 (66): 102581.

④ Lu Y, Shi X, Jiang X, et al. Analyzing dynamic risk of stampede in stadium: a quantitative method considering the various status of risk factors in whole process [J]. International Journal of Disaster Risk Reduction, 2022 (82): 103339.

⑤ Wang X J, Xia G, Zhao J, et al. A novel method for the risk assessment of human evacuation from cruise ships in maritime transportation [J]. Reliability Engineering & System Safety, 2023 (230): 108887.

人群聚集的风险管理理论与实务

分析模型（NAEA 模型）。基于 NAEA 模型的结果，建立了大型冬季运动场地地震多米诺骨牌事故的模糊贝叶斯网络。[①]

1.3.4 关于人群疏散的相关研究

1. 关于疏散行为的研究

疏散行为的研究多体现在对紧急状况下疏散行为的研究。Helbing 等基于利物浦人群踩踏事件分析了拥挤灾难中的行为，说明行人的摔倒行为不是直接导致人群踩踏的诱因。[②] 而 Margarita 认为驱动者的行为是人群疏散的重要原因[③]。Dewei Li 等分析了友好的和攻击的两种行为对人群疏散的影响，仿真表明最优疏散状态出现在多一些友好、少一些攻击的情况下。[④] Zeng 等研究了行人避免冲突的行为、信号灯处的反应行为和交叉路口的反应行为等对疏散的影响。[⑤]。Zheng 等通过构建 Floor-Field（FF）模型研究了火灾下行人的运动行为，这些行为主要表现在正常行走、弯腰行走和蠕动行为。[⑥] Shiwakoti 等论证了在地铁紧急疏散中行人的行为——反映的和前摄的行为、合作与竞争行为、不对称行为和路径依赖行为，通过对 1134 位地铁乘客的行为调研发现，在紧急情况下，乘客更多的选择遵守乘客守则，而不是移出；乘客更多的选择互帮互助的合作行为而不是推扯的竞争行为；乘客更多地选择路径依赖，而不是另辟蹊径。[⑦] Jaekoo Joo 构建 FSA 模型，分析了紧急疏散下行人的行为对疏

---

① Wu J S, Xing Y Y, Bai Y P, et al. Risk assessment of large-scale winter sports sites in the context of a natural disaster [J]. Journal of Safety Science and Resilience, 2022 (3): 263–276.

② Helbing D, Mukerji P. Crowd disasters as systemic failures: analysis of the Love Parade disaster [J]. Epj Data Science, 2012, 1 (1): 7.

③ Margarita Kostovasili C A. Simulation-based evaluation of evacuation effectiveness using driving behavior sensitivity analysis [J]. Simulation Modelling Practice and Theory, 2017 (70): 135–148.

④ Li D W, Han B M. Behavioral effect on pedestrian evacuation simulation using cellular automata [J]. Safety Science, 2015 (80): 41–55.

⑤ Zeng W L, Chen P, Nakamura H, et al. Application of social force model to pedestrian behavior analysis at signalized crosswalk [J]. Transportation Research Part C, 2014 (40): 143–159.

⑥ Zheng Y, Jia B, Li X G, et al. Evacuation dynamics considering pedestrians' movement behavior change with fire and smoke spreading[J]. Safety Science, 2017 (92): 180–189.

⑦ Shiwakoti N, Tay R, Stasinopoulos P, et al. Likely behaviours of passengers under emergency evacuation in train station [J]. Safety Science, 2017 (91): 40–48.

散的影响，考虑了行人的先验知识与对动态环境变化的判断对人群疏散的影响。[1] 这些研究主要聚焦于行人行为的表现及行人行为对疏散运动的影响。刘全平等综合考虑了行人的逃逸行为、等待行为、避碰行为、从众行为、帮助行为、排队行为和目标行为等对人群疏散的影响。[2]

2. 关于疏散仿真的研究

现有的研究关于人群疏散模型主要分为宏观模型和微观模型。宏观模型将人群作为整体进行研究，如将人群疏散类比于流动介质的运动。Henderson 将人群视为连续流动的整体，构建起人群疏散的动力学方程，成为后续宏观模型的基础。[3] Hughes 基于连续介质理论对人群行为进行了研究，构建数学模型，分析和论证了人群运动的规律。[4] Francesco 和 Debora 基于 Hughes 模型，通过计算和仿真进一步论证了人群运动规律。[5] 然而，Hughes 模型在复杂拥挤人群的动态分析方面具有局限性，尤其是在走走停停人流运动和狭小空间发生堵塞情景时，难以准确解释人群疏散规律。一些学者通过改进和优化 Hughes 模型，解决 Hughes 模型所不能解决的问题。Jiang 等基于放松的二维程函方程构建了行人拥挤动态的高阶宏观模型，通过各种参数设定，解决了复杂的行人流问题，如走走停停人流运动。[6] Twarogowska 等建立程函方程，通过构建 Hughes 模型和二阶微分方程模型分别研究了行人的动态，通过研究表明，二阶微分方程模型能够解决狭隘区域的拥堵问题。[7] Liu 等提出了一种将模拟技术和多目标优化方法相结合的方法，以同时优化应急响应时间和分配的消防

---

[1] Joo J, Kim N, Wysk R A, et al. Agent-based simulation of affordance-based human behaviors in emergency evacuation [J]. Simulation Modelling Practice & Theory, 2013 (32): 99-115.

[2] 刘全平，梁加红，李猛，等. 基于多智能体和元胞自动机人群疏散行为研究 [J]. 计算机仿真, 2014, 31 (1): 328-332.

[3] Henderson L F. The statistics of crowd fluids [J]. Nature, 1971, 229 (5284): 381-383.

[4] Hughes R L. A continuum theory for the flow of pedestrians [J]. Transportation Research Part B: Methodological, 2002, 36 (6): 507-535.

[5] Di Francesco M, Markowich P A, Pietschmann J F, et al. On the hughes'model for pedestrian flow: The one-dimensional case [J]. Journal of Differential Equations, 2011, 250 (3): 1334-1362.

[6] Jiang Y Q, Zhou S G, Tian F B. A higher-order macroscopic model for bi-direction pedestrian flow [J]. Physica A: Statistical Mechanics & Its Applications, 2015 (425): 69-78.

[7] Twarogowska, M. Goatin P, Durigenaar. Macroscopic modeling and simulations of room evacuation [J]. Applied Mathematical Modelling, 2014, 38 (24): 5781-5795.

员人数。① 他构建了 HTCPN 模型来模拟地铁站的应急响应过程，并使用 Skyline 算子基于模拟数据集找出多目标优化的最优方案。最后通过基于模糊的机制选择最优折中方案。

微观模型主要有社会力模型、格子气模型（LG）、元胞自动机模型（CA）和多代理模型等。社会力模型是描述行人动态的自组织现象的连续性模型，研究并分析人群运动中的基本规律，后续很多学者的研究都是基于该模型②。Daniel 引入了自我停止机制修改社会力模型③，Hou 基于对社会力模型的改进探讨了领导力对人群疏散的影响④，Jianxing 提出了一个修正的社会力模型⑤，该模型结合了动态风险和情绪传染框架，以研究异质人格特征分布下恐慌对行人疏散动态的影响。格子气模型是基于物理的理论研究行人流规律。Helbing 通过视频实验获得数据，基于格子气模型对行人人流进行仿真，在比较的基础上分析了人群疏散的规律。⑥ Guo 综合了社会力模型和格子气模型的优点，对公共建筑内人群疏散行为进行了仿真。⑦ Wei 建立了格子气模型，探讨了疏散时间与障碍规模、出口距离之间的关系。⑧ Chen et al. 构建元胞自动机模型，研究了非理性条件下人群疏散问题，通过构建伤害梯度和跌倒概率参数，研究

---

① Liu Q, He R F, Zhang L M. Simulation – based multi – objective optimization for enhanced safety of fire emergency response in metro stations [J]. Reliability Engineering & System Safety, 2022 (228): 108820.

② Helbing D, Buzna L, Johansson A, et al. Self – Organized pedestrian crowd dynamics: experiments, simulations, and design solutions [J]. Transportation Science, 2005, 39 (1): 1 – 24.

③ Parisi D R, Gilman M, Moldovan H. A modification of the social force model can reproduce experimental data of pedestrian flows in normal conditions [J]. Physica A: Statistical Mechanics & Its Applications, 2009, 388 (17): 3600 – 3608.

④ Hou L, Liu J G, Pan X, et al. A social force evacuation model with the leadership effect [J]. Physica A: Statistical Mechanics & Its Applications, 2014 (400): 93 – 99.

⑤ Ren J X, Mao Z L, Gong M L, et al. Modified social force model considering emotional contagion for crowd evacuation simulation [J]. International Journal of Disaster Risk Reduction, 2023 (96): 103902.

⑥ Helbing D, Isobe M, Nagatani T, et al. Lattice gas simulation of experimentally studied evacuation dynamics – art. no. 067101 [J]. Physical review. E. Statistical physics, plasmas, fluids, and related interdisciplinary topics, 2003, 67 (6 Pt. 2): 7101.

⑦ Guo R Y, Huang H J. A mobile lattice gas model for simulating pedestrian evacuation [J]. Physica A: Statistical Mechanics and its Applications, 2008, 387 (2 – 3): 580 – 586.

⑧ Wei Y F, Shi W, Song T. Approach to effect of obstacle on pedestrian evacuation with a small – grid lattice gas model [J]. Procedia Engineering, 2012 (31): 1077 – 1082.

了行人疏散的两种损伤模式——挤压引起的机械窒息和拥挤引起的跌倒。① 一些学者改进了元胞自动机模型。Huang 等提出了一种基于机器视觉的人群密度估计和疏散模拟方法，以帮助减少拥挤公共场所踩踏事件的发生。② 该方法由行人检测模型、行人定位算法和元胞自动机疏散模型组成。在行人检测模型中，使用自适应二维高斯核生成人群密度热图，用于人群密度估计。Huo et al. 设计了一个扩展的元胞自动机模型来研究行人踩踏行为。③ 通过数值模拟，探讨了公共场所行人疏散中的踩踏现象，讨论了行人密度、行人分布方式、出口设置和出口障碍物对疏散结果的影响。分析表明，行人密度越大，倒地死亡的行人就越多。此外，随着行人数量的增加，行人摔倒在地后死亡的可能性更大。Peng 等引入了五个关键因素，如感知范围、出口数量、平民密度、恐怖分子数量和攻击策略，构建多代理模型，模拟了在恐怖袭击的极度恐慌条件下，行人的疏散行为。④

现有的研究趋向于综合运用多种模型来探索人群运动规律，基于传统的社会力模型、格子气模型等，结合元胞自动机模型或多代理模型进行分析，研究人群运动或疏散规律。这些模型在一定程度上揭示了人群运动规律。另外，运用一些新型的仿真软件⑤进行人群运动和疏散规律的探索，是一种新趋势。

1.3.5 对现有研究的评述

国内外关于人群拥挤风险管理的相关研究呈现出以下特点：

（1）侧重于对人群踩踏事故进行群策分析和定性分析。现有研究关于人

---

① Chen C, Lu T, Jiao WB, et al. An extended model for crowd evacuation considering crowding and stampede effects under the internal crushing [J]. Physica A: Statistical Mechanics and its Applications, 2023 (625): 129002.

② Huang S J, Ji J W, Wang Y, et al. A machine vision - based method for crowd density estimation and evacuation simulation [J]. Safety Science, 2023 (167): 106285.

③ Huo F Z, Li Y F, Li C, et al. An extended model describing pedestrian evacuation considering pedestrian crowding and stampede behavior [J]. Physica A: Statistical Mechanics and its Applications, 2022 (604): 127907.

④ Lin P, Ma J, Liu T Y, et al. An experimental study of the "faster - is - slower" effect using mice under panic [J]. Physica A: Statistical Mechanics and its Applications, 2016 (452): 157 - 166.

⑤ 王锟，盛武，段若男. 基于 Pathfinder 的高校教学楼出口人员疏散仿真研究 [J]. 中国安全生产科学技术，2016，12 (7): 180 - 186.

人群聚集的风险管理理论与实务

群踩踏事故的剖析主要分为案例分析和定性分析两种方式。案例分析以历史案例为基础,通过分析事件发生经过研究人群踩踏事故的发生原因,如 Helbing[1]、Alqahtani[2] 运用案例分析探讨了人群踩踏事故的发生原因。定性分析是通过构建理论模型定性地分析人群踩踏事故的发生,如构建 FIST 模型[3]、PM-CDT 模型[4]、EST 层次影响模型[5]、STAMP 模型[6]等分析人群踩踏的事故机理。

(2) 从物理维度[7]研究人群运动规律的研究较多。最早的关于人流运动的研究是源自交通流运动,通过构建模型来模拟人群运动。这些研究主要包括人群的速度与密度[8]、行人与行人之间的作用力[9]、行人与环境之间的力的作用[10]。这些研究一定程度上揭示了人群运动规律。

(3) 更多关注人群疏散的建模与模拟。人群疏散的研究主要通过构建宏观模型和微观模型探索人群疏散规律。宏观模型将行人类比为气体、液体等,分析人群整体运动规律,最具代表性的模型为 Hughes 模型。微观模型则更注重行人的个体行为和特征,相关的模型有社会力模型、元胞自动机模型、Agent 模型等。

总之,现有的研究比较注重对人群踩踏事故进行定性分析,并提出群策建议,注重从物理维度研究人群运动规律,注重人群疏散的建模与模拟。然而,

---

[1] Helbing D, Mukerji P. Crowd disasters as systemic failures: analysis of the love parade disaster [J]. Epj Data Science, 2012, 1 (1): 7.

[2] Alqahtani A S, Yamazaki K, Alqahtani W H, et al. Australian Hajj pilgrims' perception about mass casualty incidents versus emerging infections at Hajj[J]. Travel Medicine and Infectious Disease, 2017 (15): 81–83.

[3] Fruin J J. The cause and prevention of crowd disasters [C]. Proceedings of the First International Conference on Engineering for Crowd Safety, London, England, 1993: 1–10.

[4] 王振. 城市公共场所人群聚集风险理论及应用研究 [D]. 天津: 南开大学, 2007.

[5] 于帆,宋英华,霍非舟,等. 城市公共场所拥挤踩踏事故机理与风险评估研究:基于 EST 层次影响模型 [J]. 科研管理, 2016, 37 (12): 162–169.

[6] 王起全,吴嘉鑫. 基于 STAMP 模型的地铁拥挤踩踏应急联动系统设计 [J]. 中国安全科学学报, 2016, 26 (12): 158–162.

[7] Steffen B, Seyfried A. Methods for measuring pedestrian density, flow, speed and direction with minimal scatter [J]. Physica A: Statistical Mechanics & Its Applications, 2010, 389 (9): 1902–1910.

[8] Taneja L, Bolia N B. Network redesign for efficient crowd flow and evacuation [J]. Applied Mathematical Modelling, 2018 (53): 251–266.

[9] Lian LP, Mai X, Song WG, et al. Pedestrian merging behavior analysis: an experimental study [J]. Fire Safety Journal, 2017 (91): 918–925.

[10] 马剑,许素梅,范文博,等. 大规模人群网络流瓶颈识别方法研究 [J]. 系统工程理论与实践, 2016, 36 (1): 164–173.

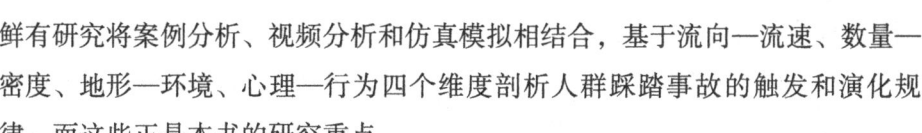

鲜有研究将案例分析、视频分析和仿真模拟相结合,基于流向—流速、数量—密度、地形—环境、心理—行为四个维度剖析人群踩踏事故的触发和演化规律。而这些正是本书的研究重点。

1.4 研究内容和研究方法

1.4.1 研究内容

本书基于人群聚集风险的发生和演化生命周期,综合运用管理学、心理学、物理学和计算机等多学科的理论知识,结合案例分析、视频分析、仿真模拟等多种方法,剖析人群踩踏事故的触发机理,从事故生命周期的演化、情绪演化、异常行为演化和多主体博弈的策略演化角度探讨了人群踩踏事故演化的规律,基于触发—演化链条构建人群聚集风险控制的两步预警模型,并结合上海外滩人群踩踏事件进行案例分析,剖析了上海外滩人群踩踏事故的发生、演化机理以及可行的疏散策略。具体而言,本书的主要内容如下:

第1章,导论。在人群聚集风险事故统计分析的基础上,分析本书选题的现实背景,论证了研究的目的与意义,对人群聚集风险管理的理论文献进行了梳理,通过剖析现有研究的不足,提出本书的研究方向。

第2章,人群聚集风险管理的基本理论。界定人群运动,并分析人群运动的特点,定义人群聚集并对其分类,界定人群踩踏;对人群踩踏事故的触发和演化进行定义;提出人群踩踏事故触发与演化的四维研究范式,构建人群踩踏事故触发与演化的三理模型,剖析人群踩踏事故触发与演化的链式关系。

第3章,人群踩踏事故的触发机理分析。基于扎根理论对触发因素进行分析,构建人群踩踏事故触发的概念模型;通过人群踩踏事故触发因素的解释结构模型进行要素选择,基于触发因素之间的相互关系构建邻接矩阵,分析风险因素的可达矩阵与层次化,构建解释结构模型并解释;分析人群踩踏事故的触发临界点及触发条件。

第4章,人群踩踏事故的演化机理分析。阐述人群踩踏事故的生命周期特征,分析人群踩踏事故演化的生命周期规律,基于贝叶斯网络模型分析人群踩踏事故的演化机理，并利用 Netica 软件对案例的生命周期进行判断；构建复杂网络模型，研究人群踩踏事故的情绪传染机理，并通过 Matlab 软件进行仿真模拟；基于视频分析研究人群聚集中的异常行为，探讨异常行为的演化规律，运用 Pathfinder 软件对异常行为的演化进行仿真分析；构建多主体的演化博弈模型，分析人群踩踏事件中各主体的行动策略选择，并通过系统动力学仿真分析多主体策略选择演化过程。

第5章，基于触发—演化链条的人群聚集风险控制。阐述人群聚集风险控制的两步预警原理；介绍人群聚集的预防性控制分析，并针对人群聚集活动和特定场地进行预防性风险控制研究；分析人群聚集风险的救援性控制策略，基于视频分析对人群聚集风险进行分级，在风险分级的基础上提出救援策略，并提出一些常见的救援性策略；剖析人群聚集风险的两步预警模型。

第6章，案例分析：以上海外滩踩踏事故为例。对上海外滩踩踏事故场景复原，分析事件的导火线和发展经过，剖析上海外滩踩踏事故的触发因素和演化机理，对上海外滩踩踏事故进行预警预控分析并采用 Pathfinder 软件进行仿真模拟，得出上海外滩踩踏事故的启示。

第7章，总结与研究展望。对全部研究进行总结，得出本书结论，总结可能的创新点，并指出本书不足，最后提出研究展望。

1.4.2 研究方法

本书围绕人群聚集风险事件的产生，聚焦人群踩踏事故的触发机理—人群踩踏事故的演化机理—人群聚集的疏散控制策略的理论主线展开，结合上海外滩人群踩踏事故进行案例剖析，对该事故的触发、演化、疏散控制进行研究，以探讨人群聚集风险理论规律。研究过程中主要用到的方法包括扎根理论和解释结构模型、贝叶斯网络分析、偏微分方程和复杂网络分析、视频分析和 Pathfinder 仿真、演化博弈分析、模糊网络分析、高斯背景建模和视频分析等。归纳起来，分为以下几类。

（1）扎根理论与解释结构模型相结合的方法。采用扎根理论和解释结构模型相结合的方法，对案例进行深刻剖析，探讨人群踩踏事故的触发机理。在案例分析的基础上，采用扎根理论的方法，运用原始资料进行开放式译码、主轴式译码和选择式译码，从而构建概念模型，在不断比较、思考、分析、编码的过程中分析导致人群踩踏事故的触发因素，使得构建的模型具有可信度；通过构建解释结构模型的方法，研究人群踩踏事故触发因素，并进一步探讨触发因素之间的关系。

（2）视频分析方法。视频分析方法是通过实地拍摄大量人群运动的视频，对视频进行分析和处理，发现人群运动、人群聚集和人群踩踏事故的规律的方法。本研究采用视频分析方法主要用于异常行为的演化分析和人群密度的初分级。为探讨人群踩踏事故的异常行为演化，通过视频分析，研究异常行为的演化规律，并结合 Pathfinder 软件仿真，进一步探讨异常行为的演化规律；基于高斯背景建模的理论基础，结合所拍摄的视频，利用 Wantao Kou[①] 团队开发的软件，对拍摄的视频进行分析，判断测试区域的人群密度，为人群踩踏风险控制提供基础。

（3）复杂系统建模方法。综合运用复杂系统建模理论，构建传染病模型、复杂网络模型、贝叶斯网络模型和模糊网络分析模型等，对人群聚集风险演化过程进行剖析。运用传染病模型和复杂网络结合的方法，对人群聚集的情绪传染演化机理进行分析，发现人群踩踏事故的情绪演化机理；采用贝叶斯网络模型探讨人群踩踏事故的生命周期演化规律，在案例分析的基础上进行机器学习，求出贝叶斯网络的条件概率；构建模糊网络分析模型对人群聚集活动进行风险评价，在风险评价的基础上提出人群踩踏事故的预防性控制策略。

（4）仿真分析法。仿真分析主要包括人群踩踏事故情绪传染演化机理的仿真、异常行为的演化仿真和上海外滩人群踩踏事故触发和演化机理的仿真。人群踩踏事故情绪传染演化机理的仿真是利用 Matlab 软件对人群踩踏事故的情绪传染演化过程进行仿真分析；异常行为的演化仿真是在视频分析的基础上，运用 Pathfinder 软件对极端情况下的异常行为演化做进一步分析；上海外滩人群踩踏事故的仿真模拟是在实地测量的基础上，在 Pathfinder 软件中还原场景对上海外滩人群踩踏事故的触发和演化机理进行仿真模拟。

---

① Kou W T, Guo J X, et al. A design of dection and tracking systm based on dynamic multi-object [C]. 2017 IEEE 2nd Information Technology, Networking, Electronic and Automation Control Conference, 2017: 1320-1324.

本书研究的技术路线如图1-1所示。

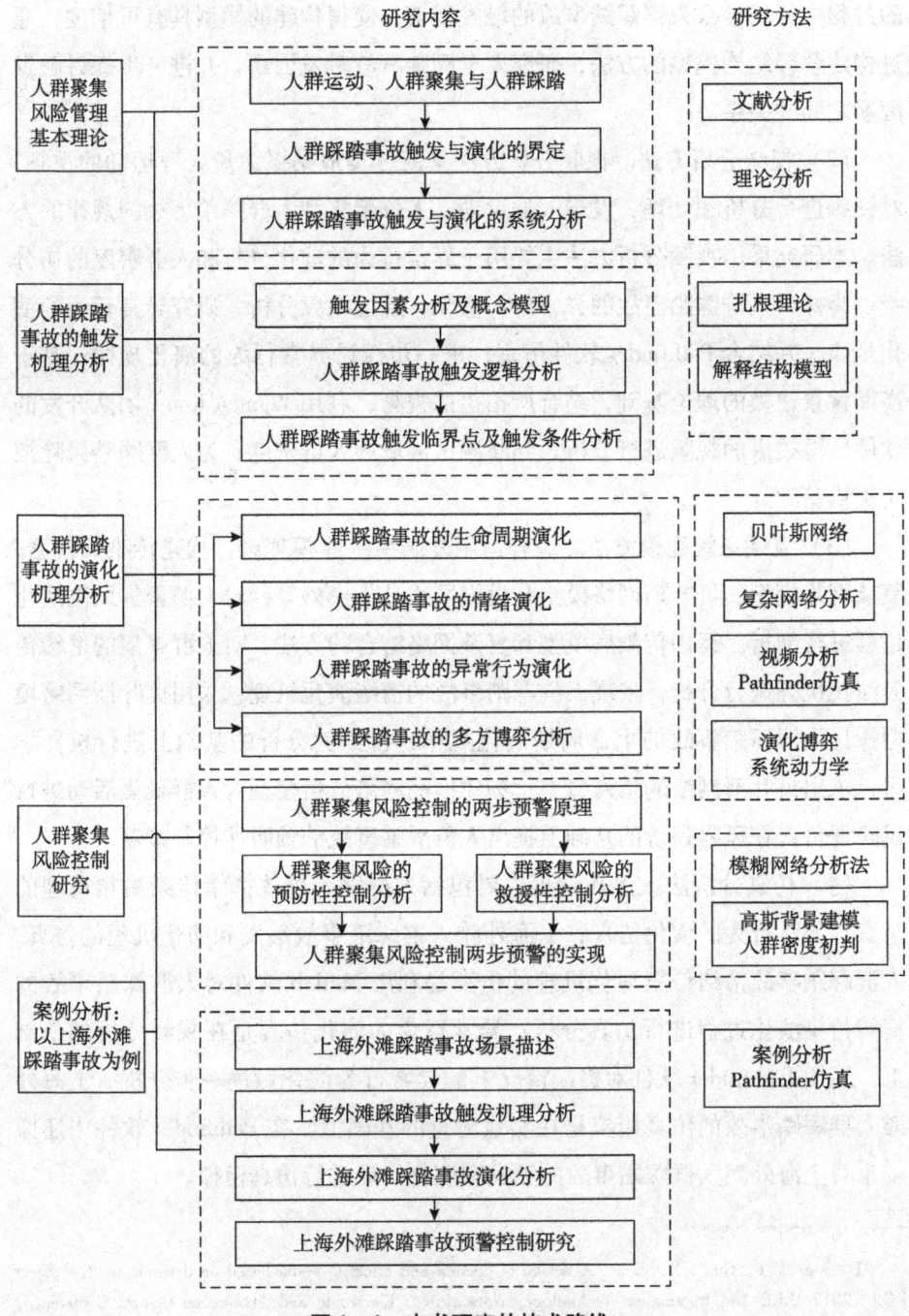

图1-1 本书研究的技术路线

第 2 章 人群聚集风险管理的基本理论

2.1 人群运动、人群聚集与人群踩踏

2.1.1 人群运动的界定及特点

汉语词典中关于"运动"的定义主要有以下几种：物体位置不断改变的现象；宇宙间发生的一切变化和过程；体育活动；政治、文化、生产等方面有组织、有目的而声势较大的群众性活动；为达到某种目的而奔走的活动。本书所研究的人群运动，是指行人为了达到某种目的而正常行走的状态。

通过在人群聚集场所的长期观察、视频拍摄等，基于所采集的视频数据进行分析，总结出正常情况下的人群运动具有以下基本特征。

1. 最短路线偏好

在正常行走的状态下（锻炼、散步和旅游等特殊目的除外），行人更倾向于选择最短的路线到达目的地，这个特征被概括为最短路线偏好[①]。很多仿真软件的设计也是基于最短路线偏好，如 Pathfinder 软件。

最短路线偏好表现在：在圆形、方形等活动区域，人们会偏好于选择对角线的路线；在上下楼梯（无电梯）时，人们会倾向于就近选择楼梯等。

---

① Jiang Y Q, Zhou S Q, Tian F B. Macroscopic pedestrian flow model with degrading spatial [J]. Journal of Computational Science, 2015 (10): 36-44.

如图2-1所示，在某学校，人们偏好于就近选择对角线或直线路线，而出现了草坪对角线"道路"。

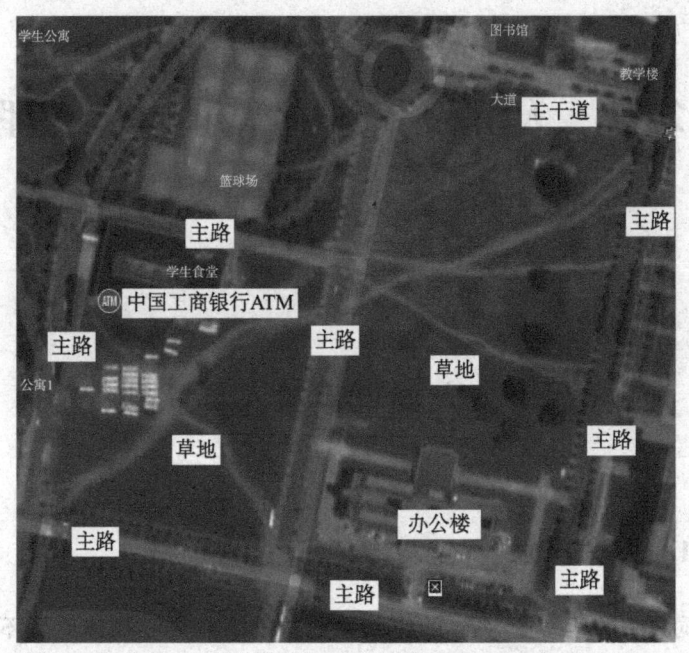

图2-1 最短路径选择

资料来源：来自google地图。

2. 最省力偏好

在正常行走的情况下（锻炼、散步和旅游等特殊目的除外），行人更乐意选择运动量较少的方式到达目的地，这个特征被称为最省力偏好。比如，同样有手扶电梯和步梯的情况下，人们更情愿选择电梯，哪怕需要排队；尽管速度更慢，人们更情愿选择平面电梯，而非自己走路。

3. 排斥外界偏好

在人群聚集时，人们会对外界的人或物产生排斥心理，倾向于保持一些安全距离。排斥外界偏好的特征表现为行人会希望尽量避开其他行人，有较多的安全距离；行人与周围的物体也保持距离；对认识的人则不会排斥，反而更亲密，形成群体，具有相似的速度。

2.1.2 人群聚集的界定和分类

汉语词典中将"聚集"定义为人或事物集合或凑在一起。世界卫生组织将大规模人群聚集定义为超过特定数量的人们在限定的时间范围内，因为特定的目的聚集在特定的区域[①]，根据人数的不同有不同的定义。在现代社会，人群聚集是非常普遍的事情，它常发生于大型地下交通系统、购物中心等地，或因娱乐、宗教聚会、体育等活动而聚集。[②] 人群聚集主要可以概括为以下几种类型。

1. "1"字形聚集

"1"字形人群聚集，是人群聚集于"1"字形区域，一般具有前后两个出入口，如图 2-2 所示。该人群聚集中行人方向相对单纯，多为向前和向后两种方向，这种聚集类型的人群密度根据人群数量而决定。"1"字形人群聚集常分布于步行街、校园、广场等区域。

"1"字形人群聚集是其他各种聚集类型的基础，通常与其他类型的人群聚集组合成更复杂的聚集方式，从而使人群群体运动更复杂。由于行人的运动习惯，有时，在"1"字形人群聚集中会形成自组织的靠某侧行走的规律，而在边界不清晰区域，人群运动方向不一致，因此步行速度降低，人群密度增大。

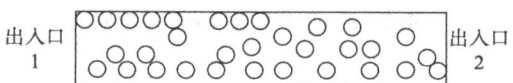

图 2-2　"1"字形人群聚集

2. T 字形人群聚集

T 字形人群聚集[③]是指行人聚集构成 T 字形结构，常出现在交叉路口区域。

---

① Illiyas F T, Mani S K, Pradeepkumar A P, et al. Human stampedes during religious festivals: a comparative review of mass gathering emergencies in India [J]. International Journal of Disaster Risk Reduction, 2013 (5): 10 – 18.

② Santos – Reyes J, Olmos – Peña S. Analysis of the 'News Divine' stampede disaster[J]. Safety Science, 2017 (91): 11 – 23.

③ 王起全，杨鑫刚，蓝军，等. 多源流理论视域下的地铁拥挤踩踏事故应急管理策略 [J]. 中国安全科学学报，2023，33 (11): 181 – 188.

T字形人群聚集由环境和场地的制约而形成，且人流运动方向复杂、人群运动状态多样。T字形人群聚集往往出现在步行街、广场、菜市场等场地。多起人群踩踏事故发生在T字形的人群聚集区域，如2010年德国"爱的大游行"电子音乐狂欢节人群踩踏事件、2015年麦加人群踩踏事故等。

T字形人群聚集的概念图如图2-3所示，一般来说，T字形人群聚集主要有三个出口，"一"字的左右两边各有一个出口和"|"字的下端有一个出口，行人聚集此处的目的常表现为逛街、饮食等。

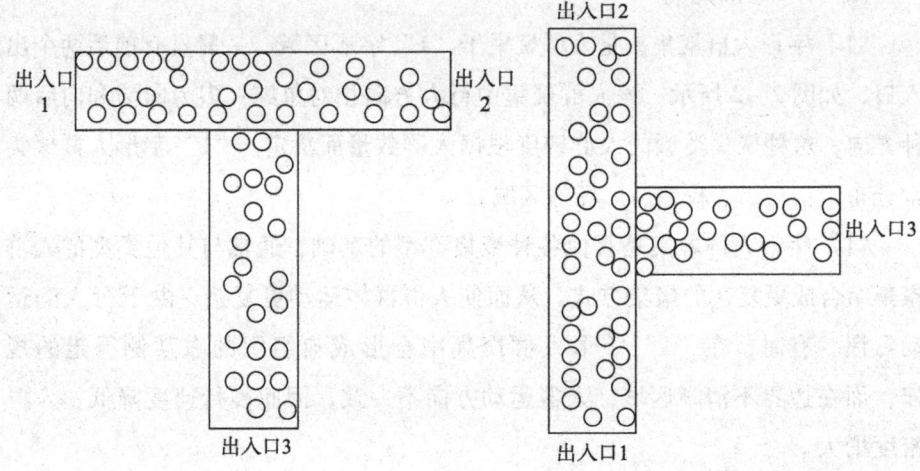

图2-3 T字形人群聚集概念图

3. 十字形聚集

十字形人群聚集，是指人群聚集的形状像十字，由两条垂直的人流交织而成。十字形聚集中，行人可选择路径较多，且运动方向多样。这种聚集形式常出现于室外公园、集市、菜市场等地。

一般十字形人群聚集具有4个出入口，在十字路口行人的密度最大，且因不同行人的不同方向而可能出现冲突和碰撞，在路口衔接处行人数量也较多，密度较大，行人速度变小，如图2-4所示。

4. 依目的随机分布型

依目的随机分布型是指行人根据自身目的，随机分布在场地的某个位置，如图2-5。这种人群聚集类型常出现在大型室外活动中，包括有组织的和无组织的，如民俗活动、节日庆祝、旅游等。依目的随机分布型人群聚集具有以下特点：行人所在位置随机，具有典型的个体目的导向性；而人群数量与密度分布受目的导向的影响也具有随机分布的特点。

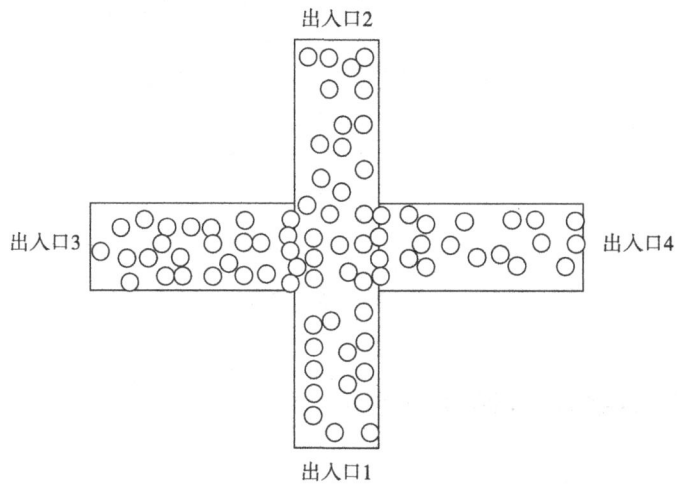

图 2-4　十字形人群聚集概念图

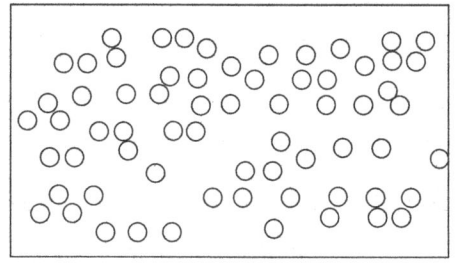

图 2-5　依目的随机分布型

5. 中心发散型聚集

中心发散型聚集是指人群聚集在以某个位置为中心（如舞台、观景台、中心活动区等）的区域，从中心向外围扩散，区域的人群密度呈现出由中心向外围逐渐变小的趋势。行人往往被中心区域所吸引，散布在围绕中心区域的位置，在其附近人群密度最大，而中心外围，由于视线的影响，行人较为分散，密度较小。中心发散型聚集往往出现在室外公园、露天舞台、商场等地区。

中心发散型人群聚集的概念图如图 2-6 所示，围绕中心的"核心区域"

人群密度最大，而越靠近"核心区域"密度则越大，向外围扩散人群密度逐渐降低，在最外区域，人群分散分布，数量较少，单位区域人群密度较低。

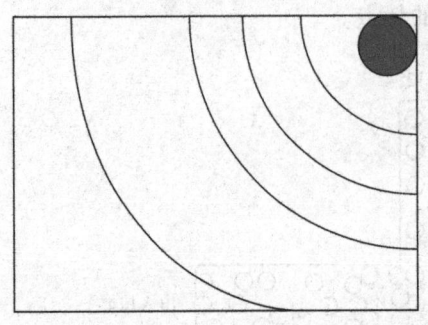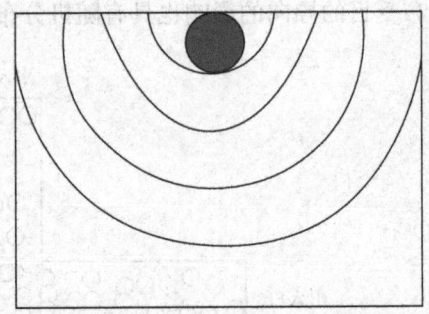

图2-6 中心发散型人群聚集概念图

2.1.3 人群踩踏的界定及特征

1. 人群踩踏的界定

人群聚集中的过度拥挤容易导致人群踩踏事故。关于人群踩踏的定义，Illiyas等认为人群踩踏是在大规模人群聚集事件中的最大灾难，发生人群踩踏时，人群蜂拥和拥挤会带来巨大的人身伤害甚至死亡，造成空间的大量损失。[1] 它往往会破坏正常的活动（或运动）秩序，对人们的自我保护造成巨大的危险和灾难。此定义强调人群踩踏事故的特征。Alaska等将人群踩踏定义为发生在大规模人群聚集时最大的危险和致命的事件，导致巨大人员伤亡[2]。这种定义侧重事故的严重性。按照百度百科的解释，人群踩踏，一般指在某一事件或某个活动过程中，因聚集在某处的人群过度拥挤，致使一部分甚至多数人因行走或站立不稳而跌倒未能及时爬起，被人踩在脚下或压在身下，短时间内无法及时控制、制止的混乱场面。该定义强调事故发生的过程。因此，本书将

---

[1] Illiyas F T, Mani S K, Pradeepkumar A P, et al. Human stampedes during religious festivals: a comparative review of mass gathering emergencies in India [J]. International Journal of Disaster Risk Reduction, 2013 (5): 10–18.

[2] Alaska Y A, Aldawas A D, Aljerian N A, et al. The impact of crowd control measures on the occurrence of stampedes during mass gatherings: the hajj experience [J]. Travel Medicine & Infectious Disease, 2016 (15): 67–70.

定义整合成一个基于发生过程的、体现其特征和严重性的事故。如图2-7所示，在限定的空间内，人群聚集超过该区域所能容忍的限度而难以控制，人群过度拥挤从而造成了人员伤亡，出现人群踩踏。

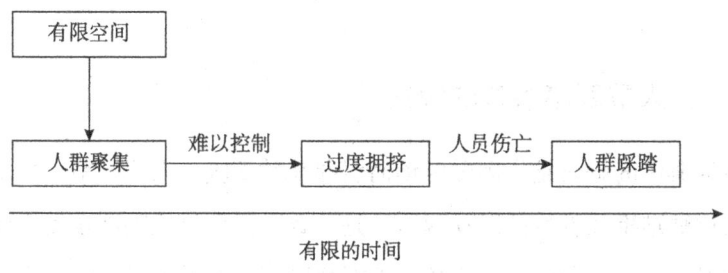

图2-7 人群踩踏的概念

2. 人群踩踏的特点

人群踩踏事件在突发事件应急领域中有以下特点：

①易被忽视。正如美国学者Gowda所指出的，很多国家的政府并没有把人群踩踏作为其应急管理的对象，特别是发展中国家普遍对人群踩踏不够重视。[1]张昊在分析2014年"9·26"昆明明通小学踩踏事件时也认为，认识缺乏、制度缺失是导致踩踏事故的主要原因。[2]

②后果严重性。在人群踩踏中，当所承受的压力值大于4500N/m时，则可能死亡。踩踏事件引起的人员伤亡有时是非常严重的，例如，2011年1月14日、2013年10月13日发生在印度的两起踩踏事故，其死亡人数均超过100人。2014年12月31日上海外滩踩踏事件死亡人数也达到了36人。

③可预防性。地震等自然灾害不可控、难以预测，而踩踏事件则是一种行为事故，是可以预防和预控的；可以说，如果制度与措施到位，上海外滩踩踏事件是完全可以避免的。

由于人群踩踏事件具有以上三个方面的特点，因此，在应急管理体系中，需对人群踩踏事件予以足够重视，特别是需要加强人群踩踏事件方面的系统研究。

---

[1] Prashanth G P. Human stampedes: a neglected disaster in the developing world [J]. American Journal of Disaster Medicine, 2011, 6 (2): 69-70.

[2] 张昊. 踩踏事故背后的"制度虚置"[J]. 安全与健康月刊, 2014 (11): 28-32.

2.2 人群踩踏事故的触发与演化的界定

2.2.1 人群踩踏事故的触发

汉语词典中的触发是指因受触动而引起某种反应。人群踩踏事故的触发是指引起人群踩踏事故发生的触动因素，是导致人群聚集风险因素发生作用酝酿成事故的过程。从不同的理论视角，人群踩踏事故的触发有不同的含义。触发因素是可能导致人群踩踏事故发生的影响因素。如图2-8所示，个体行人受到触发因素的影响，容易改变其物理状态、心理状态和生理状态，表现为出现跌倒、恐慌、出汗等状态；人群受到触发因素的影响，会产生不同个体的不同的物理、心理和生理状态，且不同个体之间将相互影响和感染，产生从众效应、有效理性效应、传染效应或涟漪效应等，引起群体恐慌、骚乱，甚至踩踏事件，若得到有效控制，引导疏散，则又将回到正常运动的状态。

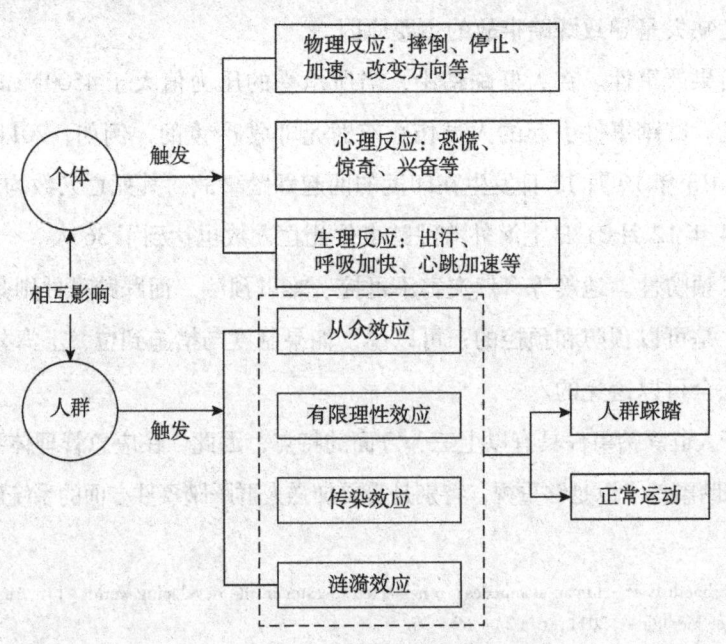

图2-8　人群踩踏事故触发的概念

1. 触发因素的特点

①客观性。人群踩踏事件的触发因素是客观存在的，在其他因素的综合作用下，某个或某些触发因素的作用导致人群踩踏事故的发生。如灯光作为场地因素中的一种，它是客观存在的。在人群集聚的状态下，当夜晚灯光昏暗时，行人视线效果不佳，容易导致摔跤，在人群密集的状态下，触发人群踩踏事故。

②突发性。一些人群踩踏事件中的触发因素具有突发性，即某些因素的突然变化容易触发人群踩踏事故。如突然发生的火灾，会导致人群恐慌、骚乱，进而可能导致人群踩踏事故；如人群集聚中某些行人的异常举动，可能导致其他行人的恐慌，从而引发人群混乱和逃跑，导致人群踩踏事故。

③危害性。在正常的人群运动状态下，人群按自己的目的前进，发生人群踩踏的概率较小。而当有触发因素的作用下，人群运动状态容易受影响，尤其是当人群集聚时，人群密度较大的情况下，容易酝酿成人群踩踏事故。

④规律性。人群踩踏事故的触发规律是可以掌握的，通过采用科学的方法，结合案例分析，可以发现人群踩踏事故的触发规律，探索触发机理。通过对人群踩踏事故触发机理的研究，分析人群踩踏事故的触发规律，有利于为人群踩踏风险防范提供理论参考。

2. 人群踩踏事故的触发将产生的显著影响

①运动速度的突然变化。行人在受到触发因素的影响时，最常见的表现为骤停或者突然狂奔两种状态。从人群整体来看，当行人受到触发因素影响时，不同行人具有不同的反应，体现在运动状态上的差异，从而人群整体的运动速度也会变化，且行人之间会相互影响，尤其是邻近个体容易相互影响。

②人群密度的突然变化。人群在受到触发因素影响时，由于个体的物理、生理和心理状态的改变，导致正常的运动状态受到影响，因此会影响人群密度。一般而言，会导致人群密度的提高。

2.2.2 人群踩踏事故的演化

演化是指事物变化发展的过程。人群聚集风险事件的演化是指聚集的人群演化成人群踩踏事件的变化发展过程，故又称为人群踩踏事故的演化。人群踩

人群聚集的风险管理理论与实务

踏事故的演化有几个关键要素：时间性，人群踩踏事故的演化是一个随着时间变化而变化的过程；变动性，人群踩踏事故的演化是一个变化的过程。人群踩踏事故的演化是一个复杂系统综合作用的结果，它具有相关主体动态影响性、事件发展生命周期性、情绪感染性、异常行为传染性等特点。

人群踩踏事件的演化具有主体动态博弈的特征。人群踩踏事件是人为事件，人具有社会性，容易受到其他个体的影响，因此，人群踩踏事故的演化与相关主体的行为策略博弈息息相关。个体在人群聚集中的行为状态受到其他个体的影响，也与管理者的行为和措施有很大的关联。[1]

人群踩踏事件的演化具有生命周期性。Fink 提出了危机的生命周期理论，认为危机事件有五个显著阶段：危机酝酿期、危机爆发期、危机扩散期、危机处理期、危机后遗症期。[2] 基于 Fink 的生命周期理论，人群踩踏事件也是突发危机事件，也具有事件发展的生命周期。基于 Fink 的危机生命周期理论，可以将人群踩踏事件的生命周期划分为酝酿期、触发期、演化期、疏散期、后遗症期。

人群踩踏事件的演化往往是一个情绪感染的过程。人群密集场合中的人们的情绪极易相互感染，而且这些感染表现为连锁式循环式反应过程。[3] 情绪感染具有"涟漪效应"，在人群聚集时，情绪感染会对群体内成员产生影响。[4] 情绪的传染会推进人群踩踏事件的演化，情绪传染演化是人群踩踏事件演化的一部分，尤其是恐慌情绪，很多人群踩踏事件是恐慌情绪的传染和演化的结果。

人群踩踏事件的演化具有异常行为传染性。公共场所人群聚集时的异常行为经常演化成较大的灾难——发生人群踩踏事故，导致人员的伤亡，对社会公共安全造成极其严重的影响。[5] 对异常行为的检测关键在于分析能描述人群状

---

[1] Ma Y, Yuen R K K, Lee E W M. Effective leadership for crowd evacuation [J]. Physica A Statistical Mechanics & Its Applications, 2016 (450): 333 – 341.

[2] 夏彦卫, 曾四鸣, 罗蓬. 生命周期视域下电力企业科技成果培育策略研究 [J]. 科技管理研究, 2024, 44 (2): 117 – 123.

[3] 刘全平, 梁加红, 李猛, 等. 基于多智能体和元胞自动机人群疏散行为研究 [J]. 计算机仿真, 2014, 31 (1): 328 – 332.

[4] Joo J, Kim N, Wysk R A, et al. Agent – based simulation of affordance – based human behaviors in emergency evacuation [J]. Simulation Modelling Practice & Theory, 2013, 32 (2): 99 – 115.

[5] 华斌, 梁茜, 刘赏, 等. 公共场所人群加速度异常检测系统 [J]. 安全与环境学报, 2017, 17 (3): 1043 – 1048.

态变化的特征、构建人群状态变化与人群异常之间的关系模型。①

2.3 人群踩踏事故触发与演化的 3P 研究范式

2.3.1 3P 范式的描述

人群踩踏事故的触发与演化主要涉及三个维度——物理（physics）、心理（phycology）、地理（position），本书将三个维度研究思路称为 3P 研究范式，如图 2-9 所示。其中，物理维度是围绕人群运动的物理状态的相关因素和关系的总和，包括基本要素、基本关系。心理维度是围绕人群运动的心理状态的相关因素，主要体现为感知、紧张、恐慌和行为等方面。地理维度，不同于传统意义的地理，此处中的地理维度是指与人群运动场地紧密相关的物理场所、天气、环境的总称，表现在场地面积、场地边界、楼梯、出入口、地面情况、天气、环境等。

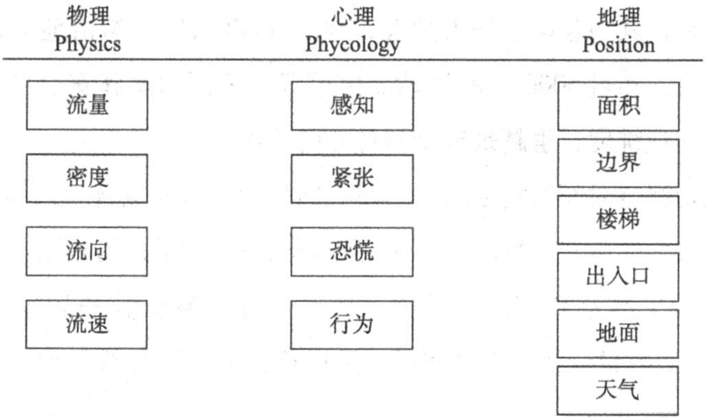

图 2-9 人群踩踏事故的触发与演化的 3P 研究范式

---

① 蔡瑞初，谢伟浩，郝志峰，等. 基于多尺度时间递归神经网络的人群异常检测 [J]. 软件学报，2015，26 (11)：2884-2896.

2.3.2 物理维度

物理维度是人群聚集中人群运动物理规律的体现。物理维度主要从基本要素、主要关系和异常行为三方面来概括。物理维度的基本层面是以人的基本运动状态为核心，主要分为流量、密度、流速、流向等要素[1]，以及数量、密度与流速之间的关系。基于物理维度的分析，本文总结出一些常见的异常行为，即人群运动中对人群踩踏的触发和演化有重要影响的非正常的行为，主要包括碰撞、摔跤、逆行、走走停停和哄抢行为等。

1. 基本要素

流量是指在特定时间特定区域内人群的数量。世界卫生组织将大规模人群（mass gatherings of persons）定义为在限定的时间、特定的位置、为一个特定的目的而聚集的超过特定数量的人们。不同的学者对大规模的人群聚集有不同的界定，主流的分类包括24小时内超过1000人、超过5000人或超过25000人。[2] 我国政府部门也对大型活动做了相应的规定，根据国务院令第505号《大型群众性活动安全管理条例》的规定，根据活动预期的不同参加者数量设置不同层次的申请方案，其中预期参加人数在1000～5000人时，需由地县级政府安全管理部门许可，超过5000人的活动需由市级相关部门实施安全许可。行人流量是重要的物理维度，也越来越受到各界的关注。

密度是指特定时间特定区域内，单位面积内行人的数量。人群密度对人群踩踏事故有极大的影响，反映了某个区域内人群聚集的风险程度，学者们从不同的角度研究了数量和密度的测算，通过采用计算机算法和视频分析等方法[3]，测算人群数量、估计人群密度，并进行人群密度分级。如有文献根据人

---

[1] Chraibi M, Ensslen T, Gottschalk H, et al. Assessment of models for pedestrian dynamics with functional principal component analysis [J]. Physica A: Statistical Mechanics & Its Applications, 2016 (451): 475 – 489.

[2] Illiyas F T, Mani S K, Pradeepkumar A P, et al. Human stampedes during religious festivals: a comparative review of mass gathering emergencies in India [J]. International Journal of Disaster Risk Reduction, 2013 (5): 10 – 18.

[3] Pan S Y, Guo J, Huang Z, et al. An Improved Convolutional Neural Network on Crowd Density Estimation [C]. ITM Web of Conferences, ITA, 2016.

第 2 章　人群聚集风险管理的基本理论

群密度的大小将人群踩踏风险分为 6 级,其中当人群密度小于 0.27 人/m² 时属于 A 级 – 低风险级,人群密度为 0.31 ~ 0.41 人/m² 之间归为 B 级,人群密度 0.43 ~ 0.72 人/m² 区间划分为 C 级,人群密度 0.72 ~ 1.08 人/m² 设为 D 级,人群密度 1.08 ~ 2.17 人/m² 定为 E 级,人群密度大于 2.17 人/m² 设为 F 级。[①]

流向是人群或行人运动的方向,是一个矢量概念。一些学者研究了人群流向规律,根据行人运动方向的不同,总结了一些常见的由于流向不同而产生的人群运动效应,具体表现为逆行、人流分层、湍流效应等。逆行是行人流向相反所导致的行为,会增加拥堵和碰撞的概率,是造成人群错乱的原因之一。人流分层是指在人群聚集中,不同流向的人群自成队伍,形成多层结构。[②] 湍流效应是指人群的无规则运动,表现为人流错乱、随机动荡的运动状态。[③]

流速是人群或行人的运动速度,是一个标量概念。流向和流速影响人群密度,也会增加或降低人群踩踏事故的风险。一些学者认为人群流速会对公共安全产生影响[④]。由于流速不同,人群运动状态主要包括以下几种:走走停停、骤停、急速前进。走走停停是一种常见的自组织现象,是行人在人群中走一下停一下的状态,走和停是随机的。骤停是指在人群运动中突然停下来的状态。急速前进是指行人突然加速向前运动的状态,研究表明,行人在受到惊吓的情况下可能出现突然加速的情况。

2. 主要关系

关于人群密度、流速和流量三者之间的关系,最早由 Fruin 提出了计算方法[⑤]:

[①] Li J F, Wang L, Tang S A, et al. Risk – based crowd massing early warning approach for public places: a case study in China [J]. Safety Science, 2016 (89): 114 – 128.

[②] Helbing D. Traffic and related self – driven many – particle systems [J]. Physics, 2001, 73 (4): 1067 – 1141.

[③] Helbing D, Johansson A, Al – Abideen H Z. Dynamics of crowd disasters: an empirical study [J]. Physical Review E Statistical Nonlinear & Soft Matter Physics, 2007, 75 (4 Pt 2): 1 – 8.

[④] Kaji M, Inohara T, Dawson K A, et al. Cellular automaton simulation of unidirectional pedestrians' flow in a corridor to reproduce the unique velocity profile of Hagen – Poiseuille flow [J]. Physica A Statistical Mechanics & Its Applications, 2017 (467): 85 – 95.

[⑤] Fruin J J. Pedestrian planning and design [J]. Metropolitan association of urban designers & environmental planners, 1971, 77 (4): 556 – 561.

人群聚集的风险管理理论与实务

$$Q(\rho) = \rho V(\rho) \qquad 式（2-1）$$

其中，ρ 代表人群密度，$V(\rho)$ 表示人群流速，$Q(\rho)$ 表示人群流量。该公式属于经验公式，常用于建筑设施尺寸设计依据，然而当人群极度拥挤的时候，该公式需要重新修正。[1]

许多学者对人群密度、流速与流量之间的关系进行了修正，其中使用二次方程的形式来表达密度与流量之间的关系较为常见。

其中，Lam 等建立了以下关系式[2]：

$$Q(\rho) = 1.29\rho - 0.36\rho^2$$
$$V(\rho) = 1.29 - 0.36\rho$$
$$Q(\rho) = 3.58V(\rho) - 2.78[V(\rho)]^2 \qquad 式（2-2）$$

Older[3]、Pauls[4]、Tanaboriboon[5]、谢信亮[6]等学者做了类似研究，基于特定的环境和计算方法修正了式（2-2）的影响系数。另外，还有一些以其他形式表现速度和密度关系的模型[7]，例如：

$$V(\rho) = v_f \ln\left(\frac{\rho}{\rho_m}\right) \qquad 式（2-3）$$

$$V(\rho) = v_f \exp\left(-\frac{\rho}{\rho_m}\right) \qquad 式（2-4）$$

其中，ρ 代表人群密度，$V(\rho)$ 表示人群流速，v_f 表示均匀速度，ρ_m 表示人群密度的最大值。

这些模型的共同点在于描述人群密度和速度的关系。在最初阶段，随着人

---

[1] Helbing D, Johansson A, Al-Abideen H Z. Dynamics of crowd disasters: an empirical study [J]. Physical Review E Statistical Nonlinear & Soft Matter Physics, 2007, 75 (4 Pt 2): 1-8.

[2] Lam W H K, Morrall J F, Ho H. Pedestrian flow characteristics in Hong Kong [J]. Transportation Research Record, 1995 (1487): 56-62.

[3] Older S J. Movement of pedestrians on footways in shopping streets [J]. Traffic Engineering & Control, 1967, 10 (4): 160-163.

[4] Pauls J. Calculating evacuation times for tall buildings [J]. Fire Safety Journal, 1987, 12 (3): 213-236.

[5] Tanaboriboon Y, Hwa S S, Chor C H, et al. Pedestrian characteristics study in Singapore [J]. Journal of Transportation Engineering, 1986, 112 (3): 229-235.

[6] 谢信亮, 季经纬, 王增辉, 等. 人群密度对行走速度及步长影响的试验研究 [J]. 安全与环境学报, 2016, 16 (4): 232-235.

[7] 马佩杰. 行人流综述 [J]. 上海理工大学学报, 2012, 34 (2): 185-203.

群密度的增加，人群流量增加，达到最大值，此时人群聚集水平最高，需要紧急疏散；随着密度的再增加，人群流量下降，该阶段容易发生人群滞留堵塞或形成人群踩踏。这些理论是研究人群踩踏事故的触发和演化的基础。

2.3.3 心理维度

心理维度是指行人在人群聚集时的心理情绪，如感知、恐慌、从众心理、行为选择偏好等。心理维度是人群踩踏事故的触发和演化的重要维度，个体行人的心理反应会影响其他个体行人的心理或行为，进而影响整个人群的运动状态。心理情绪会对群体内成员产生"涟漪效应"[1]，尤其是人群密集的场合中人们的情绪极易相互感染，而且这些感染表现为连锁式循环式反应过程。[2] 个体行人的心理因素一方面容易受到物理、地理等因素的影响，另一方面也会影响其他行人，影响人群踩踏事故的触发和演化。

行人的感知心理是指行人对外界风险的判断，对人群踩踏的预见，对引导和警示的心理觉悟能力，它影响行人在人群聚集中的行动决策，对人群踩踏的触发、演化及疏散产生影响。[3] 心理感知会使行人在人群聚集中产生心理压力，而心理压力会对行人的人群运动时间、行人速度、人群密度产生影响。[4]

恐慌心理是一种消极的心理状态，是行人受到惊吓产生的心理情绪。恐慌心理是人群踩踏事故的重要致因或恶化因素之一，恐慌个体往往会做出一些干扰其他行人或造成过度拥挤的行为，会产生社会传染。[5] 当人群聚集时，人们恐慌逃跑时往往具有以下特征：①行人的速度超过平时正常速度；②个体开始推挤，人们之间的相互作用实际上成为身体上的对抗；③通过障碍物时的移动不协调；④出口处呈现拱起或堵塞；⑤困难的处境正在构建；⑥在堵塞拥挤

---

[1] Barsade S G. The ripple effect: emotional contagion and its influence on group behavior [J]. Administrative Science Quarterly, 2002, 47 (4): 644 – 675.
[2] 赵卫东, 赵旭东, 戴伟辉, 等. 突发事件的网络情绪传播机制及仿真研究 [J]. 系统工程理论与实践, 2015, 35 (10): 2573 – 2581.
[3] 傅志坚. 考虑人员运动特征的通道行人流与房间人群疏散模拟研究 [D]. 合肥: 中国科学技术大学, 2015.
[4] 陈绍宽, 狄月, 李芳, 等. 考虑心理压力的地铁站台乘客疏散模型 [J]. 交通运输工程学报, 2017 (5): 113 – 120.
[5] Brown R. Social psychology [M]. England: Macmillan Publishers, 1965: 1 – 3.

中,身体接触增加并造成危险压力达到每米4450N,这可以使防护栏弯曲或砖墙损毁;⑦当跌倒或受伤的人成为障碍时,逃离进一步变慢;⑧人们可能有从众的倾向;⑨可供选择的出口经常被忽视或者没有在逃离场景中高效利用。

从众心理也是人群踩踏事故触发和演化中重要的心理因素①,尤其是当行人对周围环境不熟悉、发生紧急状况等情况下,行人会出现明显的从众心理,并影响行人的运动状态。② 从众心理产生从众行为,从众行为影响疏散效率。Helbing通过仿真证明从众程度适当时,最有利于实现有效疏散,而过高或者过低从众的行为均会降低疏散效率。也有学者将从众心理和行为归纳为理性从众、盲目从众和普遍从众,论证了几种不同类型从众心理对人群疏散的影响,在某些情况下,盲目从众不利于人群疏散,会极大增加人群踩踏风险。③ 本书中所讨论的从众心理主要表现为盲目从众心理。

行为偏好是行人心理更倾向于选择某种行为的状态,比如在紧张时选择往前冲的心理偏好、在恐慌时选择加速前进的心理、偏好选择靠右或靠左前进、不喜欢离陌生人太近的心理,而这些对于行为选择的心理偏好将对行人的行为产生极大影响。

2.3.4 地理维度

与传统意义上的地理不同,本书中的地理维度特指场地、环境和天气因素。地理维度既包括人群聚集的场地因素④,如面积、边界、台阶、出入口等,又包括天气因素和其他因素⑤。地理维度是人群踩踏事故触发和演化的重

---

① 卢文刚,田恬. 大型城市广场踩踏事件应急管理:典型案例、演化机理及应对策略 [J]. 华南理工大学学报:社会科学版,2016,18(4):85-96.
② 徐炀,李虹. 虚拟逃生环境中视野范围和紧急程度对疏散效率的影响:从众行为的中介作用 [J]. 心理与行为研究,2015,13(3):311-319.
③ 陈海涛,刘占,张立红,等. 低可见度情况下从众行为对疏散的影响分析 [J]. 中国安全生产科学技术,2016,12(8):165-170.
④ Zhang Y L, Zhou X B. The occurrence laws of campus stampede accidents in China and its prevention and control measures [J]. Natural Hazards, 2017, 87 (2): 659-673.
⑤ Alaska Y A, Aldawas A D, Aljerian N A, et al. The impact of crowd control measures on the occurrence of stampedes during mass gatherings: The Hajj experience [J]. Travel Medicine & Infectious Disease, 2016 (15): 67-70.

要原因,也是人群聚集运动的载体。具体而言,主要分为以下几个方面。

(1) 面积。面积是指人群可运动范围的大小,面积的大小影响人群密度,对人群运动有直接的影响。在人数固定的情况下,面积越大,人群密度越小。

(2) 边界。边界是指人群可活动范围的界线。根据场地的特征,一般可以分为室外场地和室内场地。根据边界是否清晰,可以分为有限边界场地和可活动场地。其中有限边界场地是由水泥、砖等进行加工,短时间内难以改变边界的场地,而可活动场地一般为开阔场地,是由可以灵活移动的隔离挡板分隔而成。

(3) 台阶。根据场地是否凹凸不平,可以分为平地、斜坡和台阶,这些是建筑物中最常见的一部分,如图 2-10 所示。平地是平坦的地面,所有的建筑物中都有平地。斜坡是指与平地呈一定夹角的坡面,往往是连接两个不同平面的平地。楼梯是用砖、石头、混凝土等筑成的多级供人上下的建筑物,用于连接两个不同高度的平地。在其他条件相同的情况下,楼梯比平地更容易发生人群踩踏风险。另有研究表明,斜坡比楼梯发生人群踩踏的概率更低[1]。因此,在人群密集的公共场所,应该尽量采用斜坡设计,若不能更改或调整,应该对楼梯区域的人群安全进行重点管理。

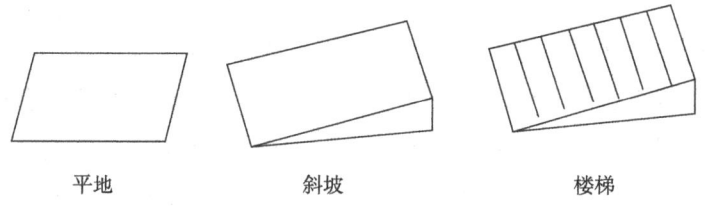

图 2-10 平地、斜坡和楼梯图

(4) 出入口。入口是指进入某地的门、门洞这一点状场所或线状的空间概念及相关空间元素组成的空间场所。出口是指离开某地的门、门洞这一点状场所或线状的空间概念及相关空间元素组成的空间场所。根据场地设置情况,入口和出口分为单一型和多元型、放射型和收敛型。如图 2-11 所示,单一型

---

[1] 刘月琴,林选泉.细节决定生死:2015 上海外滩踩踏事件的设计细节反思 [J].园林,2015 (3):41-45.

出入口是指场所内只有唯一的出口或入口，场所内的人流只能通过唯一的出入口进出。一般情况下，这种设置会导致出入口通行压力巨大，增加出入口附近人群拥堵的程度。多元型出入口是指场所内存在多个出入口。较之于单一型出入口，多元型出入口可以分散人流，降低人群拥堵的程度。收敛型出入口是指在出入口附近，场地宽度降低，行人道路变窄。这种出入口设计通常出现在火车站出站口等场地，可能导致收敛处人群密度增大、人群流向错乱、行人之间碰撞增加等情况。放射型出入口指在出入口附近场地宽度增加，行人道路变宽的场地形式。放射型出入口的人群往往具有释放效应，出入口人群密度降低。

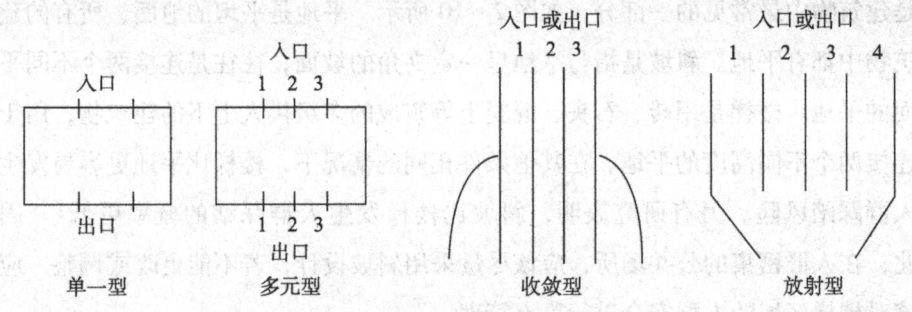

图 2-11　出入口类型示意图

（5）地面。地面是建筑物内部和周围地表的表层，是行人直接接触的部分。地面的湿度、滑度和凹凸度均对人群踩踏事故的触发和演化有重要影响。地面湿度高时，行人运动速度会下降，增加摔倒的可能性。地面的滑度高时，行人与地面的摩擦力减小，也会增加摔跤的概率。地面的凹凸程度会影响人群运动，尤其是突然的凸凹地面，会改变人们的正常运动状态，甚至导致摔跤。

（6）天气。天气对人群踩踏事故的触发和演化具有重要影响，尤其是一些极端的天气状况，如天气炎热、突降大雨等。行人为了应对极端的天气或者天气突变，会导致心理、物理维度发生极大变化，从而导致恐慌、急躁、害怕等心理状态，或出现狂奔、骤停等行为。

（7）其他。其他因素表现在气味、可视性、声音等影响行人正常运动的行为，也包括自然环境和人工环境等。气味，尤其是异味在封闭空间内传播较广，一些行人嗅觉灵敏或风险感知能力较强，当闻到异味之后可能会立即采取

第 2 章 人群聚集风险管理的基本理论

行动,从而影响周围其他行人的行动状态,甚至导致骚乱、踩踏等。可视性是指行人能看见的视线范围,主要受到光线、气候等因素的影响,比如在夜晚灯光昏暗的场所,由于可视性较差容易摔跤或增加行人之间碰撞的概率[1]。声音,尤其是奇怪的声音、类似爆炸的声音等,容易让行人产生恐慌、紧张、急躁等情绪,影响行人的运动状态[2]。

本章小结

本章从三个方面对人群踩踏事故触发及演化的基本概念进行了界定:①定义了人群运动的三种状态及特征,阐述了人群运动、人群聚集和人群踩踏等三个基本要素的概念和特点;②界定了人群踩踏事故的触发和演化,分析了人群踩踏事故触发—演化的链式关系。人群踩踏事故触发—演化的链式关系揭示了人群从简单的运动状态到聚集状态,再到人群混乱状态,进而导致人群踩踏的过程;③对人群踩踏事故的触发和演化做了系统性分析,提出了基于物理—心理—地理维度的3P研究范式。其中,物理维度是围绕人群运动的物理状态的相关因素和关系的总和,如流速、流量、密度等基本因素以及这些因素之间的关系。心理维度是围绕人群运动的心理状态的相关因素,主要体现为感知、紧张、恐慌和行为等方面。地理维度,指与人群运动场地紧密相关的物理场所、天气、环境的总称,表现在场地因素、天气因素、环境因素和其他。3P研究范式是分析人群踩踏事故的触发机理、演化机理及风险控制的基础。

---

[1] Ma Y, Yuen R K K, Lee E W M. Effective leadership for crowd evacuation [J]. Physica A Statistical Mechanics & Its Applications, 2016 (450): 333-341.
[2] 王起全,杜艳洋,张心远. 蚁群算法在地铁车站内应急疏散的应用 [J]. 消防科学与技术, 2015, 34 (1): 55-58.

第3章 人群踩踏事故的触发机理分析

3.1 基于扎根理论的触发因素分析及概念模型

3.1.1 扎根理论的研究程序

扎根理论的实质是在经验研究中总结和分析事物发展的规律并形成相应的理论。人群踩踏事故在不同国家和地区均有发生,且近年时有发生,许多相关资料和信息具有公开性和完整性,因此,通过采用扎根理论的方法来进行研究具备资料可获得性;关于人群踩踏事故触发机理的研究尚不具定论,通过运用科学的方法,探索人群踩踏事故的发生机理具有迫切性。因此,采用扎根理论来分析人群踩踏事故的触发机理很有必要。

运用扎根理论研究人群踩踏事故的触发机理的程序如下:收集资料—筛选案例—数据转录—开放式编码—主轴式编码—选择性编码—构造概念模型,见图3-1。

1. 资料收集

资料收集包括收集资料、筛选案例和数据转录三个环节。收集资料一般可以采用调查问卷法、实地访谈法等方法获得一手数据,也可以通过网站、报纸等主流媒体报道的信息来获得二手数据。本书所采用的是通过主流媒体获得关于人群踩踏事件的二手数据资料。筛选案例是在收集资料的基础上,根据研究的需要,设定筛选原则,进行案例的甄别和挑选。数据转录是将所筛选的案例

第 3 章 人群踩踏事故的触发机理分析

中的信息,转化成扎根理论程序编码中的语言和文字,将其数据化和编码化。

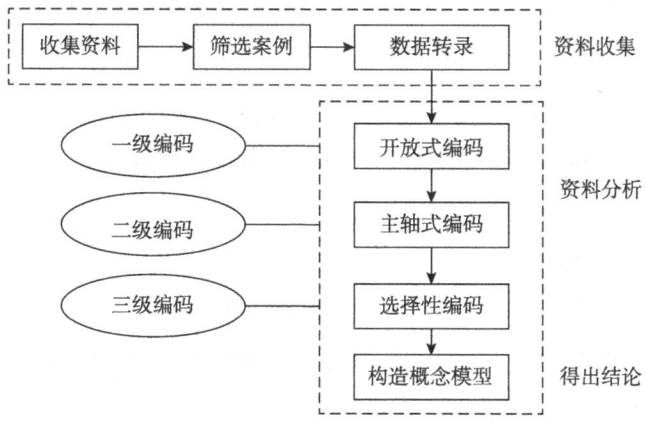

图 3-1 扎根理论的研究程序

2. 开放式编码

开放式编码,也被称为一级编码,是对资料收集后的数据进行初步探索的过程,即对原始资料的任何可以编码的句子或者片段设置概念化标签,实现资料概念化。[①] 开放式编码需要将原始资料进行整合、分类、给予定义。[②] 开放式编码是通过对人群踩踏事故案例数据进行逐行编码,将其逐层概念化和抽象化,通过不断比较把数据及抽象出的概念打破、揉碎并重新综合。

3. 主轴式编码

主轴式编码,是基于开放式编码所提炼的范畴,明晰各范畴之间的关系。[③] 一般运用"因果条件、现象、脉络、中介条件、行动/互动策略、结果"的典型模型来链接各个范畴。具体而言,根据不同范畴之间的相互关系和逻辑次序将相似主题的范畴归为一类,归纳出主要范畴。[④]

[①] 李柏洲,徐广玉,苏屹. 基于扎根理论的企业知识转移风险识别研究 [J]. 科学学与科学技术管理,2014,35(4):57-65.

[②] 王璐,高鹏. 扎根理论及其在管理学研究中的应用问题探讨 [J]. 外国经济与管理,2010,32(12):10-18.

[③] Dell' Olio L, Ibeas A, Barreda R. Passenger behavior in trains during emergency situations [J]. Journal of Safety Research,2013,46(sep):157-166.

[④] 刘家国,刘巍,刘潇琦,等. 基于扎根理论方法的中俄跨境电子商务发展研究 [J]. 中国软科学,2015(9):27-40.

4. 选择性编码

选择性编码是指挖掘出核心范畴，将分析结果逐渐集中到与之相关的编码上，并分析核心范畴与主范畴的联系。具体步骤是：明确资料的故事线；对主范畴、次范畴和概念进行描述；检验已经建立的初步假设，填充需要补充或发展的概念类属；挑选出核心范畴；在核心范畴和其他范畴之间建立起系统的联系。①

5. 构建概念模型

通过开放式编码、主轴式编码和选择性编码过程中形成的概念、次范畴和主范畴之间所隐含的关系构建概念模型，并进行理论饱和度检验。② 根据格莱瑟和斯特劳斯的理论，作为决定何时停止采样的鉴定标准，理论性饱和是指不可以获取额外数据以使分析者进一步发展某一个范畴之特征的时刻。③ 理论性饱和通常是通过交替收集和分析数据而得到的。

3.1.2 资料选取

资料选取是运用扎根理论进行科学研究的基础，资料选取的好坏决定了最终构建的模型是否能通过理论性饱和检验。本书通过主流媒体所报道的信息，收集并整理近年来国内外发生的人群踩踏事件，梳理事件发生的时间和地点、触发因素、主要参与人员、伤亡结果等信息。

基于所收集的资料，按照以下条件进行筛选，整理案例：

(1) 资料齐全，关于人群踩踏事件的介绍完整的、资料齐全的，通过公开的信息可以获得人群踩踏事件发生的触发原因。

(2) 影响较大，筛选出来的案例产生了极大的社会影响，导致严重的人员伤亡，通常死亡人数1人以上或导致100人以上人员受伤。

(3) 具有普遍性和代表性，所筛选的案例应该是具有普遍性和代表性的，

---

① 杨宝安，张科静. 多目标决策分析：理论、方法与应用研究 [M]. 上海：东华大学出版社，2008.
② 丁敏. 基于扎根理论的D公司机房搬迁项目风险管理研究 [D]. 广州：华南理工大学，2015.
③ Barney Glaser A S. The discovery of grounded theory: strategies for qualitative research [M]. Chicago: Aldine publishing company, 1967.

第 3 章 人群踩踏事故的触发机理分析

一定程度上能代表这种类型的人群踩踏事件。

随机抽取 20 个案例,如表 3-1。其中,死亡人数最多的是案例 5——2015 年麦加人群踩踏事件。在所筛选出的 20 个案例中,人群踩踏事发地涉及 10 个国家,事发场地涉及天桥、体育场、学校、超市、寺庙和广场等地。

表 3-1 随机抽取的案例

序号	案例	事发时间	发生地	资料来源	影响
1	印度孟买火车站外天桥踩踏事件	2017 年 9 月 29 日	印度孟买	人民日报网站等媒体报道	22 人死亡,数人受伤
2	意大利都灵踩踏事件	2017 年 6 月 3 日	意大利都灵市	中国日报、凤凰网等媒体报道	1500 人受伤,其中数人伤势严重
3	安哥拉人群踩踏事件	2017 年 2 月 11 日	安哥拉威热	BBC、CCTV 等媒体报道	17 人死亡,61 人受伤
4	埃塞俄比亚踩踏事件	2016 年 10 月 4 日	埃塞俄比亚比绍夫图镇	天津日报、网易等媒体报道	52 人死亡,多人受伤
5	2015 年麦加人群踩踏事件	2015 年 9 月 24 日	沙特阿拉伯麦加	新浪网、中新网等媒体报道	1399 人死亡,2000 多人受伤
6	四川康定小学踩踏事件	2014 年 11 月 22 日	四川康定	腾讯网、新浪网等媒体报道	多人受伤
7	中国昆明市明通小学踩踏事件	2014 年 9 月 26 日	中国昆明市盘龙区明通小学	新浪网、腾讯网、网易新闻等媒体报道	6 人死亡,26 人受伤
8	宁夏踩踏事故	2014 年 1 月 5 日	中国宁夏固原市西吉县北大寺	新华网、人民网、上海卫视等媒体报道	14 人死亡,10 人受伤
9	印度中央邦人群踩踏事件	2013 年 10 月 13 日	印度中央邦	人民网、新华网、网易等媒体报道	91 人死亡,115 人受伤
10	中国老河口一小学人群踩踏事件	2013 年 2 月 27 日	中国老河口市	中新网、新华网等媒体报道	4 人死亡,11 人受伤
11	巴西圣玛利亚人群踩踏事件	2013 年 1 月 27 日	巴西圣玛利亚市	网易、新华网等媒体报道	233 人死亡,106 人受伤

· 45 ·

续表

序号	案例	事发时间	发生地	资料来源	影响
12	科特迪瓦阿比让人群踩踏事件	2012年12月31日	科特迪瓦阿比让	网易等媒体报道	61人死亡, 200多人受伤
13	印度喀拉拉邦人群踩踏事件	2011年1月14日	印度喀拉拉邦	腾讯网、新浪网等媒体报道	至少100人死亡, 数人受伤
14	柬埔寨金边踩踏事件	2010年11月22日	柬埔寨金边市	中新网等媒体报道	至少375人死亡, 755人受伤
15	德国音乐节踩踏事件	2010年7月24日	德国西部鲁尔区杜伊斯堡市	新华网、中央电视台等媒体报道	21人死亡, 342人受伤
16	中国湘潭市育才中学人群踩踏事件	2009年12月7日	中国湘潭湘乡市	网易、CCTV等媒体报道	8人死亡, 26人受伤
17	重庆涪陵踩踏事故	2009年3月22日	中国重庆涪陵	新浪网、凤凰网等媒体报道	2人死亡, 11人受伤
18	中国山西运城人群踩踏事件	2008年12月12日	中国山西运城	中新网、新浪网等媒体报道	7人死亡, 10人受伤
19	印度北部喜马偕尔邦踩踏事件	2008年8月3日	印度喜马偕尔邦	新浪网、搜狐网等媒体报道	145人死亡, 40人受伤
20	中国重庆沙坪坝区家乐福人群踩踏事件	2007年11月10日	中国重庆沙坪坝区家乐福	新浪网、腾讯网等媒体报道	3人死亡, 31人受伤

3.1.3 人群踩踏事故的触发因素的开放式编码

1. 人群踩踏事故的触发因素的概念化分析

通过剖析20个人群踩踏事故的案例，分析人群踩踏事故的触发因素，将案例中所涉及的资料进行逐字逐句分析，通过比较和甄别，将所涉及的人群踩踏事故触发因素概念化，见表3-2。概念化定义的首要原则是基于客观事实。开放式编码的过程，主要在于从资料中发现人群踩踏事故的触发因素的概念类属，并概括概念类属。

第 3 章　人群踩踏事故的触发机理分析

表 3-2　人群踩踏事故的触发因素的开放式编码之概念化分析

人群踩踏事故	触发和演化过程	编码	概念化
2017年9月印度孟买火车站外天桥踩踏事件	在孟买火车站外天桥	A1	天桥,有上下台阶
	当时正在下暴雨,处于早高峰	A2	下暴雨
	数百人挤在前往车站的天桥上下,等待火车	A3	单位面积人数过多
	此时一名妇女在上天桥的楼梯上滑倒	A4	妇女滑倒
	天桥桥墩发出声音	A5	异响
	造成恐慌,导致受害者滑落,人们报警逃避造成踩踏	A6	产生恐慌心理
意大利都灵踩踏事件	2017年6月3日,欧冠决赛当天,都灵市中心的圣卡洛广场聚集了大批尤文的球迷	A7	广场人群聚集
	目击者称,广场上发生巨大响声并引发了安全警报	A8	巨响
	人们惊恐地四散奔逃,甚至发生踩踏	A9	人们惊恐奔逃
安哥拉人群踩踏事件	数百名球迷试图进入一个坐满观众的看台观看体育比赛,球场容量仅8000人	A10	单位面积人数过多
	许多无法入场的球迷只能聚集在球场大门口处比赛开始7分钟后,入口处急躁的球迷试图冲击大门,由于太过拥挤导致人群踩踏	A11	人群情绪急躁
	球迷恐慌	A12	球迷情绪惊慌
	惊慌的球迷四散而逃,导致踩踏事故进一步严重	A13	人流错乱
埃塞俄比亚踩踏事件	生活在这里的奥罗莫族人正在一个湖边举行当地的"感恩节"宗教活动,以纪念雨季结束	A14	单位面积人数过多
	人群中有人呼喊反政府口号,甚至有人举起一个反政府组织的旗帜。他们涌向宗教领袖发言的讲台,并且投掷石块和矿泉水瓶	A15	出现骚乱行动
	恐慌的人群开始逃散	A16	人群恐慌并逃散
	不少人掉入一个水沟,数十人因此窒息而死	A17	场地中出现水沟

续表

人群踩踏事故	触发和演化过程	编码	概念化
2015年麦加人群踩踏事件	2015年9月24日，来自全球各地的约200万穆斯林正在沙特阿拉伯圣城麦加参加每年一度的朝觐活动	A18	单位面积人数过多
	事故发生时，当地最高气温达45摄氏度	A19	最高温45摄氏度
	一些老年人因中暑而最先摔倒	A20	老人摔倒
	初步调查显示，事故发生主要是由于人群拥挤导致人流逆行，发生冲撞，引发踩踏	A21	人流逆行
四川康定小学踩踏事件	康定木雅祖庆小学附近发生地震	A22	发生地震
	地震时，多名小学生在疏散中发生踩踏事件，致1名学生重伤	A23	小学生慌乱
中国昆明明通小学踩踏事件	学生在下楼过程中，由于靠墙的其中一块海绵垫平倒于一楼过道，造成通道不畅	A24	关键路口有海绵垫
	先期下楼的学生在通过海绵垫时发生跌倒	A25	学生被海绵垫绊倒
	后续下楼的大量学生不明情况，继续向前拥挤造成相互叠加挤压，导致学生严重伤亡	A26	拥挤加剧叠压
2014年宁夏西吉踩踏事件	5日上午，部分群众到西吉县北大寺参加已故宗教人士忌日纪念活动，人数远远超过往年	A27	单位面积人数过多
	为信教群众散发油香（油饼）	A28	哄抢食物
	由于群众相互拥挤推搡，将妇女儿童推倒了，导致人群踩踏	A29	群众推搡摔倒
	该活动举办方提前制定了预案，但是由于发生在周末，人数大大超过预期	A30	人群过于拥挤
	该活动设置了5个通道，5个油饼发放点，但是由于人太多，其中2个通道被堵	A31	2/5的通道被堵
2013年印度中央邦人群踩踏事件	2013年10月13日，为了庆祝"九夜节"结束，从一大早，就有大量的印度教信徒赶来寺庙朝拜。据报道，事发时，寺庙内外聚集了40多万信徒	A32	大量人群聚集
	其间，一些朝拜者企图插队，于是故意散布谣言，说大桥将会倒塌	A33	有人散布谣言
	谣言立即引发了恐慌，惊慌失措的信徒于是争相抢过这座长约500米的窄桥，并酿成了踩踏事件	A34	谣言导致恐慌

第 3 章　人群踩踏事故的触发机理分析

续表

人群踩踏事故	触发和演化过程	编码	概念化
中国老河口一小学人群踩踏事件	2013 年 2 月 27 日 6 点左右，因值班老师未按时打开一楼铁门（唯一的出口），致使急于出门的学生们下楼时相互拥挤，将铁栅栏门挤开，之后发生踩踏事故	A35	唯一的出口被堵塞
巴西圣玛利亚人群踩踏事件	圣玛利亚市的联邦大学在 KISS 酒吧举办派对，有超过 500 人参加了派对	A36	大量人群聚集
	乐队在表演中，燃放了焰火，打到天花板，引燃了屋顶的隔音材料，从而引起了火灾	A37	发生火灾
	火灾发生之后，现场浓烟滚滚	A38	环境黑暗
	人们惊慌失措，肆意踩踏	A39	人群心里惊慌失措
	酒吧的正门紧锁，出口仅仅只有一个小门。从现场的图片来看，这是个单扇门	A40	出口只有一个小门
	这家可容纳约 2000 人的酒吧只有一个进出口和一个紧急出口，而且没有醒目的指示灯引导逃生	A41	没有疏散指示灯
科特迪瓦阿比让人群踩踏事件	除夕夜的烟花庆祝活动中，烟花爆炸巨响在人群中引起混乱	A42	出现烟花爆炸巨响
印度喀拉拉邦人群踩踏事件	事发前，当地印度教徒正在庆祝宗教节日，14 日是本次为期两个月的宗教节最后一天，当天共有 15 万人前往山顶朝拜	A43	单位面积人数过多
	当数千人在喀拉拉邦伊杜基地区一座山顶庙宇参加完宗教活动后，沿着一条狭窄的森林小路返回时	A44	狭窄的森林小路
	一辆吉普车从人群中强行通过时突然翻车	A45	吉普车在人群中翻车
	行人惊慌失措	A46	人群惊慌失措
	立即开始四散奔逃，结果引发本次严重踩踏事故	A47	四散奔逃

· 49 ·

续表

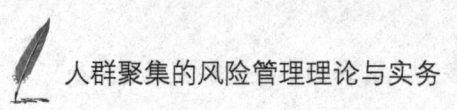

人群踩踏事故	触发和演化过程	编码	概念化
柬埔寨金边踩踏事件	当地时间22日晚上，横跨洞里萨河、连接市区到新开发的钻石岛的一座长不过百米、宽约6米的钻石大桥上	A48	窄桥
	有超过100万人前来参加当地传统节日"送水节"最后一晚狂欢	A49	人数众多
	桥上双向通行、人流错乱	A50	双向通行，人流混乱
德国音乐节踩踏事件	当地时间17时左右，在活动接近尾声时，大量观众匆匆赶往活动现场，而另一批观众则折返回家	A51	人群逆行出现冲突
	杜伊斯堡市只批准在该市废弃货运火车站举行25万人参加的活动。而实际涌到现场人数估计在100万人到140万人	A52	人数大大超过场地容量
	这是"爱的大游行"首次在一个封闭的场所内进行，而且只有一个入口，到达入口前还必须通过地下通道	A53	只有一个入口
	人群密集，发生恐慌性踩踏	A54	人群恐慌并逃散
中国湘潭市育才中学人群踩踏事件	当日21时，在育才中学晚自习下课之际，天下大雨	A55	突然下雨
	学生大都朝离校门近的楼梯涌出	A56	人群从众选择出口
	但有几个调皮的男同学将楼梯口堵住	A57	楼梯口被人为堵住
	在下楼梯的过程中	A58	楼梯
	一学生跌倒，骤然引发拥挤	A59	学生跌倒
重庆涪陵踩踏事故	2009年3月22日上午，涪陵廖峰电子有限责任公司为宣传促销一种天然药材产品，承诺免费发放药品和洗衣粉，引来很多群众，远远超过场地容量	A60	人群数量非常大
	人们哄抢免费药品和洗衣粉	A61	哄抢物品
	为了"有序"发放礼品，主办方决定关闭该会议室的后门，仅保留前门一个通道	A62	只有一个出口

第 3 章 人群踩踏事故的触发机理分析

续表

人群踩踏事故	触发和演化过程	编码	概念化
重庆涪陵踩踏事故	9点15分左右,会议室外等待的人群和会议室内的人群像两股力量巨大的水流,同时涌向拐角处几平方米的面积上	A63	会议室内外人流对冲
	现场秩序混乱,场面难以控制,有群众跌倒,发生人群踩踏	A64	有人跌倒
中国山西运城人群踩踏事件	12日下午3点40分,山西省运城市中银大道立交桥附近一个足疗店发生火灾	A65	发生火灾
	火灾发生时,楼内人员比较慌张,引发群体性踩踏事件	A66	人群情绪慌张
印度北部喜马偕尔邦踩踏事件	事故发生时,在位于山顶的这座印度教庙宇,举行一个为期10天的宗教活动	A67	山顶地形崎岖
	该庙宇挤满了上万信徒	A68	场地挤满了人
	拥挤导致庙宇外一个栏杆突然塌落,有人坠下山谷	A69	栏杆突然塌落
	引发其他不明就里的信徒惊慌,以为山上大石滚下,争相往外奔逃,造成相互踩踏惨剧发生	A70	人群惊慌
中国重庆沙坪坝区家乐福人群踩踏事件	事发当日,家乐福超市有店庆促销活动	A71	促销导致哄抢
	工作人员在家乐福(沙坪坝店)的三个店门(包括东门、中门和西门)的入口摆放桌子,控制人流	A72	入口有桌子障碍
	大量购物群众涌入家乐福沙坪坝店东门	A73	大量人群涌入
	由于东门入口下行楼梯处被桌子隔离,仅留一条狭窄通道,排在前排的顾客和桌子被一同挤倒,后面的人群踩踏倒地,大量群众相继跌倒,导致3人死亡,30多人受伤	A74	有人摔倒

2. 人群踩踏事故的触发因素的范畴分析

通过对人群踩踏事故的触发因素进行开放式编码分析,得到概念化的因素,在概念化的基础上,还需要进一步凝练和归纳,根据概念化的因素之间的关系,将相关的概念进行聚类,做范畴分析。针对概念化后的70个概念进行

· 51 ·

人群聚集的风险管理理论与实务

聚类分析，可以归总为17个范畴：场地中有台阶；凹凸场地；场地中有障碍物；出入口狭窄；场地狭窄；场地被破坏；发生自然灾害；发生人为灾害（火灾、交通事故等）；天气问题（炎热、暴雨、暴雪等天气）；个体行人摔倒（主动或被动）；人群恐慌；现场管理不当；管理预案不足；缺乏疏散设备；人流对冲；人群骚乱；从众效应；人群拥挤；人群情绪急躁；身体不适（中暑等）；争夺食物或其他；信息传播失真；视线不好（见表3-3）。

表3-3 人群踩踏事故触发因素开放式编码之范畴分析

序号	范畴	编码	概念内涵
1	场地凹凸或台阶	A17	场地中出现水沟
		A67	山顶地形崎岖
		A1	天桥，有上下台阶
		A58	楼梯
2	场地安全设备缺乏或被破坏	A41	没有疏散指示灯
		A69	栏杆突然塌落
3	场地狭窄或有障碍物	A44	狭窄的森林小路
		A48	窄桥
		A24	关键路口有海绵垫
		A31	2/5的通道被堵
		A35	唯一的出口被堵塞
		A57	楼梯口被人为堵住
		A72	入口有桌子障碍
4	出入口狭窄	A40	出口只有一个小门
		A53	只有一个入口
		A62	只有一个出口
5	从众心理	A56	人群从众选择出口
6	行人摔倒	A4	妇女滑倒
		A20	老人摔倒
		A25	学生被海绵垫绊倒
		A29	群众推搡摔倒
		A59	学生跌倒
		A64	有人跌倒
		A74	有人摔倒

· 52 ·

第 3 章 人群踩踏事故的触发机理分析

续表

序号	范畴	编码	概念内涵
7	哄抢行为	A28	哄抢食物
		A61	哄抢物品
		A70	促销导致哄抢
8	自然环境因素	A22	发生地震
9	人工环境因素	A37	发生火灾
		A44	吉普车在人群中翻车
		A65	发生火灾
10	恐慌心理	A6	产生恐慌心理
		A9	人们惊恐奔逃
		A12	球迷情绪惊慌
		A16	人群恐慌并逃散
		A23	小学生慌乱
		A34	谣言导致恐慌
		A39	人群心里惊慌失措
		A46	人群惊慌失措
		A54	人群恐慌并逃散
		A66	人群情绪慌张
		A70	人群惊慌
11	可视性差	A37	环境黑暗
12	异响	A5	异响
		A8	巨响
		A42	出现烟花爆炸巨响
13	其他心理因素	A11	人群情绪急躁
14	人流混乱	A13	人流错乱
		A15	出现骚乱行动
		A47	四散奔逃
		A50	双向通行，人流混乱
15	人流逆行	A21	人流逆行
		A51	人群逆行出现冲突
		A63	会议室内外人流对冲

· 53 ·

续表

序号	范畴	编码	概念内涵
16	人群密度高	A3	单位面积人数过多
		A7	广场人群聚集
		A10	单位面积人数过多
		A14	单位面积人数过多
		A18	单位面积人数过多
		A26	拥挤加剧叠压
		A27	单位面积人数过多
		A30	人群过于拥挤
		A32	大量人群聚集
		A36	大量人群聚集
		A43	单位面积人数过多
		A49	人数众多
		A52	人数大大超过场地容量
		A60	人群数量非常大
		A68	场地挤满了人
		A73	大量人群涌入
17	天气因素	A2	下暴雨
		A19	最高温45摄氏度
		A55	突然下雨

3.1.4 人群踩踏事故的触发因素的主轴式编码

1. 人群踩踏事故的触发因素的主范畴

在人群踩踏事故的触发因素的开放式编码分析的基础上，得到17个范畴，然而，这些范畴之间都是相互独立的，为了更进一步确定这些因素之间的相互关系，进行主轴式编码分析。主轴式编码分析的重点在于探索和分析人群踩踏事故的触发因素的范畴之间的关系。通过剔除与其他概念关联性不大的范畴，调整和整合其他的范畴，建立主要概念和次要概念之间的有效联系关系，寻找其中的逻辑关系。通过分析和总结，将人群踩踏事故的触发因素的主范畴总结成12个因素，如表3-4所示。

第 3 章 人群踩踏事故的触发机理分析

表 3-4 人群踩踏事故的触发因素的主范畴

编号	主范畴	影响关系的范畴
1	特殊场地	凹凸场地；场地中有台阶
2	场地设备缺乏或被破坏	场地被破坏；缺乏疏散设备
3	场地障碍物	场地中有障碍物；视线不好
4	场地狭窄	出入口狭窄；场地狭窄
5	人群心理因素	从众效应；人群恐慌；人群情绪急躁
6	人群生理因素	身体不适（中暑）
7	灾害（自然和人为灾害）	发生人为灾害（火灾、交通事故等）
8	现场管理不当	现场管理不当
9	管理预案不足	预案不足
10	天气问题（炎热、暴雨、暴雪等天气）	天气问题（炎热、暴雨、暴雪等天气）
11	信息传播失真	信息传播失真
12	人群物理因素	人流对冲；人群拥挤；争夺食物或其他；人群骚乱；个体行人摔倒（主动或被动）

2. 人群踩踏事故的触发因素主范畴的关系内涵

经过继续聚类和分析，总结出人群踩踏事故的触发因素的 12 个主范畴：特殊场地、场地设备缺乏或被破坏、场地障碍物、场地狭窄、人群心理因素、人群生理因素、灾害（自然和人为灾害）、现场管理不当、管理预案不足、天气问题（炎热、暴雨、暴雪等天气）、信息传播失真和人群物理因素。基于对人群踩踏事故的触发因素主范畴的关联关系分析，总结其关系内涵如表 3-5 所示。

表 3-5 人群踩踏事故的触发因素主范畴的关系内涵

主范畴	关系内涵
特殊场地	特殊场地是触发人群踩踏事故的特殊场地构件，可能增加人群对场地的不适应性，容易造成行人摔倒、人群更拥挤。
场地设备缺乏或被破坏	场地设备的缺失或者被破坏会极容易改变人们原本的运动状态，从而导致人群平衡感丧失，容易摔倒，也增加了人们的恐慌情绪。
场地障碍物	场地中的障碍物是影响人群正常运动的关键因素，容易导致人群更加拥挤或直接导致摔倒，从而触发人群踩踏事件。
场地狭窄	场地狭窄会使人群拥挤程度增加，人群密度增大。
人群心理因素	人群心理因素往往不是直接诱发人群踩踏的因素，但是会扰乱人群的正常运动，增加人群骚乱的概率，进而引发人群踩踏。

续表

主范畴	关系内涵
人群生理因素	人群生理因素影响人群踩踏风险，一些特殊的心理反应可能直接导致个体行人摔倒或引起人群恐慌。
灾害（自然和人为灾害）	灾难本来都是一种影响公共安全的事故，在灾难发生时，个体不同的本能反应导致人群更加混乱，诱发二次伤害。
现场管理不当	现场管理不当不仅不能缓解人群拥挤、人群骚乱等问题，反而会使人群更加混乱。
管理预案不足	管理预案不足往往会导致人群密度较大、场地拥挤、场地受到破坏等。
天气问题（炎热、暴雨、暴雪等天气）	天气问题（炎热、暴雨、暴雪等天气）是人群踩踏事故触发的"催化剂"，它的出现会使人们的心情更急切，运动速度会更快，从而增加发生人群冲突、拥挤的概率。
信息传播失真	信息传播失真常常导致人群恐慌，触发人群骚乱。
人群物理因素	人群物理因素通过改变人群流量、人群流向等因素而产生影响，影响人群正常运动，触发人群踩踏。

3.1.5 人群踩踏事故的触发因素的选择式编码

人群踩踏事故的触发因素的选择式编码的关键在于确定核心范畴和次要范畴，核心范畴是通过总结和分析，能够最大限度地概括其他范畴的因素。通过提炼和总结，对12个主范畴进行分析，概括出4个核心范畴：场地因素、人群因素、环境因素和管理因素。选择式编码的过程具体如图3-2所示。

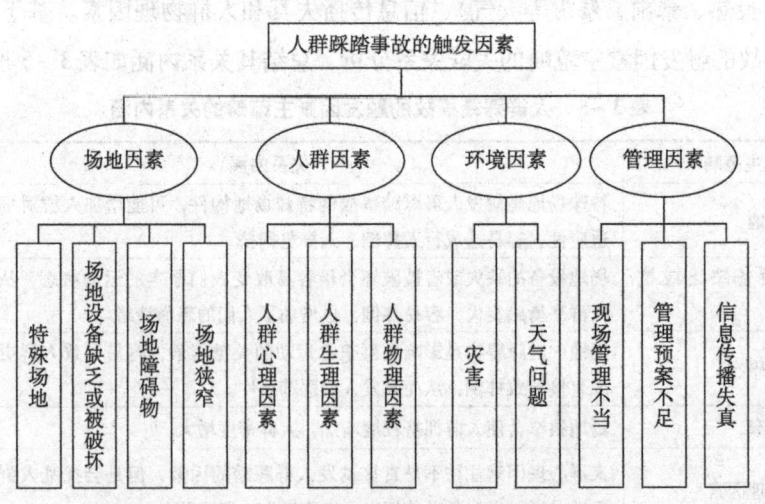

图3-2 人群踩踏事故触发因素的选择式编码

3.1.6 人群踩踏事故的触发因素的概念模型

关于扎根理论模型的检验，根据 Glaser 和 Strauss 提出的理论[1]，决定停止采样的标准是进行理论性饱和度验证。参照刘家国等学者的研究，通过将所整理的近 10 年关于人群踩踏事件的案例作为原始资料，选取了 20 个案例进行了开放性编码、主轴性编码、选择性编码分析，选取剩下的案例进行理论饱和度检验，判别模型中的范畴是否具有全面性。[2] 结果显示，对于这些案例中人群踩踏事件的触发因素包含在 4 个主范畴内，未形成新的重要范畴和关系。因此可以证明，模型的理论饱和度通过了检验。

在通过理论饱和度检验之后，本书得到了人群踩踏事故触发因素的概念模型，如图 3-3 所示，人群运动中，受到场地因素、人群因素、环境因素、管理因素等因素的触发，再经过各种因素的综合作用，最终演化成人群踩踏事故。

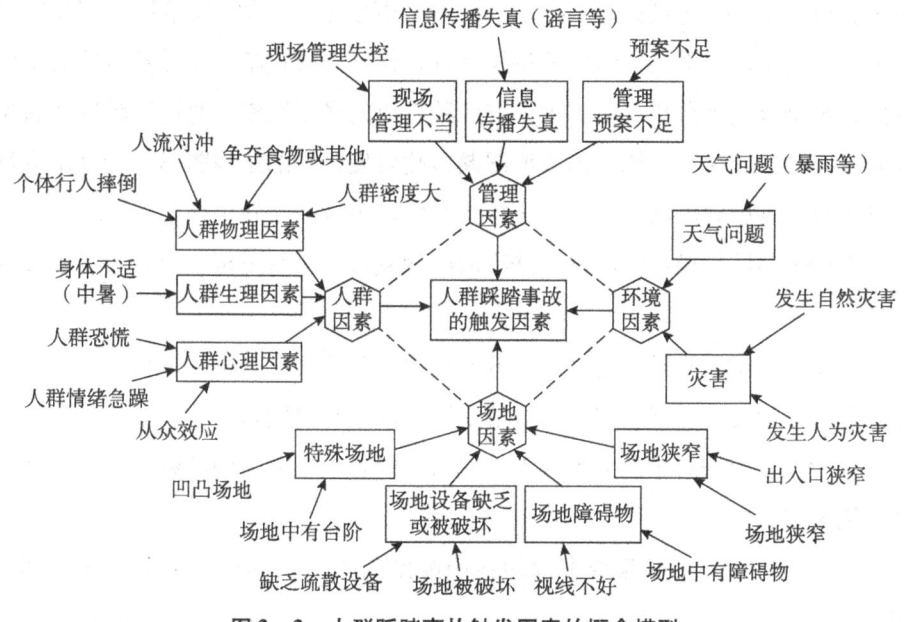

图 3-3 人群踩踏事故触发因素的概念模型

---

[1] Glaser B G, Strauss A L. The Discovery of Grounded Theory: Strategies for Qualitiative Research [M]. Chicago: Aldine publishing Company, 1967.

[2] 刘家国，刘巍，刘潇琦，等. 基于扎根理论方法的中俄跨境电子商务发展研究 [J]. 中国软科学，2015（9）：27-40.

3.2 基于解释结构模型的人群踩踏事故触发逻辑分析

为了更进一步探索人群踩踏事故触发因素之间的逻辑结构，基于扎根理论的研究结果，借助解释结构模型，对人群踩踏事故的触发因素进行逻辑分析，以探索人群踩踏事件的触发机理。

解释结构模型（Interpretive Structural Modeling，ISM）是一种系统研究的工具，广泛应用于管理学、经济学、社会学等问题研究。它的核心在于通过将复杂系统分解为若干个子系统要素，并找出要素之间的相互关系，绘出结构图形，计算出结构矩阵。[①] 解释结构模型强调事物的分析需要基于现实案例资料以及自己对资料的分析处理，通过理论演绎探究复杂系统中的各个组合因素的机理，最后形成理论模型。[②] 因此，本书利用扎根理论和解释结构模型相结合的方法，基于现实案例资料的分析及处理，得到人群踩踏事件触发因素的概念模型，再结合文献分析，提炼出人群踩踏事故的触发因素，通过比较这些触发因素之间的相互关系，构造出人群踩踏事故触发因素的结构图形，计算出人群踩踏事故触发因素的结构矩阵，剖析人群踩踏事故的触发机理。

运用解释结构模型对人群踩踏事故的触发因素进行分析主要分为以下步骤（见图3-4）。

步骤一：结合扎根理论的案例分析结果和理论文献分析，进行人群踩踏事故触发因素的要素选择，提炼出人群踩踏事故的触发因素；

步骤二：根据总结出来的人群踩踏事故的触发因素，构建触发因素的相互关系结构图；

步骤三：基于人群踩踏事故的各个触发因素之间的相互关系，建立邻接矩阵；

[①] Deshmukh A M S G. International journal of operations & production management [J]. International Journal of Operations & Production Management. 1994, 14 (6)：8.

[②] 刘忠艳. ISM框架下女性创业绩效影响因素分析：一个创业失败的案例研究 [J]. 科学学研究, 2017, 35 (2)：272-281.

步骤四：根据布尔代数运算，计算可达矩阵；
步骤五：构建人群踩踏事故触发因素的解释结构模型，并对模型进行分析和解释。

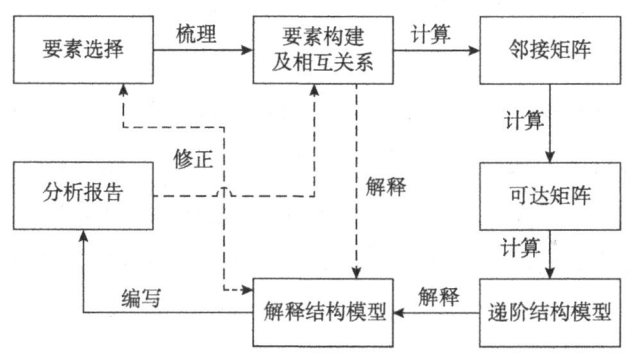

图 3-4　运用解释结构模型进行分析的操作步骤

3.2.1　人群踩踏事故触发因素 ISM 要素选择

人群踩踏事故的触发因素 ISM 要素选择是基于案例分析和理论分析相结合的方法，案例分析是来源于前一节扎根理论所提炼的主范畴及概念模型，理论分析是基于对文献的阅读，总结了人群踩踏事故的触发因素。综合比较案例分析和理论分析的结果，对扎根理论所筛选出来的因素进行进一步补充和优化，构造解释结构模型中的要素，见图 3-5。

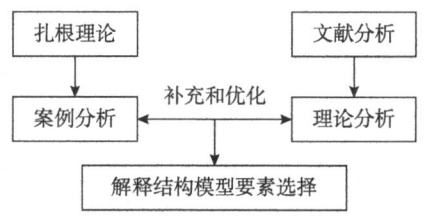

图 3-5　人群踩踏事故触发因素 ISM 要素选择流程

基于本书第一部分对人群踩踏事故触发机理的文献综述，结合扎根理论的研究结果，主流的分类分为人的因素、物的因素、环境因素和管理因素等方面①。结合前文,具体而言,将人群踩踏事故触发因素 ISM 要素总结如下。

1. 人的因素

人的因素在一些理论文献中也得到了支持和论证②,本研究中将人群踩踏的触发因素中人的因素分为物理—生理—心理三个维度。

物理维度主要体现在人流对冲、人群拥挤、人的竞争和哄抢、失去平衡或摔倒四个方面③。人流对冲是指由于人群运动方向不一致而导致人们的拥挤、碰撞、摔倒等行为。人群拥挤是指人们试着进入某个特殊区域获得更好的实现或者实现某项重要功能,结果导致人群拥挤、堵塞、窒息甚至致命。人的竞争或哄抢行为是指人们涌入某地获得有价值的物品、位置等,尤其是免费获得。失去平衡或摔倒是指人们在人群拥挤中,由于失去平衡而造成的各种反应,甚至摔倒的行为。

生理维度也是人群踩踏事件触发因素之一④,主要表现在身体状况方面。身体状况是指人们的身体健康状况。由于身体状况不佳所表现出来的症状可能导致行人个体摔倒、绊倒,甚至影响和传染其他行人,例如因中暑、头晕或脑出血而摔倒。

心理维度表现在人群恐慌、人群情绪急躁、从众效应。人群恐慌是人群踩踏事件的高频触发因素,很多案例都是因为人群恐慌情绪引发的。⑤ 人群情绪急躁是指人们在人群密集地容易出现急躁、暴躁的情绪,甚至因急躁情绪引发过激行为。从众效应是指人们在人群聚集时心理的选择偏好,即倾向于做出与其他行人一致的选择。从众行为是一种非理性的行为,是导致人群踩踏事件的重

---

① 王起全. 中小学校园拥挤踩踏事故风险评估指标研究 [J]. 中国安全科学学报. 2012, 22 (1): 149-156.

② Gu Z Y, Liu Z Y, Shiwakoti N, et al. Video-based analysis of school students' emergency evacuation behavior in earthquakes [J]. International Journal of Disaster Risk Reduction, 2016 (18): 1-11.

③ Illiyas F T, Mani S K, Pradeepkumar A P, et al. Human stampedes during religious festivals: A comparative review of mass gathering emergencies in India [J]. International Journal of Disaster Risk Reduction, 2013 (5): 10-18.

④ Shi X, Ye Z R, Shiwakoti N, et al. Empirical investigation on safety constraints of merging pedestrian crowd through macroscopic and microscopic analysis [J]. Accident Analysis Prevention, 2016, 95 (Pt B): 405-416.

⑤ Shiwakoti N, Sarvi M. Enhancing the panic escape of crowd through architectural design [J]. Transportation Research Part C: Emerging Technologies, 2013 (37): 260-267.

第3章 人群踩踏事故的触发机理分析

要原因[①]。

2. 场地因素

场地因素体现在物品、设备、设施等对人群踩踏事故的触发作用[②]。具体因素分为特殊场地、场地设备缺乏或被破坏、场地设计缺陷、场地障碍物、场地狭窄。

特殊场地是指凹凸场地、场地中有台阶。

场地设备缺乏或被破坏是指场地的某些设施或物品被破坏,如栏杆、门,或者场地中一些关键设备缺乏,如缺乏疏散设备。

场地设计缺陷是指由于场地原本的设计存在问题或缺陷,如出入口设计不合理、楼梯设计不合理等。

场地障碍物分为个体行人摔倒(由于摔倒而暂时运动静止而变成了障碍物)、视线障碍(如烟雾影响视线)、其他障碍物。

场地狭窄是指出入口狭窄、其他场地狭窄。

3. 环境因素

环境因素是人群踩踏事件触发的重要因素[③],它主要包括灾害和天气问题。

灾害分为自然灾害和人为灾害,自然灾害表现在地震、滑坡、泥石流等灾害[④];人为灾害分为火灾、交通事故等[⑤]。

天气问题是指恶劣的天气或者突变的天气,如暴雨、暴雪、酷暑等天气。

4. 管理因素

管理因素主要是从政府管理者和活动组织者两个角度考虑,表现在管理预

---

① 卢文刚,田恬. 大型城市广场踩踏事件应急管理:典型案例、演化机理及应对策略[J]. 华南理工大学学报:社会科学版,2016,18(4):85-96.

② 佟瑞鹏,李春旭,郑毛景,等. 拥挤踩踏事故风险定量评价模型及其优化分析[J]. 中国安全科学学报,2013,23(12):90-94.

③ Gu Z Y, Liu Z Y, Shiwakoti N, et al. Video-based analysis of school students' emergency evacuation behavior in earthquakes [J]. International Journal of Disaster Risk Reduction, 2016(18): 1-11.

④ Cimellaro G P, Ozzello F, Vallero A, et al. Simulating earthquake evacuation using human behavior models [J]. Earthquake Engineering & Structural Dynamics, 2017, 46(6): 985-1002.

⑤ Zheng Y, Jia B, Li X G, et al. Evacuation dynamics considering pedestrians' movement behavior change with fire and smoke spreading [J]. Safety Science, 2017(92): 180-189.

案不足、现场管理不当和信息传播失真。[①]

管理预案不足是指管理部门没有做人群踩踏风险预警预案或者预案考虑不充分，如对预期人群估计严重错误。

现场管理不当表现为现场维持秩序的方式不对、现场管理拥挤人群的方式不对、现场处理骚乱事件的方式不对等，这些不正确的处理方式，不仅不能降低人群踩踏风险，反而会激化矛盾，引起人群骚乱，甚至引发人群踩踏。[②]

信息传播失真表现为对突发事件的不正确理解、传播，进而导致人群骚乱、恐慌，最终导致人群踩踏[③]。信息传播失真的主体主要是群众。

在案例分析和文献分析的基础上，得出18个触发人群踩踏事故的要素，具体如表3-6所示。

表3-6 人群踩踏事故触发因素的来源

编号	触发因素	案例	文献来源
R_1	人群速度突变	印度喀拉拉邦人群踩踏事件	Helbing（2000）
R_2	人群拥挤	安哥拉人群踩踏事件	Illiyas（2013）；Kokangül（2017）；于帆（2016）；于帆（2017）
R_3	行人摔倒	中国湘潭市育才中学人群踩踏事件	于帆（2016）
R_4	哄抢行为	宁夏踩踏事故	Illiyas（2013）；Kokangül（2017）；于帆（2016）；于帆（2017）
R_5	人流错乱	德国音乐节踩踏事件	Illiyas（2013）；Helbing（2014）；Kokangül（2017）
R_6	人群恐慌	埃塞俄比亚踩踏事件	Helbing（2014）；Illiyas（2013）；王春雪（2015）；赵卫东（2015）

---

① Ma Y, Yuen R K K, Lee E W M. Effective leadership for crowd evacuation [J]. Physica A: Statistical Mechanics and its Applications, 2016 (450): 333-341.

② 于帆，宋英华，霍非舟，等. 城市公共场所拥挤踩踏事故机理与风险评估研究：基于EST层次影响模型 [J]. 科研管理, 2016, 37 (12): 162-169.

③ 赵海峰，曹晓怡. 地铁突发事件中官方信息的扩散 [J]. 系统工程, 2016, 34 (7): 131-137.

第 3 章 人群踩踏事故的触发机理分析

续表

编号	触发因素	案例	文献来源
R_7	从众效应	中国湘潭市育才中学人群踩踏	Illiyas（2013）
R_8	急躁情绪	安哥拉人群踩踏事件	Illiyas（2013）；Luigi dell'Olio（2013）
R_9	其他心理因素（如偏好、喜好等）	埃塞俄比亚踩踏事件	Nirajan Shiwakoti（2017）；Haghani（2017）
R_{10}	场地障碍物	中国昆明市明通小学踩踏事件	Alizadeh R（2011）；Zhao（2017）；Wei（2012）
R_{11}	视线不好	巴西圣玛利亚人群踩踏事件	Yue（2016）
R_{12}	地面不平	印度孟买火车站外天桥踩踏事件	Kokangül（2017）
R_{13}	异响、气味等	科特迪瓦阿比让人群踩踏事件	王起全（2015）
R_{14}	场地狭窄	重庆涪陵踩踏事故	Kokangül（2017）；Helbing（2015）
R_{15}	自然环境	印度孟买火车站外天桥踩踏事件	Bernardini（2014）；Gu（2016）；Cimellaro（2017）；Kokangül（2017）
R_{16}	人工环境	巴西圣玛利亚人群踩踏事件	Zhang（2014）；Lu（2015）；Kokangül（2017）
R_{17}	天气问题	中国湘潭市育才中学人群踩踏事件	Kokangül（2017）；Luigi dell'Olio（2013）
R_{18}	场地安全设备被破坏或缺乏	印度北部喜马偕尔邦踩踏事件	Kokangül（2017）

3.2.2 基于人群踩踏事故触发因素的相互关系构建邻接矩阵

1. 绘制人群踩踏事件的触发因素之间的相互关系导向表

建立人群踩踏事件的触发因素的解释结构模型首先在于判断各影响因素之间的相互关系，基于触发因素相互关系建立邻接矩阵，这是构建解释结构模型的首要条件。表 3-7 构建了触发人群踩踏事件的关键性因素集合 $R_i(i=1, 2, 3, \cdots, n)$。通常地，因素之间的相互关系用 V、A、X、O 来表示。其中，V 表示行因素单向影响列因素，A 表示列因素单向影响行因素，X 表示行因素与列因素相互影响，O 表示行因素与列因素无影响。

结合表3-6中案例分析和文献分析的研究基础，构建人群踩踏事件触发因素之间的相互关系导向表，如表3-7所示。表3-7的分析逻辑体现在：采用二元分析法对人群踩踏事件触发因素集合中的行元素 R_i 与列元素 R_j 之间的关系进行两两比较，从表中可知行元素 R_i 与列元素 R_j 之间是否有直接影响。

表3-7 人群踩踏事件触发因素之间的相互关系导向表

R_1	V	O	O	O	X	O	O	O	O	O	O	O	O	O	O	O	O	A
	R_2	O	O	X	O	X	O	X	A	O	O	O	O	X	O	V
		R_3	O	V	O	O	O	O	V	O	O	O	O	O	V	O	O
			R_4	O	O	O	O	O	O	O	O	O	O	O	O	O	O
				R_5	O	O	O	O	O	O	X	O	O	O	O	O	O
					R_6	O	V	O	A	V	A	A	O	O	A	A	X
						R_7	O	O	O	O	O	O	O	O	O	O	O
							R_8	A	O	O	A	O	O	O	O	O	O
								R_9	O	O	O	O	O	O	V	O	O
									R_{10}	O	O	O	O	O	O	O	O
										R_{11}	A	O	O	O	O	O	O
											R_{12}	V	V	O	O	O	O
												R_{13}	A	O	A	O	O
													R_{14}	O	O	O	O
														R_{15}	X	O	O
															R_{16}	O	O
																R_{17}	O
																	R_{18}

2. 人群踩踏事件触发因素相互作用的邻接矩阵

用 19×19 方形矩阵来表达触发人群踩踏事件的各要素间的逻辑关联，形成涵盖任意两个元素相互关系的邻接矩阵。令 $\boldsymbol{A} = (a_{ij})_{n \times n}$，当

$$a_{ij} = \begin{cases} 1, \text{表示 } R_i \text{ 和 } R_j \text{ 存在直接影响关系} \\ 0, \text{表示 } R_i \text{ 和 } R_j \text{ 不存在直接影响关系} \end{cases} \quad \text{式}(3-1)$$

其中，$i, j = 1, 2, 3, \cdots, n$。$a_{ij}$ 是指矩阵中第 i 行和第 j 列的元素，表示行元素 R_i 与列元素 R_j 之间的影响关系。当 $i = j$ 时，则 $a_{ij} = 1$；当 $i \neq j$ 时，若

第 3 章 人群踩踏事故的触发机理分析

行元素 R_i 与列元素 R_j 之间的关系为 V，则 $a_{ij}=1$，$a_{ji}=0$；若行元素 R_i 与列元素 R_j 之间的关系为 A，则 $a_{ij}=0$，$a_{ji}=1$；若行元素 R_i 与列元素 R_j 之间的关系为 X，则 $a_{ij}=a_{ji}=1$；若行元素 R_i 与列元素 R_j 之间的关系为 O，则 $a_{ij}=a_{ji}=0$。

通过应急管理专家和政府管理部门专业人士的反馈，采用德尔菲法和专家征询法对表 3-7 中 18 项影响因素之间的相互关系进行修正，为了确保邻接矩阵的科学性和计算的方便性，在考虑人群踩踏触发因素之间的关系时，仅考虑因素之间的直接关系，不考虑间接关系，以免重复计算。经计算，得到人群踩踏事件触发因素相互关系的邻接矩阵，可以用表 3-8 表示。

表 3-8 人群踩踏事故触发因素相互关系邻接矩阵

矩阵	R_1	R_2	R_3	R_4	R_5	R_6	R_7	R_8	R_9	R_{10}	R_{11}	R_{12}	R_{13}	R_{14}	R_{15}	R_{16}	R_{17}	R_{18}
R_1	1	1	0	0	1	1	1	1	0	1	1	0	1	0	1	1	0	1
R_2	1	1	0	0	1	1	1	1	0	1	1	0	1	0	1	1	0	1
R_3	1	1	1	0	1	1	1	0	1	1	0	1	0	1	1	1	0	1
R_4	1	1	0	1	1	1	1	1	0	1	1	0	1	0	1	1	0	1
R_5	0	0	0	0	1	0	0	0	0	0	0	0	1	0	0	0	0	0
R_6	1	1	0	1	1	1	1	1	1	1	1	0	1	0	1	1	0	1
R_7	0	0	0	0	0	0	1	0	0	0	0	0	0	0	0	0	0	0
R_8	1	1	0	0	1	1	1	0	1	1	0	1	0	1	1	1	0	1
R_9	1	1	0	0	1	1	1	1	1	0	1	0	1	0	1	1	0	1
R_{10}	1	1	0	0	1	1	1	1	0	1	1	0	1	0	1	1	0	1
R_{11}	1	1	0	0	1	1	1	1	0	1	1	0	1	0	1	1	0	1
R_{12}	1	1	0	0	1	1	1	1	0	1	1	1	1	1	1	1	0	1
R_{13}	0	0	0	0	0	0	0	0	0	0	0	0	1	0	0	0	0	0
R_{14}	0	0	0	0	1	0	0	0	0	0	0	0	1	1	0	0	0	0
R_{15}	1	1	0	0	1	1	1	1	0	1	1	0	1	0	1	1	0	1
R_{16}	1	1	0	0	1	1	1	1	0	1	1	0	1	0	1	1	0	1
R_{17}	1	1	0	0	1	1	1	1	0	1	1	0	1	0	1	1	1	1
R_{18}	1	1	0	0	1	1	1	1	0	1	1	0	1	0	1	1	0	1

3.2.3 风险因素的可达矩阵与层次化

1. 计算可达矩阵

为了探索人群踩踏事故的触发机理，要获取和掌握一个影响因素对其他影响因素的相互影响关系，以及各因素之间呈现出传递性表征，此过程则可通过求可达矩阵的方式实现。可达矩阵描述的是有向连接图的各节点之间经过一定长度的通路后可以到达的程度，可达矩阵用 Y 表示。在计算出了邻接矩阵之后，运用推移律和布尔代数运算规则计算可达矩阵，该规则如下：

$$令 Y = Y(R) = \{Y(R_i) = \{R_j | R_{ij} = 1, j = 1,2,\cdots,n\} | i = 1,2,\cdots,n\}$$

式（3-2）

$$K = (A+I)^{n+1} = (A+I)^n \neq (A+I)^{n-1} \neq \cdots \neq (A+I)^2 \neq (A+I)$$

式（3-3）

其中，R_{ij} 为人群踩踏事故的触发因素，A 为邻接矩阵，I 为单位矩阵。R_i 可以借助单位矩阵 I 的距离达到 R_j，同理 R_j 可以借助单位矩阵 I 的距离达到下一个影响因素，通过人群踩踏事故触发因素的邻接矩阵 A 与单位矩阵 I 之和计算矩阵 $A+I$，运用推移律和布尔代数运算规则进行计算直至得到一个正整数，使其满足式（3-3）。可达矩阵 Y 经过不大于 n 的长度即可到达，在一个 18×18 矩阵中，可达矩阵的路径长度不会超过 17。通过 Matlab 编程计算出人群踩踏事故触发因素的可达矩阵，如表 3-9 所示。

表 3-9 人群踩踏事故触发因素的可达矩阵

矩阵	R_1	R_2	R_3	R_4	R_5	R_6	R_7	R_8	R_9	R_{10}	R_{11}	R_{12}	R_{13}	R_{14}	R_{15}	R_{16}	R_{17}	R_{18}
R_1	1	1	0	0	1	1	1	1	0	1	1	0	1	0	1	1	0	1
R_2	1	1	0	0	1	1	1	1	0	1	1	0	1	1	0	1	0	1
R_3	1	1	1	0	1	1	1	1	0	1	1	0	1	1	0	1	0	1
R_4	1	1	0	1	1	1	1	1	0	1	1	0	1	1	1	1	0	1
R_5	0	0	0	0	1	0	0	0	0	0	0	0	1	0	0	0	0	0
R_6	1	1	0	0	1	1	1	1	1	0	1	0	1	1	0	1	0	1
R_7	0	0	0	0	0	0	1	0	0	0	0	0	0	0	0	0	0	0
R_8	1	1	0	0	1	1	1	1	1	1	1	0	1	1	0	1	0	1
R_9	1	1	0	0	1	1	1	1	1	1	1	0	1	1	0	1	0	1
R_{10}	1	1	0	0	1	1	1	1	1	1	1	0	1	1	0	1	0	1
R_{11}	1	1	0	0	1	1	1	1	1	1	1	0	1	1	0	1	0	1
R_{12}	1	1	0	0	1	1	1	1	1	1	1	1	1	1	0	1	0	1
R_{13}	0	0	0	0	1	0	0	0	0	0	0	0	1	0	0	0	0	0

第 3 章 人群踩踏事故的触发机理分析

续表

	R_1	R_2	R_3	R_4	R_5	R_6	R_7	R_8	R_9	R_{10}	R_{11}	R_{12}	R_{13}	R_{14}	R_{15}	R_{16}	R_{17}	R_{18}
R_{14}	0	0	0	0	1	0	0	0	0	0	0	0	1	1	0	0	0	0
R_{15}	1	1	0	0	1	1	1	1	0	1	1	0	1	0	1	1	0	1
R_{16}	1	1	0	0	1	1	1	1	0	1	1	0	1	0	1	1	0	1
R_{17}	1	1	0	0	1	1	1	1	0	1	1	0	1	0	1	1	1	1
R_{18}	1	1	0	0	1	1	1	1	0	1	1	0	1	0	1	1	0	1

2. 可达矩阵的层次化处理

层次化处理也叫级间分解,是指通过级间划分得到影响因素的层级矩阵,揭示 ISM 模型中各影响因素之间的层次结构关系机理。在表 3-9 所示的可达矩阵基础上,分析各影响因素之间的直接和间接关系,判断影响要素之间的连通性。M、N、L 分别表示可达集、先行集和共同集,其表达式分别为:

$$M = M(R_i) = \{R_i \in R \mid a_{ij} = 1\} \quad 式(3-4)$$

$$N = N(R_j) = \{R_j \in R \mid a_{ij} = 1\} \quad 式(3-5)$$

$$L = L(R) = \{L(R_i) = M(R_i) \cap N(R_j) \mid i = j = 1,2,\cdots,n\}$$

$$式(3-6)$$

可达集 $M(R_i)$ 是指第 i 行中出现数值"1"的相应元素的集合,可达集是影响关系的集合;先行集 $N(R_j)$ 指可达矩阵 $Y(R_i)$ 中第 i 列出现数值"1"的相应元素的集合,简单来说先行集是被影响关系的集合,即前因集合。共同集 L 是先行集 $N(R_j)$ 与可达集 $M(R_i)$ 的交集,当 $i = j$ 时,最高位元素是先行集与可达矩阵的交集。根据可达矩阵归纳各因素之间的影响关系和被影响关系,求得表 3-10 的可达集 M、先行集 N 和共同集 L。

表 3-10 可达矩阵的先行集、可达集和共同集

影响因素		先行集	可达集	共同集
R_1	人群速度突变	$R_1,R_3,R_4,R_6,R_8,R_{10},R_{11},$ $R_{12},R_{13},R_{14},R_{15},R_{16},R_{17},R_{18}$	$R_1,R_2,R_3,R_4,R_5,R_6,$ $R_7,R_8,R_{10},R_{11},R_{12},R_{14}$	$R_1,R_3,R_4,R_6,R_8,$ $R_{10},R_{11},R_{12},R_{14}$
R_2	人群拥挤	$R_1,R_2,R_3,R_4,R_5,R_6,R_8,R_9,$ $R_{10},R_{11},R_{12},R_{13},R_{14},R_{15},$ R_{16},R_{17},R_{18}	R_2,R_5	R_2,R_5

· 67 ·

续表

影响因素		先行集	可达集	共同集
R_3	行人摔倒	$R_1, R_3, R_4, R_6, R_8, R_{10}, R_{11}, R_{12}, R_{13}, R_{14}, R_{15}, R_{16}, R_{17}, R_{18}$	$R_1, R_2, R_3, R_4, R_5, R_6, R_7, R_8, R_{10}, R_{11}, R_{12}, R_{14}$	$R_1, R_3, R_4, R_6, R_8, R_{10}, R_{11}, R_{12}, R_{14}$
R_4	哄抢行为	$R_1, R_3, R_4, R_6, R_8, R_{10}, R_{11}, R_{12}, R_{13}, R_{14}, R_{15}, R_{16}, R_{17}, R_{18}$	$R_1, R_2, R_3, R_4, R_5, R_6, R_7, R_8, R_{10}, R_{11}, R_{12}, R_{14}$	$R_1, R_3, R_4, R_6, R_8, R_{10}, R_{11}, R_{12}, R_{14}$
R_5	人流错乱	$R_1, R_2, R_3, R_4, R_5, R_6, R_8, R_9, R_{10}, R_{11}, R_{12}, R_{13}, R_{14}, R_{15}, R_{16}, R_{17}, R_{18}$	R_2, R_5	R_2, R_5
R_6	人群恐慌	$R_1, R_3, R_4, R_6, R_8, R_{10}, R_{11}, R_{12}, R_{13}, R_{14}, R_{15}, R_{16}, R_{17}, R_{18}$	$R_1, R_2, R_3, R_4, R_5, R_6, R_7, R_8, R_{10}, R_{11}, R_{12}, R_{14}$	$R_1, R_3, R_4, R_6, R_8, R_{10}, R_{11}, R_{12}, R_{14}$
R_7	从众效应	$R_1, R_3, R_4, R_6, R_7, R_8, R_{10}, R_{11}, R_{12}, R_{13}, R_{14}, R_{15}, R_{16}, R_{17}, R_{18}$	R_7	R_7
R_8	急躁情绪	$R_1, R_3, R_4, R_6, R_8, R_{10}, R_{11}, R_{12}, R_{13}, R_{14}, R_{15}, R_{16}, R_{17}, R_{18}$	$R_1, R_2, R_3, R_4, R_5, R_6, R_7, R_8, R_{10}, R_{11}, R_{12}, R_{14}$	$R_1, R_3, R_4, R_6, R_8, R_{10}, R_{11}, R_{12}, R_{14}$
R_9	其他心理因素	R_9, R_{17}	R_2, R_5, R_9	R_9
R_{10}	场地障碍物	$R_1, R_3, R_4, R_6, R_8, R_{10}, R_{11}, R_{12}, R_{13}, R_{14}, R_{15}, R_{16}, R_{17}, R_{18}$	$R_1, R_2, R_3, R_4, R_5, R_6, R_7, R_8, R_{10}, R_{11}, R_{12}, R_{14}$	$R_1, R_3, R_4, R_6, R_8, R_{10}, R_{11}, R_{12}, R_{14}$
R_{11}	视线不好	$R_1, R_3, R_4, R_6, R_8, R_{10}, R_{11}, R_{12}, R_{13}, R_{14}, R_{15}, R_{16}, R_{17}, R_{18}$	$R_1, R_2, R_3, R_4, R_5, R_6, R_7, R_8, R_{10}, R_{11}, R_{12}, R_{14}$	$R_1, R_3, R_4, R_6, R_8, R_{10}, R_{11}, R_{12}, R_{14}$
R_{12}	地面不平	$R_1, R_3, R_4, R_6, R_8, R_{10}, R_{11}, R_{12}, R_{13}, R_{14}, R_{15}, R_{16}, R_{17}, R_{18}$	$R_1, R_2, R_3, R_4, R_5, R_6, R_7, R_8, R_{10}, R_{11}, R_{12}, R_{14}$	$R_1, R_3, R_4, R_6, R_8, R_{10}, R_{11}, R_{12}, R_{14}$
R_{13}	异响、气味等	R_{13}	$R_1, R_2, R_3, R_4, R_5, R_6, R_7, R_8, R_{10}, R_{11}, R_{12}, R_{13}, R_{14}$	R_{13}
R_{14}	场地狭窄	$R_1, R_3, R_4, R_6, R_8, R_{10}, R_{11}, R_{12}, R_{13}, R_{14}, R_{15}, R_{16}, R_{17}, R_{18}$	$R_1, R_2, R_3, R_4, R_5, R_6, R_7, R_8, R_{10}, R_{11}, R_{12}, R_{14}$	$R_1, R_3, R_4, R_6, R_8, R_{10}, R_{11}, R_{12}, R_{14}$
R_{15}	自然环境	R_{15}	$R_1, R_2, R_3, R_4, R_5, R_6, R_7, R_8, R_{10}, R_{11}, R_{12}, R_{14}, R_{15}$	R_{15}

续表

影响因素		先行集	可达集	共同集
R_{16}	人工环境	R_{16}	$R_1, R_2, R_3, R_4, R_5, R_6,$ $R_7, R_8, R_{10}, R_{11}, R_{12},$ R_{14}, R_{16}	R_{16}
R_{17}	天气问题	R_{17}	$R_1, R_2, R_3, R_4, R_5, R_6,$ $R_7, R_8, R_9, R_{10}, R_{11}, R_{12},$ R_{14}, R_{16}, R_{17}	R_{17}
R_{18}	场地安全设备被破坏或缺乏	R_{18}	$R_{10}, R_{11}, R_{12}, R_{14}, R_{18}$	R_{18}

根据表 3-10，以 $L(R_i) = N(R_j)$；为条件，筛选出最上位等级（T_1 级）因素，$T_1 = \{R_6, R_7, R_{16}\}$；然后将其删掉，继续以 $L(R_i) = N(R_j)$ 为条件，筛选出次上位等级（T_2 级）因素，$T_2 = \{R_1, R_2, R_4, R_5, R_8, R_{10}, R_{11}, R_{12}, R_{17}, R_{18}\}$，由于元素 $\{R_1, R_2, R_4, R_5, R_8, R_{10}, R_{11}, R_{12}, R_{18}\}$ 的行和列完全相同，具有强关联性，因此选用 R_1 为代表元素，删除其他元素；同样地，可以确定第 3 级因素 $T_3 = \{R_3, R_9, R_{13}, R_{14}, R_{15}\}$。据此对可达矩阵进行缩减，并进行层次化处理，将可达矩阵按照分层因素进行重新排列，并从左上角到右下角依次分解出最大阶数的单位矩阵，并加注虚线，可得到人群踩踏触发因素的层次化可达矩阵，见表 3-11。

表 3-11 人群踩踏触发因素的层次化可达矩阵

	R_2	R_7	R_1	R_3	R_8	R_{14}	R_{16}	R_{17}
R_2	1	0	0	0	0	0	0	0
R_7	0	1	0	0	0	0	0	0
R_1	1	1	1	0	0	0	0	0
R_3	1	1	1	1	0	0	0	0
R_8	1	1	1	0	1	0	0	0
R_{14}	1	1	1	0	0	1	0	0
R_{16}	1	1	1	0	0	0	1	0
R_{17}	1	1	1	0	0	0	0	1

3.2.4 解释结构模型的构建与分析

根据人群踩踏事件触发因素的可达矩阵层次化处理结果，基于各个因素之间的相互影响关系，用带箭头的连接线表示影响关系，得到人群踩踏事件的触发因素的解释结构模型，如图3-6所示。

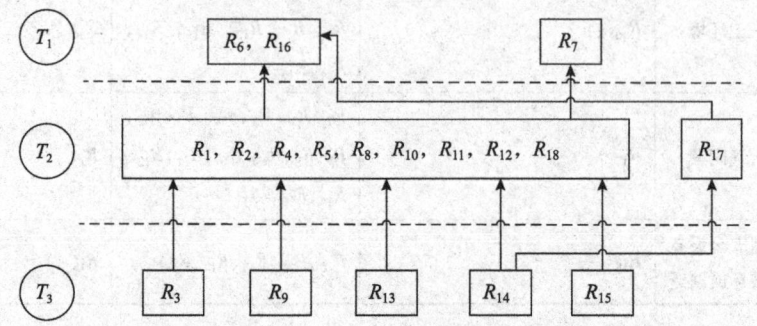

图3-6　人群踩踏事件触发因素的解释结构方程模型

通过分析此解释结构模型，发现以下规律：首先，人群恐慌R_6、从众效应R_7和人工环境R_{16}为最高层级因素，即在人群踩踏事件的触发因素中，这三个因素属于"发力点"式的因素。在第二层级因素的影响下，通过人群恐慌R_6、从众效应R_7和人工环境R_{16}来进一步触发人群踩踏。而且，在最高层级因素中，人群恐慌R_6和人工环境R_{16}具有很强的关联性，说明人群恐慌容易导致现场管理不当，同理，现场管理不当很容易引发人群恐慌情绪。

其次，人群踩踏事件的触发因素的第二个层级因素为人群速度突变R_1、人群拥挤R_2、哄抢行为R_4、人流错乱R_5、急躁情绪R_8、场地障碍物R_{10}、视线不好R_{11}、地面不平R_{12}、天气问题R_{17}、场地安全设备被破坏或缺乏R_{18}。第二个层级因素对最高层级因素产生影响，同时，也被第三层级因素影响。而且，在第二层级因素中，人群速度突变R_1、人群拥挤R_2、哄抢行为R_4、人流错乱R_5、急躁情绪R_8、场地障碍物R_{10}、视线不好R_{11}、地面不平R_{12}具有很强的关联性，说明这些触发因素很容易相互印象，共同触发人群踩踏事件。

最后，人群踩踏事件的触发因素的最底层因素集合为行人摔倒R_3、其他心理R_9、异响、气味等R_{13}、场地狭窄R_{14}和自然环境R_{15}，这些因素是导致人群踩踏事件发生的基础性触发因素。实际中，往往由于某个底层的因素触发，同时又影响了其他因素，从而在几个因素的综合触发下，人群踩踏事件就发生了。

第3章 人群踩踏事故的触发机理分析

3.3 人群踩踏事故触发临界点及触发条件分析

3.3.1 人群踩踏事故的触发临界点分析

结合人群踩踏事故的触发因素分析,在文献分析和案例分析的基础上,通过分析人群踩踏事故的触发临界点,以及判别触发因素的影响强度,构建人群踩踏事故的触发风险判别图。本书所研究的触发临界点是指达到某个条件的临界点,触发人群踩踏事件。根据触发因素导致人群踩踏的风险进行评级,按照风险程度由小至大分为Ⅰ、Ⅱ、Ⅲ、Ⅳ级,将第Ⅳ级定义为临界值。

1. 关于人的生理、心理和物理维度的触发因素

人群对冲因素,根据其影响程度由低到高可以分为几个级别:Ⅰ级,出现单个行人与单个行人之间的轻微碰撞,影响人群仅涉及发生碰撞的个体;Ⅱ级,出现多个行人之间的碰撞,影响人群涉及多个行人和周围人群;Ⅲ级,出现僵持的人群对冲,规模较大,严重影响人群速度,几乎无法前进;Ⅳ级,在人群与人群的对冲中,有人被挤倒了,且人群密度非常大。

人群拥挤因素,该因素表现为人群密度。关于人群密度因素,很多学者对其进行了研究,并对其影响程度进行了定义[1]。结合已有的研究,总结了正常温度(8℃~22℃)下的人群密度分级如下[2]:Ⅰ级,每平方米小于2.22人,人能高速自由运动;Ⅱ级,每平方米2.22~3.14人,人能低速自由移动;Ⅲ级,每平方米3.14~4.7人,人能低速移动;Ⅳ级,每平方米大于4.7人,人移动困难。

人的竞争和哄抢,表现为人群为了获得食物或其他东西(包括座位等),涌入目的地(食物发放地或者期望的座位等)。通过对人群踩踏事故的案例分析,结合现有文献研究,根据其对人群踩踏事故的影响程度分级如下:Ⅰ级,人群有

---

[1] Wang J H, Lo S M, Wang Q S, et al. Risk of large-scale evacuation based on the effectiveness of rescue strategies under different crowd densities [J]. Risk Anal. 2013, 33 (8): 1553-1563.

[2] 曹青. 人群踩踏风险分级及预控策略研究 [D]. 武汉: 武汉理工大学, 2017.

人群聚集的风险管理理论与实务

序地朝目的地走去（或跑去），不太拥挤；Ⅱ级，人群从多个方向涌向目的地，出现部分无序行为；Ⅲ级，拥挤的人群从多个方向冲向目的地，大部分个体出现无序行为；Ⅳ级，整个人群陷入无序状态，且在目的地附近人群密度极高。

失去平衡或摔倒，这是人群物理状态的体现。根据其风险程度由低至高分为以下四个级别：Ⅰ级，出现某个个体失去平衡或摔倒，但是不影响整体行人的运动状态；Ⅱ级，有某个个体失去平衡或摔倒，仅仅影响周围小范围的人群；Ⅲ级，在人群较为拥挤的情况下个体摔倒，影响了人群的运动，出现了人群的多处碰撞；Ⅳ级，在人群密度极大的情况下，有个体行人摔倒，影响了后面的行人，导致多于1人随之摔倒。

人群恐慌，是人群心理状态的因素之一。根据其对人群踩踏事故的触发的影响程度高低，分为以下四个级别：Ⅰ级，个别行人出现恐慌情绪，未波及其他人；Ⅱ级，个别行人出现恐慌情绪，并传染给周围的行人；Ⅲ级，个别行人出现恐慌情绪，传染给周围行人，并伴随着尖叫、狂奔等非理性行为；Ⅳ级，个别行人的恐慌情况，传染给大部分行人，并导致大部分人群出现狂奔、摔倒、碰撞等行为。

人群情绪急躁，是人群踩踏事故触发因素中的根本因素之一。根据其风险程度由低到高分为以下四个级别：Ⅰ级，个别行人出现急躁情绪，未波及其他人；Ⅱ级，个别行人出现急躁情绪，并传染给周围的行人；Ⅲ级，个别行人出现急躁情绪，传染给周围行人，并伴随着吵闹、谩骂、用脚踢某些设施等非理性行为；Ⅳ级，多数行人产生急躁情绪，相互影响，且由于急躁情绪而发生非理性行为，导致人群骚乱。

从众效应，是自组织行为的一种表现形式，也是人群心理状态的因素之一。从众效应往往体现为人群"跟风"地采取非理性行动，根据其对人群踩踏事故的影响程度，由低至高分为以下四个级别：Ⅰ级，人群采取从众的选择和行动，秩序井然；Ⅱ级，部分人群出现了从众行为，出现了非理智的从众现象；Ⅲ级，大部分人群出现从众行为，现场秩序较乱；Ⅳ级，由于大部分人的从众行为，而出现大规模的人群采取非理性行为，导致人群骚乱。

身体不适，是人群生理状态的因素之一。根据风险程度从小到大分为以下四个级别：Ⅰ级，人群中某个个体出现了轻微的身体不适，不影响其他行人的

第 3 章 人群踩踏事故的触发机理分析

运动；Ⅱ级，人群中某个个体出现了严重的身体不适，基本不影响其他行人的运动；Ⅲ级，人群中某个个体出现了严重的身体不适，影响周边其他行人的运动；Ⅳ级，人群中某个或多个个体出现了严重的身体不适，导致运动停止或摔倒，影响大范围的人群运动。

基于人群的生理—心理—物理维度，总结了人群踩踏事故的触发临界值。人群踩踏事故的触发可能是单一触发，即某一个因素的作用导致人群踩踏事故的发生，也可能是多因素触发，即通过多个因素的共同作用导致人群踩踏事故的发生。当触发因素条件超过Ⅳ级时，更有可能触发人群踩踏事故。因此，当触发条件处于Ⅰ级、Ⅱ级或Ⅲ级时，应该加强现场管理和控制，以防人群踩踏事故的发生。

2. 关于场地、环境和管理因素的触发因素

相对于聚集的人群而言，场地、环境和管理因素属于外因，这些因素通过作用于人群而产生作用。因此，在对这些触发因素进行风险分级时，会结合这些因素对人群的生理—心理—物理维度产生的影响，评价其风险大小。

3.3.2 基于四维分析范式的人群踩踏事故触发条件分析

人群踩踏事故往往由多个因素触发导致，基于心理—行为、数量—密度、流向—流速、地形—环境的四维分析，结合人群速度突变 R_1，人群拥挤 R_2，行人摔倒 R_3，哄抢行为 R_4，人群错乱 R_5，人群恐慌 R_6，从众效应 R_7，急躁情绪 R_8，其他心理因素 R_9，场地障碍物 R_{10}，视线不好 R_{11}，地面不平 R_{12}，异响、气味等 R_{13}，场地狭窄 R_{14}，自然环境 R_{15}，人工环境 R_{16}，天气问题 R_{17}，场地安全设备被破坏或缺乏 R_{18} 等触发因素，构建人群踩踏事故的触发分析模型。

1. $R_3 - R_2 - R_{11} - R_1$ 触发

流向—流速维度，在人群聚集时，由于个别行人摔倒（R_3），且该区域每平方米大于 4.7 人，人移动困难，即 R_2 属于Ⅳ级，这属于数量—密度维度；同时，在地形—环境维度，环境导致人们视线不好，处于Ⅲ级水平；在流向—流速维度，在人群较为拥挤的情况下出现人群速度突变，影响了人群的运动，并出现了人群的多处碰撞，即 R_1 为Ⅲ级水平。从而导致了人群踩踏事件的触发（见图 3-7）。

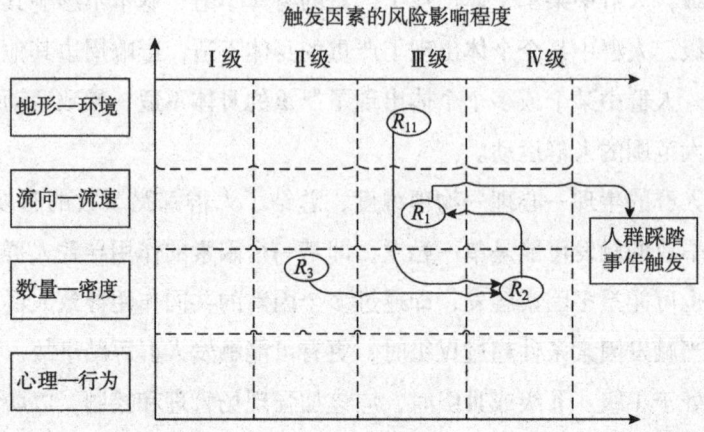

图 3-7 $R_3 - R_2 - R_{11} - R_1$ 触发

2. $R_{14} - R_2 - R_4 - R_7$ 触发

地形—环境维度，由于场地较为狭小，即 R_{14} 为Ⅱ级；数量—密度维度，该区域人群密度非常大，个体行人行动困难，该区域每平方米大于4.7人，人群拥挤因素为Ⅳ级；流向—流速维度，出现哄抢行为，容易导致人群发生碰撞，风险为Ⅲ级；心理—行为维度，由于大部分人的从众行为，而出现大规模的人群采取非理性行为，导致人群骚乱，即从众效应属Ⅳ级。在多因素的综合作用下，导致了人群踩踏事件的触发（见图3-8）。

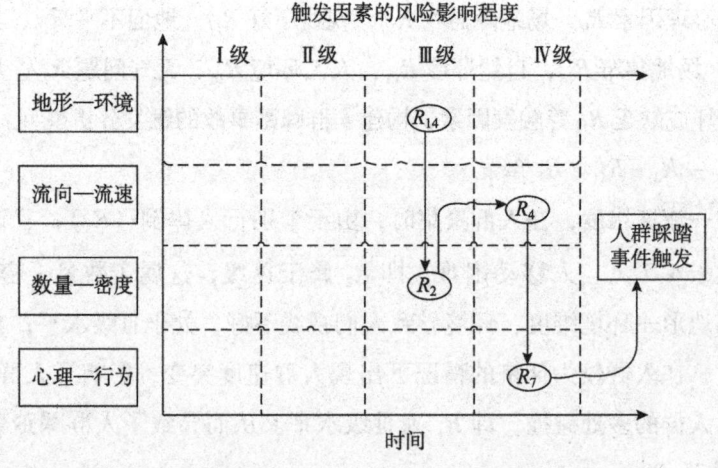

图 3-8 $R_{14} - R_2 - R_4 - R_7$ 触发

3. $R_{11} - R_2 - R_4 - R_6$ 触发

地形—环境维度，环境导致人们视线不好，风险评级为Ⅱ级，即R_{11}为Ⅱ级；数量—密度维度，该区域人群密度非常大，该区域每平方米大于4.7人，行人极难移动，人群拥挤因素为Ⅳ级；流向—流速维度，个体行人出现哄抢行为，导致很多行人发生碰撞，风险为Ⅲ级；心理—行为维度，在人群拥挤和有人摔倒的情况下，大部分行人出现了恐慌情绪，多数行人产生恐慌情绪，相互影响，且由于恐慌情绪而发生非理性行为，导致人群骚乱，即情绪急躁因素的风险属Ⅳ级。在四个维度、多个因素的综合作用下，人群踩踏事件就发生了（见图3-9）。

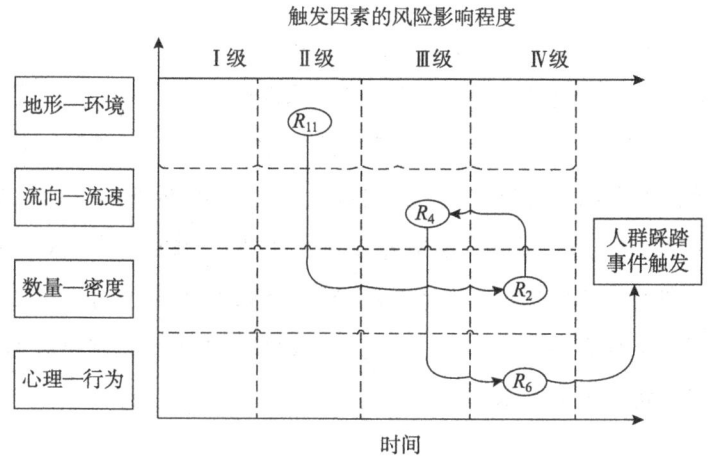

图3-9　$R_{11} - R_2 - R_4 - R_6$ 触发

以上列举了一些常见的人群踩踏事件的触发链条，然而，人群踩踏事件的触发有多种排列组合，也有多种可能性，概括而言，达到人群踩踏事件的触发有几个必要条件[①]：

①人群拥挤因素的风险评级Ⅲ级及以上，即人群密度每平方米超过3人，人群移动困难；

[①] Illiyas F T, Mani S K, Pradeepkumar A P, et al. Human stampedes during religious festivals: A comparative review of mass gathering emergencies in India [J]. International Journal of Disaster Risk Reduction, 2013 (5): 10-18.

②出现行人摔倒，且影响其他的行人，导致碰撞或其他行人再次被绊倒，即失去平衡或摔倒风险评级Ⅲ级及以上；

③从众效应，行人做出与其他行人一致的举措，而未判断是否是理性的，导致人群秩序混乱，即从众效应的风险评级达到Ⅲ级及以上。当出现个别行人摔倒或者情绪恐慌等，由于从众效应，其他行人也容易受感染，而导致非理性行为，触发人群踩踏事件。

本章小结

本章运用扎根理论的方法，整理了近10年来人群踩踏事件的案例，在资料分析的基础上，进行开放式编码分析，总结出74个编码、17个范畴，并提炼了12个主范畴，并构建了人群踩踏事故触发因素的概念模型；基于扎根理论的方法和文献分析，总结了人群速度突发R_1、人群拥挤R_2、行人摔倒R_3等18个触发因素，利用解释结构模型的方法，对18个触发因素之间的相互影响关系进一步研究，并构建了多层次的解释结构模型；最后，分析了人群踩踏事故触发因素的临界条件，并从心理—行为、数量—密度、流向—流速、地形—环境的四维分析了人群踩踏事故的触发条件。

第4章 人群踩踏事故的演化机理分析

4.1 人群踩踏事故演化的生命周期模型及仿真

4.1.1 人群踩踏事故的生命周期特征分析

危机的生命周期理论认为危机事件具有生命周期的特征,危机的发展过程就像人的生命周期,从出生、长大、成熟到死亡,都会出现不同的特征。危机生命周期理论最先由斯蒂文·芬克提出,他认为危机的生命周期主要分为以下四个显著阶段:危机的酝酿期、危机的爆发期、危机的扩散期、危机的处理期。类似于危机事件,人群踩踏事故也具有生命周期特征[①]。

1. 人群踩踏事故的演化具有生长性

人群运动具有一定的自组织性,在人群聚集过程中,随着时间的推移而不断变化发展,在一系列因素的触发下,人群运动会自发地发生变化,出现群体性的自组织行为,如成群结队行为、走走停停行为等。人群踩踏事件是一个随着时间变化而不断演化发展的过程,是由量变发展成质变的过程,是一个自我发展和成长的过程。

---

① 周晓冰,张永领. 大型社会活动拥挤踩踏事故机理分析及应对策略研究[J]. 灾害学. 2015, 30 (4): 156–162, 172.

2. 人群踩踏事故的演化具有应激性

人群踩踏事故的演化具有进化性。生物在受到外界刺激后会发生反应，人群也容易受到外界刺激的影响而发生反应，如场地、环境、天气等外界因素，均会对个人产生影响。而人群踩踏事件的主体为人群，因此，人群踩踏事件也具有随着外界不断演化和进化的趋势。

3. 人群踩踏事故的演化具有时间有限性

生物的生命具有时间有限性，人群踩踏事故的演化同样具有时间有限性。在一定的触发因素作用下，人群踩踏事故会产生；随着时间的推移，人群踩踏事故将会演化和发展，然而，人群踩踏事故不会一直演化下去，会自发地"治愈"或者被管理部门"治愈"。

4.1.2 人群踩踏事故演化的生命周期分析

人群踩踏事故的发生是一个量变引起质变的过程，是在一系列触发因素的催化下，经过演化和发展而造成的。人群踩踏事故的演化分为潜伏期、发展期、爆发期和衰退期四个阶段（见表4-1）。

表4-1 人群踩踏事件的生命周期特征

维度	因素	潜伏期	发展期	爆发期	恢复期
心理维度	情绪	急切、好奇	急切、烦躁，情绪感染	急躁、恐慌、焦虑，且情感感染	恐慌
	行为	从众	从众	随机	从众
物理维度	人群数量	逐渐增加	迅速增加	达到最高值	逐渐降低
	人群密度	逐渐增加	迅速增加	达到最高值	逐渐降低
	流向	有逆行等现象	逆行、冲突明显	流向众多，无序	流向有序
	流速	流速正常变缓	流速急剧变缓	流速接近0	流速增加
地理维度	场地设备	场地拥挤	场地过度拥挤	场地过度拥挤	场地被破坏
	灾难	灾难潜伏	发生自然或人为灾难	发生自然或人为灾难	发生自然或人为灾难

在人群踩踏事故的潜伏期，人群踩踏事故的触发因素正在起作用，一些因素的指标还不明显。该阶段聚集人群的数量逐渐增多，人群密度逐渐增大，人

第 4 章 人群踩踏事故的演化机理分析

群可以自由地移动，人群的流向正常，人群的心理多为急切、好奇等状态，行人的路径选择多为从众而行。

在人群踩踏事故的发展期，人群踩踏事故的风险因素初见端倪。该阶段，聚集人群的数量越来越多，人群密度急剧增大，人群移动艰难，人群的流向复杂，出现了逆行等情况，人群的心理多为急切、烦躁等状态，行人的路径选择多为从众而行。

在人群踩踏事故的爆发期，在触发因素的影响下，人群踩踏事故发生。该阶段，聚集人群的数量达到最高值，人群密度达到最高值，伴随有一人或多人摔倒的情况，人群的流向纷杂，人流对冲严重，人群的心理多为急切、烦躁、恐慌等状态，行人的路径选择多样，秩序混乱。

在人群踩踏事故的恢复期，聚集人群逐渐散去，人群密度逐渐降低，人群流向开始一致化，人群的心理多为恐慌等状态，行人的路径选择多为从众疏散。

4.1.3 基于贝叶斯网络模型的人群踩踏事故演化模型

1. 贝叶斯网络模型的原理及适应性分析

贝叶斯网络是一种以贝叶斯概率理论为基础的图模型，是综合运用计算机智能、决策理论、图论相结合的产物，利用节点变量表示各个信息要素，用连接节点之间的有向边表示各个信息要素之间的因果关系，用条件概率表示各个信息要素之间的影响程度，节点之间的因果关系和影响程度构成了贝叶斯网络。[①] 贝叶斯网络具有如下主要特点。

首先，贝叶斯网络是一种研究不确定性因果联系的模型。通过将多元知识以有向图的方式表示，基于概率论基本知识和理论，推倒和论证网络节点所对应的变量之间的因果关系及条件。

其次，在不确定性条件下，贝叶斯网络具有强大的学习和推理能力。基于严格的数学基础，用条件概率表示系统各要素之间的相关关系，贝叶斯网络能

---

① 吴倩，谈伟，盖文妹. 基于动态贝叶斯网络的民航突发事件情景分析研究 [J]. 中国安全生产科学技术，2016，12（3）：169-174.

在有限的、不完整的、不确定的信息条件下进行学习和推理。

再次,贝叶斯网络能有效处理多元信息关系,并能动态地反映这些关系之间相互作用和演化的过程。

最后,贝叶斯网络具有预测性。当获得相关证据信息后,贝叶斯网络可以基于一定的推理技术计算其他节点变量的后验概率,从而预测和推断事件的发展状态。

人群踩踏事件的演化不仅具有生命周期的特点,而且在演化的过程中,涉及各种因素之间的复杂关系,涉及因素之间多态性及因素间逻辑关系的非确定性,也涉及某些因素不确定而某些因素是确定的,据此,采用贝叶斯网络模型构建人群踩踏事故的生命周期演化模型。

运用贝叶斯网络模型构建人群踩踏事故演化分析模型的步骤如下[①]:

首先,确定网络节点变量。关于人群踩踏事故演化的生命周期分析,重点在于确定人群踩踏事件在发生、发展和演化过程中的各个相关要素,提取关键点作为网络节点变量集合,该集合包含节点变量中的所有可能取值。

其次,获得数据,运用数据将节点变量进行排序,进一步确定贝叶斯网络结构。

再次,确定网络的参数集合,包括节点的离散化、根节点的先验概率、非根节点的条件概率。

最后,确定完整的贝叶斯网络之后,用测试集检验模型的有效性。

2. 贝叶斯网络结构的确立

贝叶斯网络结构的确立主要包括以下步骤:确定网络节点变量;建立节点之间的有向无环图。

(1) 确定网络节点变量。

结合人群踩踏案例的演化分析,基于生命周期的人群踩踏演化分析,确定直接影响人群踩踏演化的因素,这些因素即为网络节点变量。经确认,人群踩踏事故演化的网络节点变量为人群拥挤、失去平衡或摔倒、人群数量、场地因

---

① 梁小艳,庄亚明. 基于贝叶斯网络的突发事件信息生命阶段研判方法 [J]. 情报科学. 2016, 34 (4): 35-39.

素、灾难因素、人群心理因素、人群行为因素、人群流速、人群流向。这些因素主要涉及心理—行为、速度—密度、流速—流量、场地—环境等四个维度。

（2）网络结构的建立。

在确定了节点变量之后，根据节点之间的相互关系确定这些节点之间的关系，确定网络结构。通常采用两种方式确定贝叶斯网络结构：第一，采用 K2 算法对贝叶斯网络结构进行学习，从一个空间网络开始，根据事先确定的节点顺序，选择使得后验概率最大的节点作为该节点的父节点，依次遍历完所有的节点，逐步为每一个变量添加最佳父节点。① 第二，根据变量之间的因果关系和已有知识来建立网络结构，现有的研究多采用这种方式。本书采用第二种方式确定网络结构，基于变量之间的关系和人群踩踏事故的演化分析，确定结构。具体如图 4-1 所示。

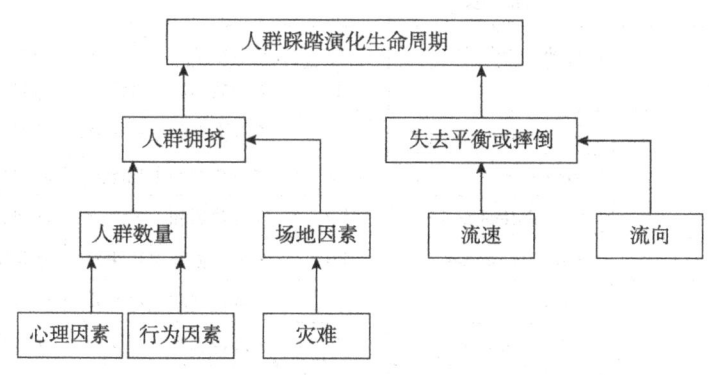

图 4-1 人群踩踏事故演化的贝叶斯网络结构

3. 条件概率的确定

常用的条件概率的确定方法有直接赋值法和贝叶斯网络参数学习算法。

直接赋值法是专家根据事件的实际情况以及因素之间的关系，主观判断并赋值的方法。这种方法操作简单，但是由于人群踩踏事件的演化较为复杂，因此很难通过直接赋值法确定条件概率。

贝叶斯网络参数学习算法主要有三种：计数算法、梯度下降算法和期望最

---

① 张一文，齐佳音，方滨兴，等. 基于贝叶斯网络建模的非常规危机事件网络舆情预警研究 [J]. 图书情报工作. 2012, 56 (2): 76-81.

人群聚集的风险管理理论与实务

大算法（EM算法）。其中，梯度下降算法和期望最大算法在存在数据缺失时适用，而计数算法通常用于数据完整而全面的情况下。本书根据人群踩踏事件的案例进行汇总分析，由于存在数据缺失的情况，故选择期望最大算法进行学习，以确定条件概率。

（1）数据来源。

选取2001—2017年发生的人群踩踏案例作为原始数据，数据主要来自事发地政府报告和主流国内外媒体报道，见表4-2。这些人群踩踏事故的案例包括生命周期的发生期、发展期和演化期三个阶段。

表4-2 数据来源

节点名称	英文表示	缩写	数据类型	获得方式
人群踩踏事故的生命周期	The stage of the human stampedes	SHS	主观数据	问卷
人群拥挤	human crowding	HC	客观数据和主观评分	新闻媒体报道
失去平衡或摔倒	Falling	F	客观数据和主观评分	新闻媒体报道
人群数量	The number of people	NOP	客观数据和主观评分	新闻媒体报道
场地因素	Site factors	FS	客观数据和主观评分	新闻媒体报道
心理因素	Psychological factors	FP	客观数据和主观评分	新闻媒体报道
行为因素	Behavioral factors	FB	客观数据和主观评分	新闻媒体报道
灾难	Disaster	D	客观数据和主观评分	新闻媒体报道
流速	Velocity of flow	FV	客观数据和主观评分	新闻媒体报道
流向	Flow derection	FD	客观数据和主观评分	新闻媒体报道

（2）数据标准化。

节点变量的数据获得，主要来自新闻媒体报道和政府报告，这些数据中除了人群密度、流速等节点因素为数字型，其余均以文字的形式体现，而在贝叶斯网络模型中，需要对其进行处理。本书采用离散化数据处理的方式，将节点变量所对应的状态统一分为三种：Degree1，Degree2，Degree3。见表4-3。

表4-3 数据离散化标准

节点	Degree1	Degree2	Degree3
SHS	潜伏期	发展期	爆发期
HC	人群密度低	人群密度高	人群密度极高

第 4 章 人群踩踏事故的演化机理分析

续表

节点	Degree1	Degree2	Degree3
F	无人摔倒	有人摔倒，影响周围人	多人摔倒，影响其他人
NOP	低	中	高
FS	正常	有场地安全设备受损或者出现场地障碍物	场地安全设备被破坏或存在障碍物
FP	急躁情绪	急躁、恐慌情绪，且小范围传染	急躁、恐慌情绪，且大范围传染
FB	从众行为（少数）	从众行为（中等人数）	随机混乱（多数）
D	未出现灾难，有预兆	发生自然或人为灾难（概率小）	发生自然或人为灾难（概率大）
FV	正常运动	缓慢行走	流速几乎为零
FD	有逆行	逆行且出现冲突、碰撞等	流向众多，且无序

（3）参数学习。

期望最大算法属于迭代算法，主要分为两个步骤：求期望的过程和极大化的过程。假设有一组数据 Y，存在 X 为 Y 的后验概率分布。假设有一些没有被观测到的潜在数据 Z 是已知的，那么通过 $P(X/Y)$ 来表示 X 的基本观测数据后验概率分布的密度函数，称为观测的后验分布。用 $P(X/Y, Z)$ 表示在添加数据 Z 后所得到关于 X 的后验分布的密度函数，称为添加的后验分布。用 $P(Z/X, Z)$ 表示在给定 X 以及观测数据 Y 后潜在数据 Z 的条件分布的密度函数。最终目标是去计算观测后验分布 $P(X/Y)$ 的众数。[①] 令 $X^{(i)}$ 为第 $i+1$ 次迭代开始时后验众数估计值，那么第 $i+1$ 次迭代的步骤为：

第一步，求期望的过程：将 $P(X/Y, Z)$ 或者 $\log P(X/Y, Z)$ 关于 Z 的条件分布求期望，具体如下：

$$F(X \mid X^{(i)}, Y) = E_Z[\log P(X \mid Y, Z) \mid X^{(i)}, Y]$$
$$= \int \log[P(X \mid Y, Z)] P(Z \mid X^{(i)}, Y) \mathrm{d}z$$

第二步，极大化的过程：将 $F(X \mid X^{(i)}, Y)$ 极大化，即寻找一个点 $\mid X^{(i+1)}$，满足：

[①] 张一文，齐佳音，方滨兴，等. 基于贝叶斯网络建模的非常规危机事件网络舆情预警研究 [J]. 图书情报工作，2012，56（2）：76-81.

$$F(X^{(i+1)} \mid X^{(i)}, Y) = \max_x X(X \mid X^{(i)}, Y)$$

通过重复一次又一次迭代，使 $\|X^{(i+1)} - X^{(i)}\|$ 趋向于无限小的时候停止迭代。

采用 Netica 软件进行贝叶斯网络仿真，在网络建立结束后，通过期望最大算法进行参数学习，参数学习的结果如图 4-2 所示。

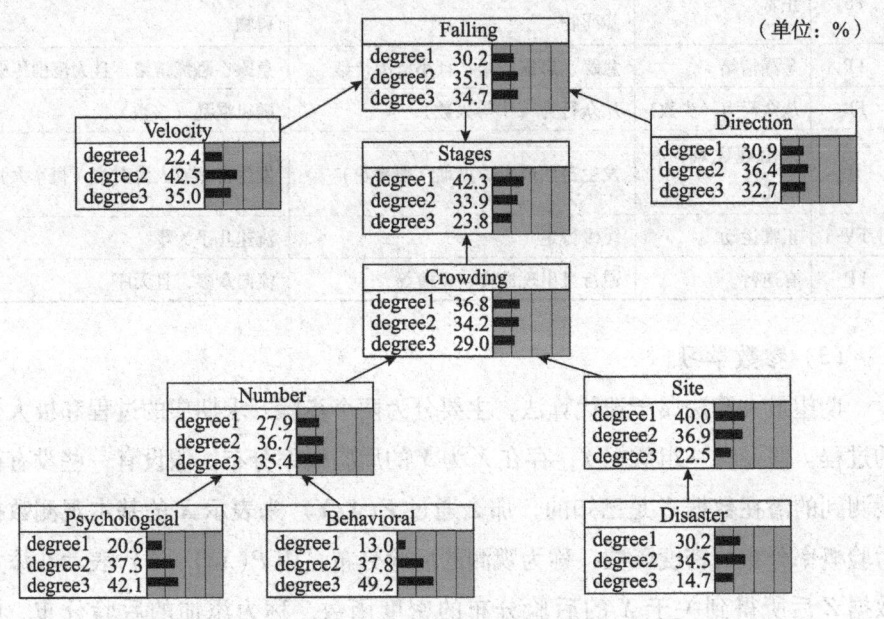

图 4-2 贝叶斯网络参数学习结果

经过参数学习之后的节点条件分布概率如图 4-2 所示，比如，人群踩踏事故的生命周期处于潜伏期 birth 的条件概率为 42.3%，处于发展期 grow 的条件概率为 33.9%，处于爆发期 break 的条件概率为 23.8%；人群拥挤处于 degree1 的条件概率是 36.8%，处于 degree2 的条件概率是 34.2%，处于 degree3 的条件概率是 29.0%。

通过 Netica 软件进行仿真，基于对人群踩踏事故案例的学习，得到贝叶斯网络的条件概率表。人群踩踏事故的生命周期的条件概率如表 4-4 所示。当人群拥挤因素和失去平衡或摔倒因素处于 degree1 时，人群踩踏事故的生命周期处于潜伏期 birth 的概率为 69.001%，处于生长期 grow 的概率为 18.718%，处于爆发期 break 的概率为 12.281%；当人群拥挤因素处于 degree2，且失去平衡或摔倒因素处于 degree3 时，人群踩踏事故的生命周期处于潜伏期 birth 的概

第4章 人群踩踏事故的演化机理分析

率为27.875%,处于生长期 grow 的概率为37.419%,处于爆发期 break 的概率为34.706%。由此得出,父节点因素的变动情况影响人群踩踏事故所处的生命周期阶段。

表4-4 人群踩踏事故生命周期条件概率 （单位:%）

Crowding	Falling	birth	grow	break
degree1	degree1	69.001	18.718	12.281
degree1	degree2	65.374	20.115	14.511
degree1	degree3	49.755	38.237	12.008
degree2	degree1	50.615	35.019	14.366
degree2	degree2	24.519	39.97	35.511
degree2	degree3	27.875	37.419	34.706
degree3	degree1	42.361	39.175	18.464
degree3	degree2	20.718	44.335	34.947
degree3	degree3	25.016	34.885	40.099

由表4-5可知,当流速因素和流向因素均处于 degree1 时,失去平衡或摔倒因素处于 degree1 的概率为48.755%,处于 degree2 的概率为30.106%,处于 degree3 的概率为21.119%;当流速因素处于 degree3,且流向因素处于 degree2 时,失去平衡或摔倒因素处于 degree1 的概率为19.738%,处于 degree2 的概率为30.5%,处于 degree3 的概率为49.762%。同理,由 Netica 仿真结果也可得其他因素的条件概率表。

表4-5 失去平衡或摔倒因素条件概率 （单位:%）

Velocity	Dereciton	degree1	degree2	degree3
degree1	degree1	48.755	30.106	21.119
degree1	degree2	36.719	37.082	26.199
degree1	degree3	38.675	29.117	32.208
degree2	degree1	34.298	33.916	31.786
degree2	degree2	32.411	44.569	23.02
degree2	degree3	27.656	40.018	32.326
degree3	degree1	39.896	28.716	31.388
degree3	degree2	19.738	30.5	49.762
degree3	degree3	6.735	34.466	58.799

· 85 ·

（4）模型验证。

为了验证模型的可靠性，通过随机选取5个案例作为测试数据集对模型进行检验，以下是测试事件的原始数据，如表4-6所示。

表4-6 模型测试集

事件	生命周期	人群拥挤	失去平衡或摔倒	人群数量	场地因素	心理因素	行为因素	灾难	流速	流向
5	birth	degree1	degree1	degree1	degree1	degree1	degree2	degree1	degree1	degree1
38	grow	degree2	degree1	degree2	degree2	degree2	degree1	degree1	degree1	degree1
47	grow	degree2	degree1	degree2	degree2	degree3	degree1	degree2	degree2	degree2
64	grow	degree3	degree1	degree2	degree1	degree2	degree2	degree2	degree2	degree2
81	break	degree3	degree2	degree3	degree2	degree3	degree3	degree3	degree3	degree3

将事件5的数据输入模型，运用Netica仿真，得到图4-3。仿真结果表明，事件5处于潜伏期birth的概率为66.9%，处于生长期grow的概率为20.5%，处于爆发期break的概率为12.7%。由此可知，事件5的条件下，处于人群踩踏事件的潜伏阶段。

（单位:%）

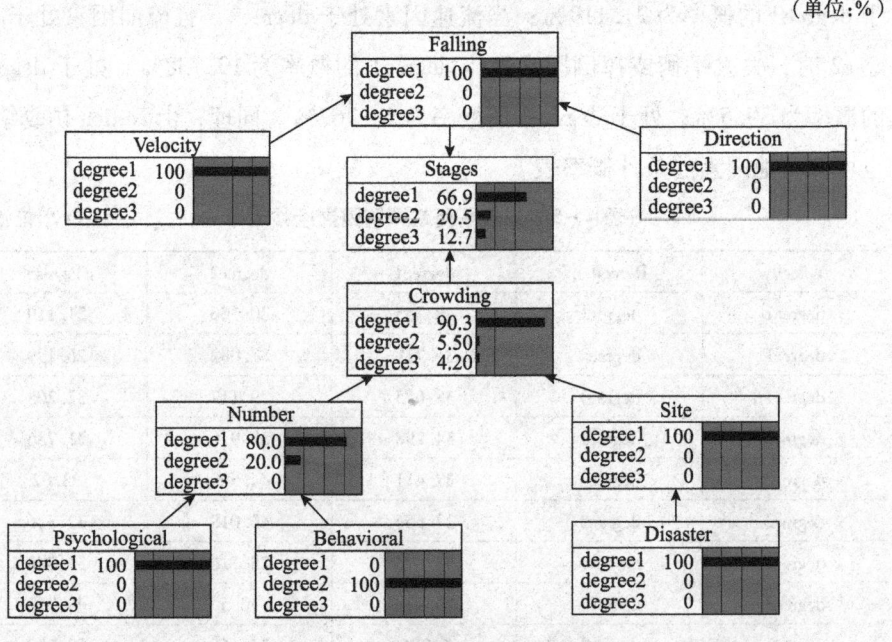

图4-3 事件5的测试结果

第 4 章 人群踩踏事故的演化机理分析

同理,将事件 38、47、64、81 相应的数据输入,得到人群踩踏事件的生命周期,具体如表 4-7 所示。由测试结果与实际值的对比表可知,通过贝叶斯网络的方法进行人群踩踏事件演化的生命周期判断与实际结果基本吻合。但是,事件 64 中,所得到的结果为处于潜伏期 birth 的概率为 25.2%,处于成长期 grow 的概率为 39.6%,处于爆发期 break 的概率为 35.2%。其中,处于成长期和处于爆发期的概率较为接近,说明在现实的人群踩踏事故演化的生命周期发展中,存在阶段之间的界限不太分明的情况。

表 4-7 测试结果与实际值对照表

事件	测试	测试结果	实际结果
38	birth22.4%,grow56.7%,break20.9%	grow	grow
47	birth24.2%,grow51.3%,break24.5%	grow	grow
64	birth25.2%,grow39.6%,break35.2%	grow	grow
81	birth23.7%,grow30.5%,break45.8%	break	break

4.1.4 人群踩踏事故演化的生命周期判断

利用贝叶斯网络构建的人群踩踏事故演化生命周期模型,可以预测事件所处的演化阶段,通过判断人群踩踏事故所处生命周期的阶段,从而有针对性地采取预警和预控措施。基于贝叶斯网络构建的人群踩踏事故演化生命周期模型具有以下优点。

(1) 基于贝叶斯网络构建的人群踩踏事故演化生命周期模型具有动态性,当获得新的证据时,人群踩踏事故的演化阶段会随之调整,而产生变化。因此,通过该模型,可以将某个人群踩踏事件的特征输入模型,利用 Netica 软件进行仿真,从而判断所处的人群踩踏事故生命周期。

(2) 基于贝叶斯网络构建的人群踩踏事故演化生命周期模型的另外一个优点在于,在数据不完整的情况下,也可以对人群踩踏事故演化的生命周期进行判断,如只知道某个事件(case)的人群心理状态因素、人群行为状态因素、流速因素、流向因素、灾难因素,而其他因素的数据缺失,也可以根据条件概率的理论,利用软件进行仿真,从而判断所处的人群踩踏事故生命周期。

(3) 基于贝叶斯网络构建的人群踩踏事故演化生命周期模型对数据的要求可以是模糊的,不一定是确定性数据,比如某事件的行为因素的数据可以表述为处于 degree1 的概率为 50%,处于 degree2 的概率为 30%,处于 degree3 的概率为20%，由于一些事件的某些因素，尤其是定性化因素，处于哪个层次界限不是特别清晰，因此，这种数据的类型在实际操作中更方便、更准确。

4.2 基于情绪传染的人群踩踏事故演化及仿真分析

情绪传染是人群踩踏事故的重要致因或恶化因素之一，也是影响人群踩踏事故演化的重要因素，尤其是恐慌情绪、急躁情绪等。2014年6月7日广州地铁车厢内，一名乘客突然晕倒，旁边不明情况的乘客喊"砍人""有炸弹"，引起其他乘客恐慌而争先逃离，造成6名乘客受伤。2015年4月20日在深圳地铁5号线黄贝岭站，一名女乘客在站台上晕倒，引起乘客恐慌，部分乘客奔逃而发生踩踏，导致12名乘客受伤。2016年8月14日，法国瑞昂莱潘，因鞭炮响声被误当作枪击事件，造成人群恐慌，导致海滩附近多家咖啡馆和餐厅发生踩踏事件，造成大约40人受伤。可见，人群踩踏的情绪致因不容忽视。因此，本节拟运用复杂网络原理与方法，通过系统仿真，揭示情绪的传染规律，以便为人群踩踏风险的防范与控制提供参考。

复杂网络是呈现高度复杂性的网络。钱学森定义复杂网络为具有自组织、自相似、吸引力、小世界、无标度中部分或全部性质的网络。① 复杂网络的方法广泛地应用于财务风险传导②、社会治理③、应急管理④、群体事件生成机理⑤等方面的研究。邓超基于复杂网络理论，运用模拟方法对金融传染风险模型进行了研究。范如国以复杂系统理论为基础，提出了社会治理的新的管理范式。赵海峰等将复杂网络和传染病模型结合，探讨了地铁突发事件中官方信息

---

① 郭世泽，陆哲明. 复杂网络基础理论 [M]. 北京：科学出版社，2012.
② 李明昕，李仲飞，韦立坚，等. 上市公司股东网络与财务风险：来自中国上市公司的经验证据 [J]. 运筹与管理，2023，32（12）：112 – 117.
③ 范如国. 复杂网络结构范型下的社会治理协同创新 [J]. 中国社会科学，2014（4）：98 – 120，206.
④ 金友平，单克，李云涛，等. 基于灾害链及复杂网络理论的城镇燃气管道泄漏灾害演化过程分析 [J]. 安全与环境工程，2024，31（2）：34 – 43.
⑤ 汪大海，何立军，玛尔哈巴·肖开提. 复杂社会网络：群体性事件生成机理研究的新视角 [J]. 中国行政管理，2012（6）：71 – 75.

的扩散机理。[①] 汪大海等基于复杂网络理论分析了群体性事件生成机理，认为在事件的生成演化过程中，存在着复杂的人群网络结构。[②] Zhou et al. 将交通网络类比于复杂网络，通过与传染病模型 SIR 模型结合，研究了交通事故的风险传染机制。[③] 一般而言，任何包含大量组成单元（或子系统）的复杂系统，若将构成单元抽象成节点，单元之间的相互作用抽象为边，则均可以将其当作复杂网络来研究。聚集的人群也是一个复杂网络的系统，具有复杂性、自组织和无标度等特点。因此，运用复杂网络的研究方法来分析人群踩踏事故中情绪演化机理是可行的。

4.2.1 人群踩踏情绪传染机理的概念模型

当个体受到危机环境刺激导致生理、情绪和认知功能失调，原有的处理问题的方式难以应付危机状态时，容易引起紧张、害怕等心理异常，从而产生恐慌、急躁等心理。[④] 在人群聚集时，一旦触发因素发生，面对突发状况，个人受到环境因素和内在因素的共同影响，原有的心理平衡被打破，产生恐慌、急躁等情绪，在这种情绪的影响下，个体通过言论、行为、表情等方式，将自身心理状态传递给其他个体，且不自觉地将这种影响扩大[⑤]。面对这种情况，不同的个体又将有不同的反应，有的个体容易受感染，这种个体为易感染者；易感染者由于受到恐慌情绪影响而感染，变成已感染者；已感染者经过治愈恢复，这种个体称为暂免疫者，图 4 – 4 所示为情绪传染机理的概念模型。

[①] 赵海峰，曹晓怡. 地铁突发事件中官方信息的扩散 [J]. 系统工程. 2016, 34（7）：131 – 137.

[②] 汪大海，何立军，玛尔哈巴·肖开提. 复杂社会网络：群体性事件生成机理研究的新视角 [J]. 中国行政管理, 2012（6）：71 – 75.

[③] Zhou J, Xu W, Guo X, et al. Railway faults spreading model based on dynamics of complex network [J]. International Journal of Modern Physics B, 2015, 29（6）：1550038.

[④] 王春雪，吕淑然，杨凯. 突发事件中恐慌情绪感染概率研究 [J]. 中国安全科学学报, 2015, 25（9）：14 – 19.

[⑤] 戴伟，余乐安，汤铃，等. 非常规突发事件公共恐慌的政府信息公布策略研究：基于 Multi – Agent 模型 [J]. 系统工程理论与实践, 2015, 35（3）：641 – 650.

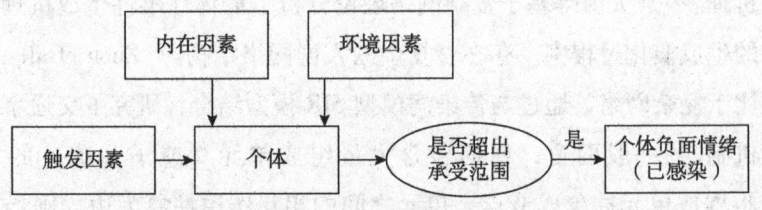

图4-4 人群聚集时情绪传染机理的概念模型

4.2.2 模型假设

运用复杂网络和传染病模型相结合的方法，构建人群踩踏中情绪传染模型。在模型构建前，做出如下假设：

（1）假设人群聚集场所是封闭的，即在该场所内，行人的总数不变，设为常数 N；假设聚集的人群是无标度网络，人群聚集时的个体用节点表示，令 $N=1, 2, \cdots, n$；假设节点的连接度为 k。无标度网络是高度非均匀的网络，节点的度分布服从幂律形式，即 $P(k) \sim k^{-\gamma}$。[①] 幂律指数 γ 代表网络的紧密程度，值越大表明网络越稀疏。[②]

（2）假设人群的情绪是随着时间 t 的推进而发生变化的，且人群的类型仅分为三种：易感染者 S、已感染者 I、暂免疫者 R。针对每一个节点 k，这三类人群的相对密度分别为 $S_k(t)$、$I_k(t)$、$R_k(t)$，且 $S_k(t)+I_k(t)+R_k(t)=1$。用带下标 k 表示度为 k 的三类人群的相对密度，而整个人群受到恐慌情绪感染节点的比例 $i(t) = \sum_k i_k(t) p(k)$。

（3）假设人群从易感染者变成已感染者的概率为 β，从已感染者变成暂免疫者的概率为 χ，从暂免疫者变成易感染者的概率为 δ；设有效传染率 $\lambda = \beta/\chi$。

4.2.3 模型构建

通过构建人群踩踏事件情绪传染模型，分析人群聚集时情绪传染的过程

[①] 李光正，史定华. 复杂网络上 SIRS 类疾病传播行为分析 [J]. 自然科学进展，2006（4）：508–512.

[②] 胡志浩，李晓花. 复杂金融网络中的风险传染与救助策略：基于中国金融无标度网络上的 SIRS 模型 [J]. 财贸经济，2017，38（4）：101–114.

(见图4-5)。在一定的触发因素下,聚集的人群会有不同的反应,部分个体(易感染者S)情绪容易受到感染,而出现恐慌、害怕、急躁等负面情绪,以β的概率变成已感染者I,则β为感染率;部分已感染者I以χ的概率康复或者被治愈,成为暂免疫者R,称χ为康复率;暂免疫者R以δ的概率变成易感染者S,则δ为免疫失效率。

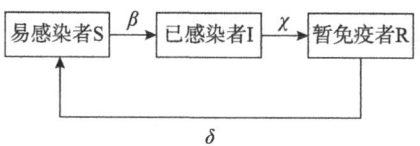

图4-5 人群聚集情绪传染过程图

根据平均场理论,人群聚集时情绪传染的动力学方程如下[①]:

$$\begin{cases} \dfrac{\mathrm{d}s_k(t)}{\mathrm{d}t} = -\beta k s_k(t)\theta(t) + \delta r_k(t) \\ \dfrac{\mathrm{d}i_k(t)}{\mathrm{d}t} = \beta k s_k(t)\theta(t) - \chi i_k(t) \\ \dfrac{\mathrm{d}r_k(t)}{\mathrm{d}t} = \chi i_k(t) - \delta r_k(t) \end{cases} \quad \text{式 (4-1)}$$

其中,$\theta(t)$表示t时刻一条随机边和感染节点相连的概率。

4.2.4 稳定性及阈值分析

令 $\begin{cases} \dfrac{ds_k(t)}{dt} = 0 \\ \dfrac{di_k(t)}{dt} = 0 \\ \dfrac{dr_k(t)}{dt} = 0 \end{cases}$

---

① 李光正,史定华. 复杂网络上SIRS类疾病传播行为分析[J]. 自然科学进展,2006 (4):508-512.

得到

$$\begin{cases} -\beta k s_k(t)\theta(t) + \delta r_k(t) = 0 \\ \beta k s_k(t)\theta(t) - \chi i_k(t) = 0 \\ \chi i_k(t) - \delta r_k(t) = 0 \end{cases} \quad 式(4-2)$$

又有

$$s_k(t) + i_k(t) + r_k(t) = 1 \quad 式(4-3)$$

由式 (4-2) 和式 (4-3) 可得

$$\begin{cases} s_k(t) = \dfrac{\chi i_k(t)}{\beta k \theta(t)} \\ \chi i_k(t) - \delta(1 - s_k(t) - i_k(t)) = 0 \end{cases} \quad 式(4-4)$$

故

$$s_k(t) = \frac{\delta - (\delta + \chi) i_k(t)}{\delta} \quad 式(4-5)$$

由式 (4-4) 和式 (4-5),求得方程组 (4-1) 的稳定解为

$$i_k(\infty) = \frac{\beta \delta k \theta(\infty)}{\chi \delta + (\chi + \delta)\beta k \theta(\infty)} \quad 式(4-6)$$

其中,$\theta(\infty)$ 满足函数方程

$$\theta(\infty) = \frac{\sum_k \dfrac{\beta \delta k \theta(\infty) p(k)}{\chi \delta + (\chi + \delta)\beta k \theta(\infty)}}{<k>} = f(\theta(\infty)) \quad 式(4-7)$$

假定 $f(\theta(\infty))$ 连续可微,易求得 $f'(\theta(\infty)) > 0$, $f''(\theta(\infty)) >> 0$,即它是 $\theta(\infty)$ 的严格单调递增上凸函数。因此,要想得到 $\theta(\infty)$ 的非零解,式 (4-7) 须满足条件

$$\frac{\mathrm{d}}{\mathrm{d}\theta} f(\theta(\infty)) \big|_{\theta(\infty)=0} > 1 \quad 式(4-8)$$

由此,可得

$$\frac{\beta <k^2>}{\chi <k>} > 1 \quad 式(4-9)$$

因此,得到阈值 $\lambda_c = <k>/<k^2>$。当 $\lambda > \lambda_c$ 时,人群聚集时恐慌情绪将会传染给大部分个体,从而导致大规模感染,造成混乱甚至人群踩踏;当 $\lambda < \lambda_c$ 时,人群聚集时恐慌情绪的传染效率不高,不需要控制就会逐渐消失;当 $\lambda > \lambda_c$ 时,人群聚集时恐慌情绪将会大肆传染,发展成大规模感染。而经过长时间的演化,无标度网络的平均度和度的分布满足以下条件[1]:

---

[1] 郭世泽,陆哲明. 复杂网络基础理论 [M]. 北京:科学出版社,2012.

第 4 章 人群踩踏事故的演化机理分析

$$<k> = \int_m^\infty kP(k) = 2m \qquad \text{式 (4-10)}$$

$$P(k) = \frac{2m(m+1)}{k(k+1)(k+2)} \approx \frac{2m^2}{k^3} \qquad \text{式 (4-11)}$$

其中，m 为网络中最小连接边数。

将式 (4-10)、式 (4-11) 代入式 (4-7)，可得

$$\theta(\infty) = f(\theta(\infty)) = \frac{\sum_k \dfrac{\beta\delta k\theta(\infty)2m^2k^{-3}}{\chi\delta + (\chi+\delta)\beta k\theta(\infty)}}{2m}$$

$$= \sum_k \frac{\beta\delta\theta(\infty)mk^{-2}}{\chi\delta + (\chi+\delta)\beta k\theta(\infty)} \qquad \text{式 (4-12)}$$

据 BA 无标度网络的特点，度的最小值为 m，因此，将式 (4-12) 左右两边对 k 积分，则有

$$\theta(\infty) = \int_{k=m}^\infty \frac{\beta\delta\theta(\infty)mk^{-2}}{\chi\delta + (\chi+\delta)\beta k\theta(\infty)} \mathrm{d}k \qquad \text{式 (4-13)}$$

即由式 (4-13) 求积分，则

$$\theta(\infty) = \frac{\beta\delta\theta(\infty)m}{\chi\delta}\ln\left|\frac{(\chi+\delta)\beta\theta(\infty)k}{\chi\delta + (\chi+\delta)\beta k\theta(\infty)}\right|\Big|_m^\infty$$

$$= 0 - \frac{\beta\theta(\infty)m}{\chi}\ln\left|\frac{(\chi+\delta)\beta\theta(\infty)m}{\chi\delta + (\chi+\delta)\beta m\theta(\infty)}\right| \qquad \text{式 (4-14)}$$

又由于

$$\lambda = \frac{\beta}{\chi} \qquad \text{式 (4-15)}$$

$$\theta(\infty) = -m\lambda\theta(\infty)\ln\left|\frac{(\chi+\delta)\beta\theta(\infty)m}{\chi\delta + (\chi+\delta)\beta m\theta(\infty)}\right| \qquad \text{式 (4-16)}$$

于是，

$$\frac{1}{m\lambda} = \ln\frac{\chi\delta + (\chi+\delta)\beta m\theta(\infty)}{(\chi+\delta)\beta\theta(\infty)m} \qquad \text{式 (4-17)}$$

由式 (4-17) 可得，

$$\mathrm{e}^{\frac{1}{m\lambda}} = \frac{\chi\delta + (\chi+\delta)\beta\theta(\infty)m}{(\chi+\delta)\beta\theta(\infty)m} \qquad \text{式 (4-18)}$$

因此，

$$\theta(\infty) = \frac{\delta\chi}{m\beta(\chi+\delta)}(\mathrm{e}^{\frac{1}{m\lambda}} - 1)^{-1} \qquad \text{式 (4-19)}$$

结合式 (4-15)，则

$$\theta(\infty) = \frac{\delta}{m\lambda(\chi+\delta)}(e^{\frac{1}{m\lambda}}-1)^{-1} \quad \text{式 (4-20)}$$

根据

$$i(t) = \sum_k i_k(t)p(k) \quad \text{式 (4-21)}$$

由式 (4-13) 和式 (4-8) 可得

$$i(T) = i(\infty) = \frac{2\delta}{\chi+\delta}(e^{\frac{1}{m\lambda}}-1)^{-1}\left[1-\frac{1}{m\lambda}(e^{\frac{1}{m\lambda}}-1)^{-1}\right]$$

$$\text{式 (4-22)}$$

则 $i(T)$ 代表着人群聚集时负面情绪普遍感染状态时已感节点的密度，又称最终感染密度。

4.2.5 仿真分析

恐慌情绪是一种典型的负面情绪，本节选取恐慌情绪传染的案例进行仿真分析。基于人群聚集时恐慌传染而引起骚乱的案例，设定相关参数，利用Matlab进行仿真。

情景1，2017年8月13日，在深圳地铁5号线车厢内，一青年男子突然奔跑，引发大量乘客紧急疏散。从媒体报道的视频中来看，在拍摄区域，事发时感染率高达90%左右，康复率极低，为10%左右。

情景2，2015年4月20日，在深圳地铁5号线黄贝岭站，一名女乘客在站台上晕倒，引起乘客恐慌逃跑，12名乘客受伤。从事发时视频看来，最初的感染率为50%左右，康复率为40%左右。

由于从视频中可以迅速判断出感染率和康复率，因此可以计算出有效感染率。为了动态分析人群聚集中恐慌传染演化过程，设定免疫失效率为0到1之间的数，间隔为0.02。假设人群聚集网络规模为 $N=2000$，幂指数 $m=3$，其他参数设置如表4-8所示。

表4-8 不同场景下的参数设置

仿真情景	有效感染率 λ	康复率 χ	免疫失效率 δ
情景1	0.9/0.1=9	0.1	[0:0.02:1]
情景2	0.5/0.4=1.25	0.4	[0:0.02:1]

运用 Matlab 进行仿真分析,结果如图 4-6 所示。从仿真结果来看,情景 1 比情景 2 的感染密度更高,这也与实际情况相符。情景 1 中,当免疫失效率小于 0.2 时,感染密度以较快的速度增加;当免疫失效率大于 0.2 时,感染密度平稳增加,并趋于 0.9。说明在情景 1 中,恐慌情绪的传染导致人群感染密度较高。情景 2 中,随着免疫失效率的增大,感染密度逐渐增加,增幅较为平稳,恐慌情绪的传染波及范围更小一些,且人群聚集中行人更理性。

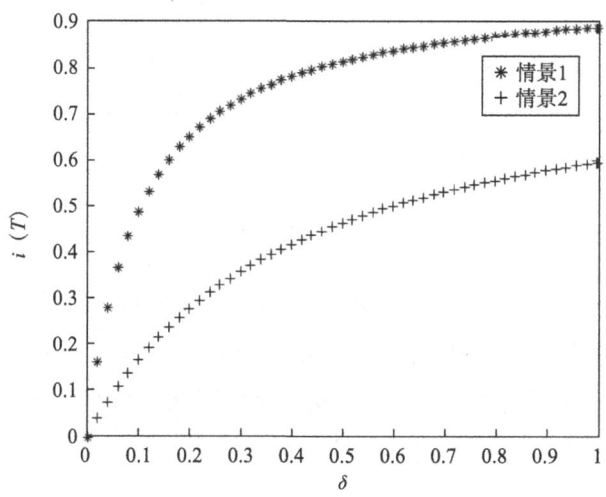

图 4-6　情景 1 和情景 2 的感染密度仿真

以情景 2 为参照组,通过设置不同的参数进行对比,探索不同因素对人群聚集恐慌传染的影响。

表 4-9　不同场景下的参数设置

仿真情景	有效感染率 λ	康复率 χ	免疫失效率 δ	备注
情景 2	0.5/0.4 = 1.25	0.4	[0:0.02:1]	参照组
仿真 1	1.25	0.2, 0.6, 0.8	[0:0.02:1]	
仿真 2	[0:0.1:5]	0.4	0.2, 0.4, 0.6, 0.8	
仿真 3	0.2, 0.4, 0.6, 0.8	[0:0.02:1]	0.4	

如图 4-7 所示,仿真 1 的结果表明,当有效感染率 λ 均为 1.25 时,随着康复率 χ 的增加,感染密度曲线向下移动,即当有效感染率 λ 固定时,康复率 χ 与感染密度呈负相关的关系;随着免疫失效率 δ 的递增,感染密度增加。

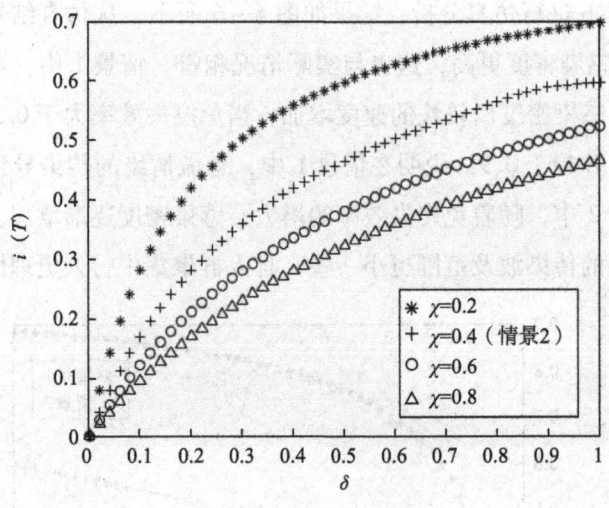

图 4-7 仿真 1 的结果

如图 4-8 所示，仿真 2 的结果表明，当康复率 χ 不变时，随着免疫失效率 δ 的增加，感染密度曲线上移，但是随着 δ 的等量增加，感染密度曲线上移幅度减少。随着有效感染率的增加，感染密度增加，当有效感染密度小于 0.7 时，增加速度较快，感染密度曲线斜率较大。

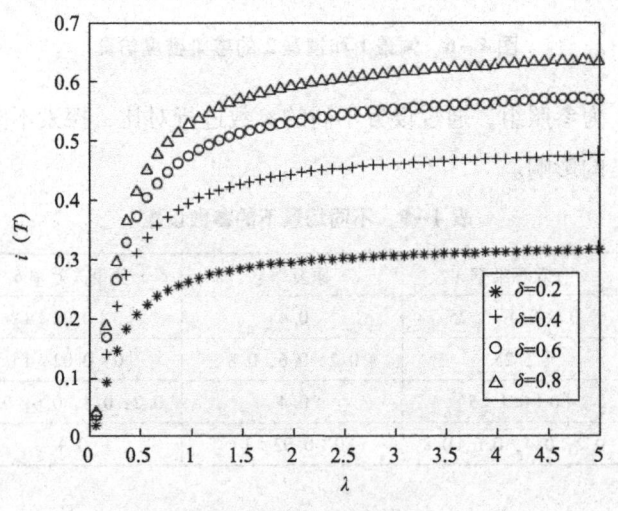

图 4-8 仿真 2 的结果

如图 4-9 所示，仿真 3 的结果表明，当免疫失效率 δ 不变时，随着有效感染率λ的增加，感染密度增加。随着康复率χ的增加，感染密度下降，当康复率χ大于0.1时，感染密度下降幅度较小，最后趋于平稳。

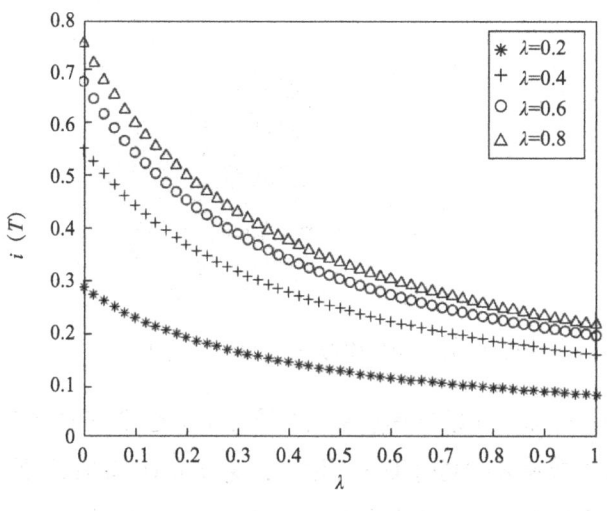

图4-9 仿真3的结果

通过改变参数设置，比较不同因素的边际影响率。假设该人群聚集网络规模为 N = 2000，幂指数 m = 3，对模型进行仿真模拟。设免疫失效率 δ = 0.3，有效感染率λ取值为从1到10的100个数，康复率χ取值为0到1之间的100个数，通过 Matlab 进行仿真，研究在免疫失效率δ已知的情况下，λ和χ对最终感染密度 $i(T)$ 的影响，如图4-10所示；设χ = 0.3，λ取值为从1到4之间的100个数，δ取值为0到1之间的100个数，通过 Matlab 进行仿真，研究在χ已知的情况下，λ和δ对最终感染密度 $i(T)$ 的影响，如图4-11所示。

由图4-10可知，在免疫失效率δ不变的情况下，有效感染率λ的提高将导致感染密度 $i(T)$ 随之增大。然而，当康复率χ较小时，随着有效感染率λ的增大，感染密度 $i(T)$ 增大；而当康复率大于0.4时，感染密度 $i(T)$ 在 0.2～0.4 稳定变化。由此可知，在人群聚集时，若出现恐慌情绪传染，当有效传染率低于4时，如果能采取有效措施，控制住恐慌情绪传染，增加康复率，则有望控制恐慌情绪的普遍传染。

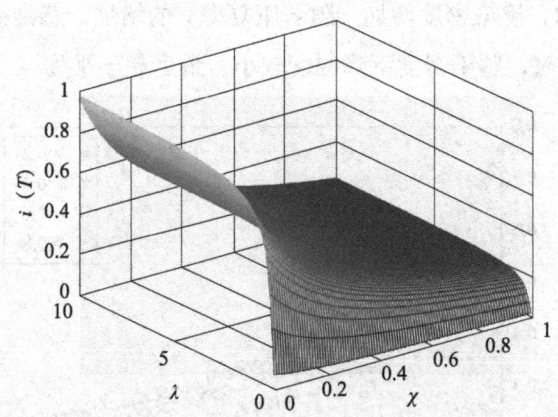

图4-10　感染密度 $i(T)$ 随 λ 和 χ 的演化

由图4-11可知，在康复率 χ 稳定的情况下，感染密度 $i(T)$ 随着有效感染率 λ 和免疫失效率 δ 的同时增加而增大，免疫失效率的边际影响率更大。因此，当人群聚集时恐慌情绪传染爆发时，控制住免疫失效率、防止康复的人群再受感染是控制恐慌情绪传染的关键。

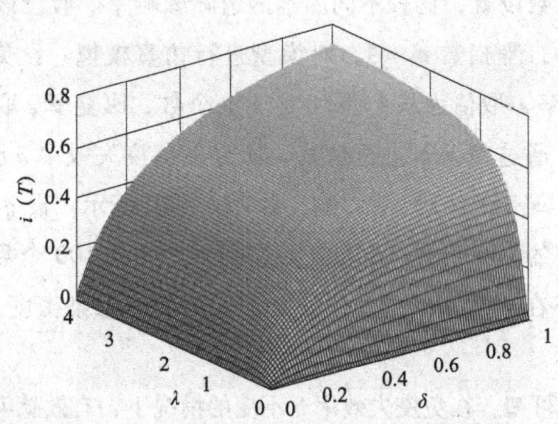

图4-11　感染密度 $i(T)$ 随 λ 和 δ 的演化

设 $\lambda=0.2$，χ 和 δ 取值均为从0到1之间的100个数，通过Matlab进行仿真，研究在 λ 已知的情况下，χ 和 δ 对最终感染密度 $i(T)$ 的影响，如图4-12所示。当康复率 χ 较低时（低于0.2），感染密度始终维持较高水平，在 δ 最大时达到最大值，说明当康复率较低时，大部分人群受到恐慌情绪的传染而变成恐慌人群,很少有人未被感染,因此,感染密度较高。而当康复率 χ 大于 0.2 时,感染密度主要受免疫失效率 δ 的影响,呈现出正相关的特点。

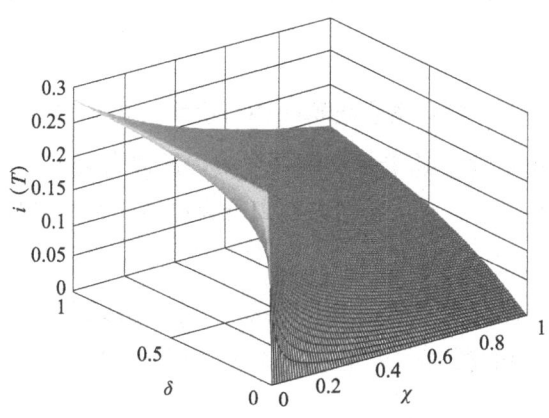

图 4-12　感染密度 $i(T)$ 随 δ 和 χ 的演化

通过构建无标度网络上的 SIRS 模型,分析了拥挤的人群在一定触发因素下的恐慌情绪传染机理。通过比较深圳地铁两次人群聚集恐慌事件,在视频分析的基础上设置参数,利用 Matlab 进行仿真模拟,对比两种情景下的人群恐慌传染规律。更一般地,通过设定参数,探索不同因素对人群聚集情绪传染的边际影响率。通过分析,得到以下主要结论:

(1) 通过仿真比较情景 1 和情景 2 的恐慌传染规律,得出情景 1 比情景 2 具有更高的感染密度,表明当有效感染率较高、康复率较低时,即便免疫失效率较低,感染密度依然会比较高,而且随着免疫失效率的提高,感染密度增幅很大。

(2) 感染密度与有效传染率和免疫失效率呈正相关关系,感染密度与康复率呈负相关的关系;当发生人群聚集恐慌传染时,康复率的提高有利于降低人群传染概率,因此,人群聚集恐慌中,积极采取措施(如及时发布信息、积极的疏散引导)有利于控制人群恐慌传染。

(3) 当康复率不变时,免疫失效率比有效传染率的边际影响率更大,说明当人群聚集时若出现部分群众突发恐慌情绪,通过采取有效的措施防止暂免疫人群再次感染也非常重要。

4.3 基于异常行为的人群踩踏事故演化及仿真分析

在人群聚集时，人群运动会出现一些自组织行为[1]，如走走停停、智能模式（"small" pattern）[2]、竞争与合作等行为，部分自组织行为会促进人群顺利疏散，提高疏散效率，而大部分自组织行为将导致人群拥挤、影响其他行人的正常行走，即出现了异常行为。

牛津词典对异常的定义是：以不良或者有害的方式偏离普通类型，或者与正常的规则或制度相反。有学者根据这个定义，将异常行为定义为区别于正常行为的不规则行为。[3]

异常行为是指在人群聚集时经常出现的、影响人群正常运动的一系列不正常的行为。一些异常行为经过演化导致出现人群踩踏事故，因此，受到学术界的广泛关注，尤其是计算机视觉领域等。然而，关于异常行为的人群踩踏事故研究，由于受到数据的局限，而难以进行实证研究。本节中，通过人群聚集演习，获得了部分异常行为对人群聚集的影响的数据。基于演习数据，分析了异常行为对行人的生理、心理和物理维度的影响。最后，利用 Pathfinder 软件，对异常行为进行仿真模拟，分析了异常行为的人群踩踏演化机理。

4.3.1 异常行为的分类

人群踩踏事件触发和演化的异常行为主要有逆行行为、小团体行为、骤停行为、走走停停行为和哄抢行为等。

1. 逆行行为

逆行行为是从流向角度而言，即个体行人或多个行人与其他人的行走方向

---

[1] Helbing D, Farkas I, Vicsek T. Simulating dynamical features of escape panic [J]. Nature. 2000, 407 (6803): 487-490.

[2] Moussaïd M, Kapadia M, Thrash T, et al. Crowd behaviour during high-stress evacuations in an immersive virtual environment [J]. Journal of the Royal Society Interface, 2016, 13 (122): 20160414.

[3] 张伟峰，周智，赵斌，等. 基于运动矢量的人群异常事件实时检测 [J]. 计算机系统应用. 2017, 26 (8): 227-231.

第4章 人群踩踏事故的演化机理分析

相反的行为。基于主体的不同,逆行行为分为个体逆行行为和小群体逆行行为。个体逆行行为是指单个个体与整体人群的运动方向相反;小群体逆行行为表现为整体人群中的部分小群体的运动方向与整体相反。在2014年上海外滩人群踩踏中,正是逆行行为导致人群对冲,加剧踩踏事件的演化。

2. 小团体行为

人群聚集中的小团体行为是指两个或者两个以上个体聚集而组成的,运动方向和运动速度基本一致的团体。小团体行为往往具有异于其他行人的特征,如速度缓慢、突然停止等行为,影响其他行人的正常运动,具有异常性。一些需要照顾的儿童、老人、病人和孕妇等常常是小团体的主角,由于生理因素差异,这些人群的行动缓慢,且容易发生突发状况。

3. 骤停行为

骤停行为是指在人群运动的过程中,某个行人或多个行人突然停下来或者摔倒的行为。骤停行为主要体现为以下几个方面:①由于生理因素导致的骤停,如生病等。2015年麦加人群踩踏事件的演化中,因老人中暑而骤停,导致严重的人群踩踏。②由于环境或场地的变化导致的突然停止,如踩到摩擦力较大的物体。中国昆明市明通小学踩踏事件的演化中,就出现了小学生踩到海绵垫而骤停或摔倒,影响附近的人群。③由于自身因素导致的骤停,如弯腰系鞋带或弯腰拾物。

4. 走走停停行为

走走停停行为是指在人群运动的过程中,个体行人由于寻找同伴、获得周围信息等原因,减速回头张望导致的行为。由于突然的减速和回头张望,容易影响后面的行人,也容易导致行人之间的碰撞。减速回头行为是人群聚集时易发的异常行为之一。

5. 哄抢行为

哄抢行为是指人群为了获得有价值的物品、位置、座位等的竞争性行为,尤其是免费提供的时候。[①] 哄抢行为往往构成中心发散型聚集,容易造

---

① Illiyas F T, Mani S K, Pradeepkumar A P, et al. Human stampedes during religious festivals: A comparative review of mass gathering emergencies in India [J]. International Journal of Disaster Risk Reduction, 2013 (5): 10-18.

成局部区域人群密度较高,且个体行人在哄抢的过程中极易出现碰撞和摔倒。

4.3.2 基于视频的异常行为分析

一般来说,逆行行为根据逆行人群的规模可分为两种:小规模逆行和大规模逆行。小规模逆行表现为主流人群行走方向一致,而只有小部分的行人呈现相反的行走方向。在小规模逆行中,小部分逆行的人群与整体人群运动方向相反,其往往选择从空隙中逆行,因此呈现出较为明显的钻缝效应,见图4-13。

大规模逆行在"1"字形、"T"字形和"十"字形人群聚集中均比较普遍。大规模逆行是指在人群聚集中,正向前进和反向前进的行人规模相当,通常表现为两种演化效应:自分流效应,两个方向行人出现自动分流的情况,即使没有分流栏,行人由于习惯而行走在道路一侧,此时较为有序,是一种自组织排队状态;错流效应,不同方向的行人见缝插针,哪里有空隙就从哪里通过,此时人群处于无序和混乱状态,更容易引起碰撞,见图4-13。

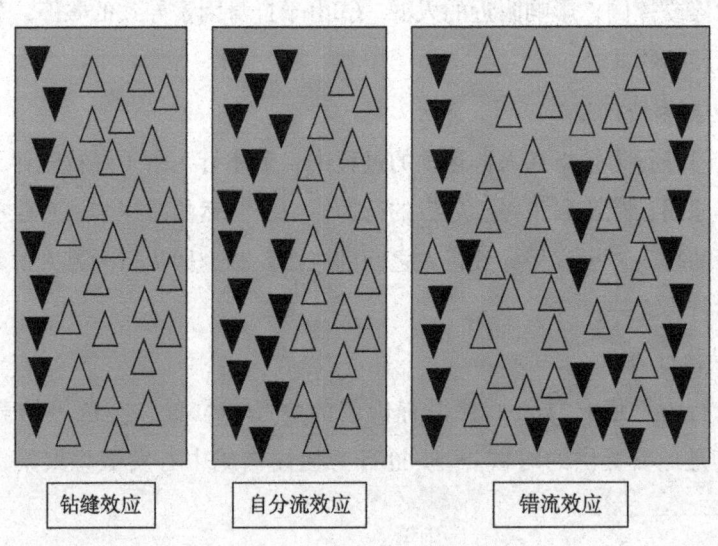

图4-13 逆行行为的演化概念图

第 4 章 人群踩踏事故的演化机理分析

　　小团体行为多发生于逛街、旅游时，或者在地铁站、飞机场、火车站等地，由两人或者超过两人组成。当人群密度较低时，小团体行为对周围的人群影响较小，其他行人可以选择别的空隙区域通行；而当人群密度较高时，小团体行为经常走走停停，而且速度比其他行人慢。因此很容易影响周围的行人，造成其他行人绕行、减速或者停滞等待等。

　　在人群密度较高时，小团体行为的演化往往会产生包络效应，如图 4-14 所示，即为了统一行动，团体成员之间相互照顾，小团体的人群速度相对较慢，其他行人通常绕过小团体行人而超过他们，或者减速等待，因此围绕小团体成员形成"包络"式的人群聚集形式。

图 4-14　小团体行为演化的包络效应

　　在人群聚集时，某个行人或者某些行人突然停下来的行为时有发生。由于惯性的影响，后面的行人会因为前面的行人的骤停而被迫停下、碰撞，甚至摔倒，如图 4-15 所示。骤停行为在人群密度较大且整体人群前进速度较快时，影响更大，波及范围更广。

　　骤停行为在人群聚集时常常导致"碰鼻子"效应。如图 4-15 所示，当整体人群都处于正常行走状态，某个人突然停下来，此行为往往无预兆且速度快，后面随之跟上的行人很容易与之产生碰撞，队伍后面人群密度变得更大，产生"碰鼻子"效应。

· 103 ·

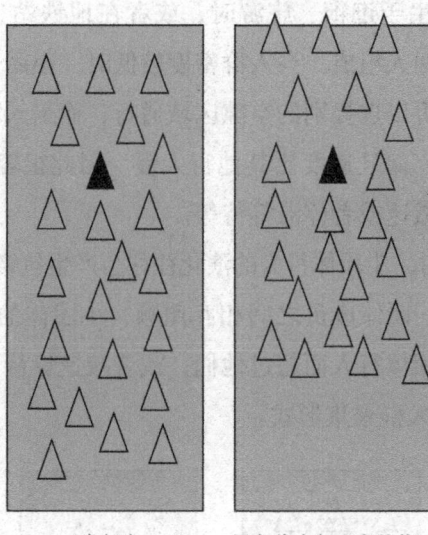

正常行走　　　黑色代表行人突然停下

图 4-15　"1"字形区域的骤停行为示意图

在人群聚集时，走走停停行为是非常常见的。走走停停多发生于步行街、旅游景区等地，行人时间充裕，目的是逛街或者旅行。走走停停行为中走和停的运动状态都非常随意，随时可能停下来，随时可能继续行走，随意性和偶然性程度较高。走走停停行为与骤停行为类似，但是速度比骤停行为要慢，骤停行为一般很快就恢复正常行走，而且之后继续前进，而走走停停行为则随机性非常高，走或停都非常偶然，而且整个行程中可多次发生。

走走停停行为中，突然停下类似于骤停行为，将会导致紧跟其后的行人与其碰撞，也会产生"碰鼻子"效应。当骤停时间更长，且骤停的行人更多时，还可能增大人流下游的密度，导致后涟漪效应；突然开始继续行走则会导致后面的行人暂时没跟上，部分区域暂时空缺，出现"真空"效应，如图 4-16 所示，实心三角形是突然继续行走的行人，其后方的圆形区域，即真空区域。

哄抢行为常常发生于商业促销活动、观看演出或表演、观看风景时，形成中心发散型聚集方式，哄抢物发放点一般就是中心，围绕该中心人群聚集，并形成中心附近密度较大、越远离中心密度越小的分布。如图 4-17 所示，哄抢行为的演化中，经常出现争抢东西导致的碰撞行为和抢东西过程中的弯腰拾物行为，严重的会导致部分行人摔倒，甚至被踩踏。在哄抢行为中，人群争夺某物的行为类似于鱼群觅食的情形，故本书将这种哄抢行为的演化称为鱼涌效应。

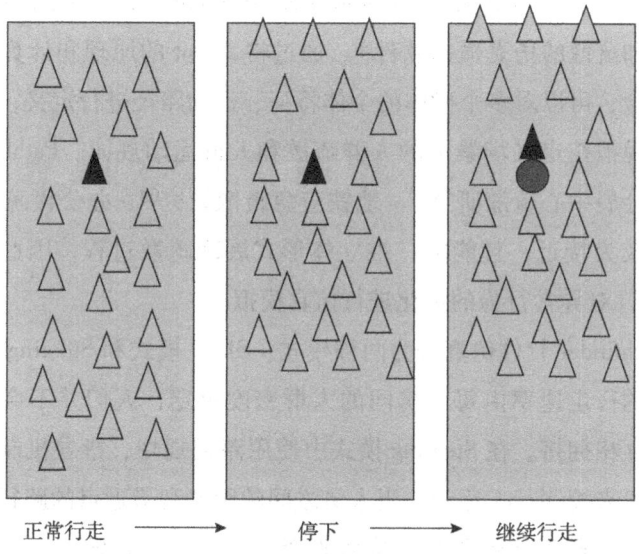

图 4-16 走走停停行为演化图

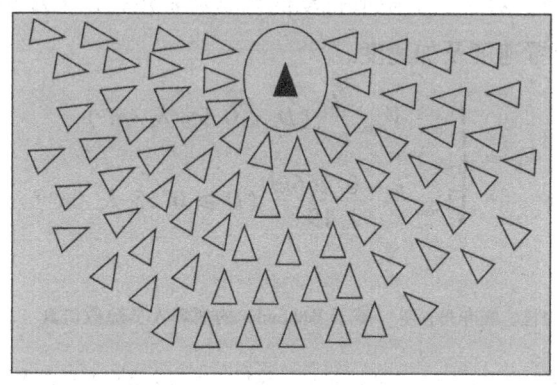

图 4-17 哄抢行为的鱼涌效应

4.3.3 基于 Pathfinder 仿真的异常行为演化分析

为了探究人群聚集时异常行为的演化，利用 Pathfinder 仿真软件，对不同密度水平下人群聚集异常行为的演化做仿真模拟，分析不同情形状态下的异常

人群聚集的风险管理理论与实务

行为演化规律。

1. 仿真的理论基础

Pathfinder 软件是由美国 Thunderhead Engineering 公司开发的一款基于 Agent 的人员运动和疏散的仿真模拟软件①。通过将 Agent 的原理和计算机图像仿真技术等相结合，可以对多个群体的个体特征、运动路径进行定义，对现实场景进行还原，模拟在定义场景下的人群疏散和人群运动规律。Pathfinder 软件被广泛应用于会展中心疏散研究②、地铁应急疏散研究③、办公楼疏散研究④中，与实际情况较为接近，且能以三维立体形式展现疏散过程，因此，本节利用 Pathfinder 软件对异常行为的演化进行仿真模拟。

运用 Pathfinder 软件仿真分为两种模式：SFPE 模式和 Steering 模式。SFPE 模式中行人的行走速率由每个房间的人群密度决定，人们并不会试图避开对方，并且会互相拥挤。在 Steering 模式中使用路径规划、指导机制和碰撞处理相结合的手段来控制行人运动，当人员之间的距离和最近点的路径超过某一阈值时，算法就会产生新的路径，从而改变了行人的行走轨迹⑤。Steering 模式更能反映出人群疏散的实际规律，本书的仿真选用 Steering 模式。基于 Pathfinder 的基本原理，对于人员疏散行动的计算通常包括以下步骤⑥：

（1）初始位置速度及加速度。

$$V_0 = \begin{cases} V_{\max} \dfrac{k}{1.4} & (D < 0.55 \text{人}/m^2) \\ V_{\max} \dfrac{k - 0.266kD}{1.19} & (D \geq 0.55 \text{人}/m^2) \end{cases} \quad 式(4-23)$$

---

① 姜子港，刘晓栋，霍非舟，等. 基于 Pathfinder 的商场人员疏散仿真 [J]. 火灾科学，2014，23 (3)：175-181.

② 薛家为，黄鑫，阚强，等. 基于 Pathfinder 模拟的大型会展中心登录大厅人员安全疏散研究 [J]. 南开大学学报（自然科学版），2023，56 (5)：94-98.

③ 朱涛，胡建华，陆愈实，等. 基于 Pathfinder 的地铁站应急疏散仿真及优化 [J]. 地下空间与工程学报，2023，19 (S2)：987-996.

④ 雷鸣，杨民，高复阳，等. 基于 Pyrosim 和 Pathfinder 的高校实验楼火灾疏散安全性分析与优化 [J]. 安全与环境工程，2023，30 (3)：36-44.

⑤ 党会森，赵宇宁. 基于 Pathfinder 的人员疏散仿真 [J]. 中国公共安全：学术版，2011 (4)：46-49.

⑥ 张小虎. 基于 pathfinder 的超高层建筑人员疏散模拟研究 [J]. 消防技术与产品信息，2016 (9)：16-19.

第 4 章 人群踩踏事故的演化机理分析

其中，$V_0(\text{m/s})$ 为人员在初始位置的速度；$V_{\max}(\text{m/s})$ 为人员最大速度；k 为疏散速度影响因子，根据坡度取值不同，平面取值为 1.4，台阶 2.25m 时取值为 1，台阶 6 英尺时取值为 1.23；$D(人/\text{m}^2)$ 为人员密度。

$$a_{\max} = \frac{V_{\max}}{t_{\text{accel}}} \qquad 式（4-24）$$

其中，$a_{\max}(\text{m/s}^2)$ 为最大加速度；$t_{\text{accel}}(\text{s})$ 为加速时间。

（2）疏散行动方向的确定。

$$C_{\text{seek}} = \frac{\theta_t}{2\pi} \qquad 式（4-25）$$

其中，C_{seek} 为向某个方向疏散的成本；θ_t 为速度方向与最优疏散曲线切线的夹角。

（3）疏散行动方向的速度。

$$D_{\text{stop}} = \frac{v_{\text{curr}}^2}{2a_{\max}} \qquad 式（4-26）$$

$$|\overline{v_{\text{des}}}| = \begin{cases} 0, & D_{\max} \leq D_{\text{stop}} \\ v_{\max}, & D_{\max} > D_{\text{stop}} \end{cases} \qquad 式（4-27）$$

$$\overline{v_{\text{des}}} = |\overline{v_{\text{des}}}|\overline{d_{\text{des}}} \qquad 式（4-28）$$

其中，$D_{\max}$ 是最低成本样本方向的最大距离，$\overline{d_{\text{des}}}$ 是最低成本样本方向，v_{curr} 为人员目前的速度，$\overline{v_{\text{des}}}$ 是期望速度。

（4）加速度的计算。

$$\overline{a} = \frac{\overline{v_{\text{des}}} - \overline{v_{\text{curr}}}}{|\overline{v_{\text{des}}} - \overline{v_{\text{curr}}}|} a_{\max} \qquad 式（4-29）$$

（5）疏散到达位置处的速度和位置矢量。

$$\overline{v_{\text{next}}} = \overline{v_{\text{curr}}} + \overline{a}\Delta t \qquad 式（4-30）$$

$$\overline{p_{\text{next}}} = \overline{p_{\text{curr}}} + \overline{v_{\text{next}}}\Delta t \qquad 式（4-31）$$

其中，Δt 是时间步长，$\overline{p_{\text{curr}}}$ 是现在的位置，$\overline{p_{\text{next}}}$ 是下一个单位时间到达的位置。

2. 基于 Pathfinder 软件的异常行为演化

（1）逆行行为。

设置"1"字形人群聚集场景，重点观测区长 40m、宽 4m，两端各设 2 个功能区，均为长12m、宽4m的长方形区域。功能区1和重点观测区之间是联通的，表现为宽4m的门3；功能区2和重点观测区之间也是联通的，由宽为4m的门4连接；功能区1的另外一侧是门6，宽4m；功能区2的另外一侧是门5，宽4m。

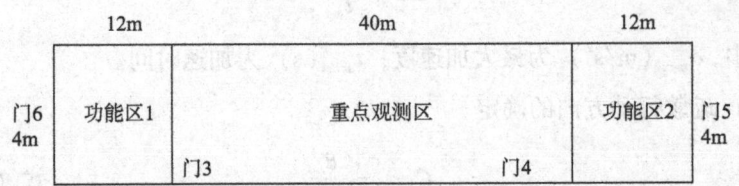

图4-18 仿真场景

仿真1-1：为了模拟少量行人逆行的异常行为，在重点观测区按照密度为0.5人/m²随机安置人员，人群运动目的地为从门5出去；在功能区2设置10位人员，人群运动目的地为从门6出去。当10人逆行时，逆行的人数占总人数的3%，如图4-19所示，逆行的行人倾向于选择缝隙相对较大的位置通行，出现了"钻缝"效应。此时，逆行影响了周围的行人的正常运动，在逆

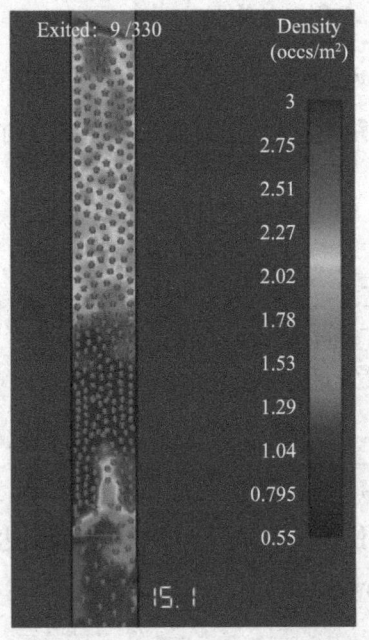
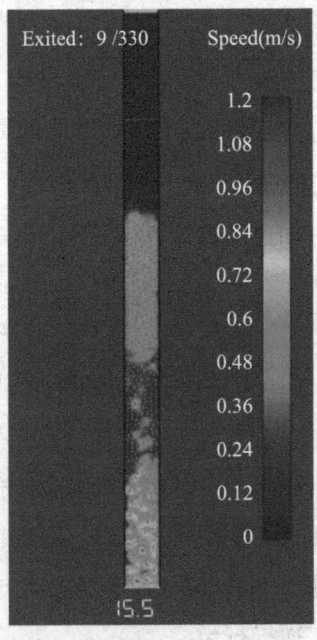

图4-19 10人逆行仿真的密度图和速度图

行行人周围人群密度非常大，大于 2.5 人/m²，且波及下游人群，在逆行者前方也出现重度拥挤区；逆行行为也影响了周围人群的行动速度，在逆行行人的周围人群前进速度小于 0.24m/s。

仿真 1-2：为了模拟多数行人逆行的异常行为，在重点观测区按照密度为 0.5 人/m² 随机安置人员，人群运动目的地为从门 5 出去；在功能区 2 设置 60 位人员，人群运动目的地为从门 6 出去。当 60 人逆行时，逆行的人数占总人数的 20%，如图 4-20 所示，出现了逆行人群自行开路的情况，在人群中出现了多条自排队人流队伍，且为交叉流向，即产生了错流效应。此时逆行人群周围人群密度较高，图中深色区域密度达到 4 人/m²，其周围被逆行的人流包围；其他逆行行人周围人群密度也非常高，大于 3 人/m²。逆行的人群对周围人群的速度也有影响，当周围有行人逆行时，人群行走缓慢，如图 4-20 所示，逆行人群周围的人群速度小于 0.24m/s，而且这些逆行人群对下游人群的速度也产生了影响，在逆行人群前方，人群由于过分拥挤前进速度也非常慢，低于 0.3m/s。

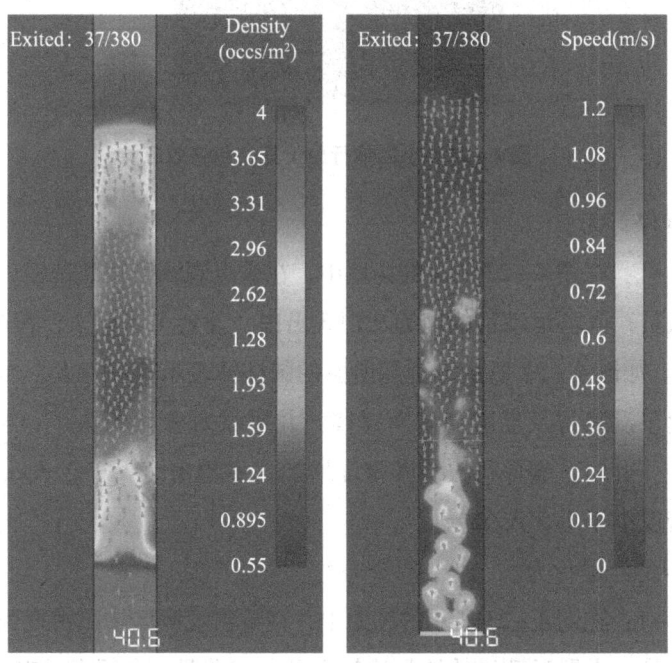

图 4-20 60 人逆行仿真的密度图和速度图

(2) 小团体行为。

仿真 2-1：在图 4-21 所示的场地中，在重点观测区按照密度为 0.5 人/m² 随机安置人员，人群运动目的地为从门 5 出去；增加 3 名行人在图中圆圈附近停留，停留时间为 20s。当小团体停留时，部分下游行人从后面绕行至小团体成员前面，部分行人出现等待拥堵状态，而形成包络状，即"包络效应"。

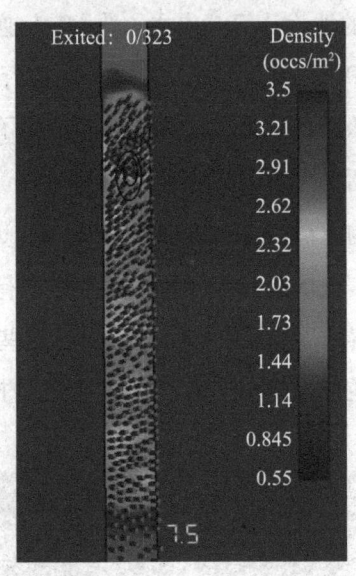

图 4-21　小团体行为仿真的包络效应

(3) 骤停行为。

仿真 3-1：在图 4-22 所示的场地中，在重点观测区按照密度为 0.5 人/m² 随机安置人员，人群运动目的地为从门 5 出去；设置 1 名行人，在图中圆柱体处骤停 30s。如图 4-22 所示，圆圈所圈的圆柱体表示骤停行人，当他骤停时，后面行人由于没来得及反应而紧密碰撞，几乎挨着骤停行人了，出现了"碰鼻子"效应。此时，骤停行人下游密度增加，平均密度大于 2 人/m²，而上游部分区域密度小于 1.5 人/m²。

(4) 走走停停行为。

仿真 4-1：在图 4-23 所示的场地中，在重点观测区按照密度为 0.5 人/m² 随机安置人员，人群运动目的地为从门 5 出去；设置 1 名行人，在图中圆圈附近骤停 10s，再继续前进。如图 4-23 所示，当行人突然停下来时，下游变得非常拥挤，人群密度大于 2.51 人/m²，而停下来的行人前方出现部分空置区，人群密度为 1.53 人/m²；当行人继续向前行走时，后方行人未马上反应，与该行人之间存在真空区，如图 4-23 的三角形所示。

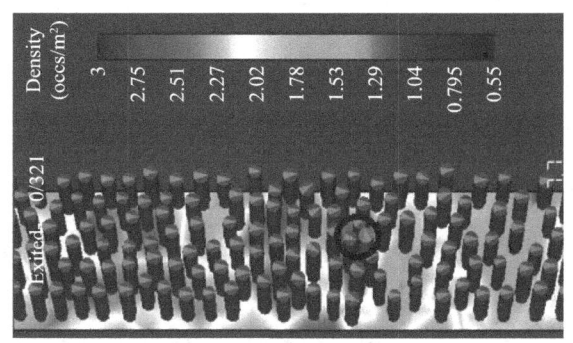

图 4-22　骤停行为的仿真

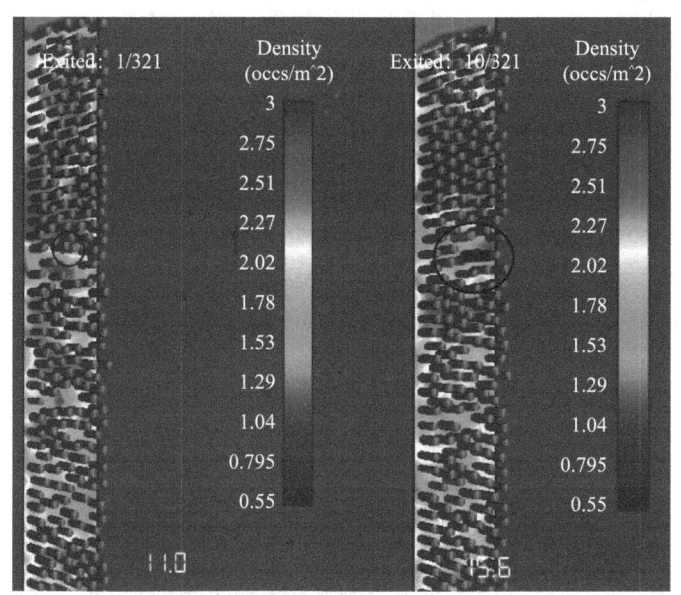

图 4-23　走走停停的"停"与"走"仿真模拟

（5）哄抢行为。

构建哄抢行为的仿真场地，设置长 20m、宽 10m 的长方形区域为重点观测区。如图 4-24 所示，在长方形中间区域设置礼品发放处，在长方形作为宽的一边设置宽 2m 的门。

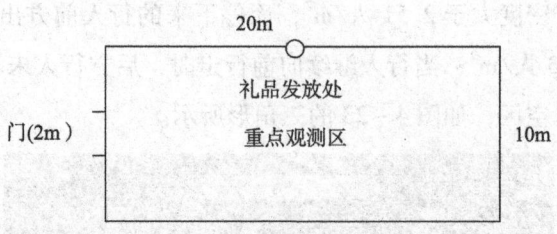

图 4-24　哄抢行为仿真场地

在哄抢行为仿真场地设置 400 名行人，这些行人的步行速度服从均值为 1.19m/s、方差为 0.25 的正态分布，最小值为 0.8m/s，最大值为 1.8m/s；肩宽服从均值为 40cm、方差为 2.6 的正态分布，最小值为 28cm，最大值为 45.58cm。仿真开始时，行人向礼品发放处走去，在仿真时间为 9.1s 时截图，如图 4-25 所示，行人涌向礼品发放处而出现了"鱼涌效应"，此时人群密度由礼品发放处向外围发散。在礼品发放处周围，平均密度为 4 人/m² 以上；在近礼品发放处周围大部分区域，平均密度为 3 人/m²，越往外密度越小。

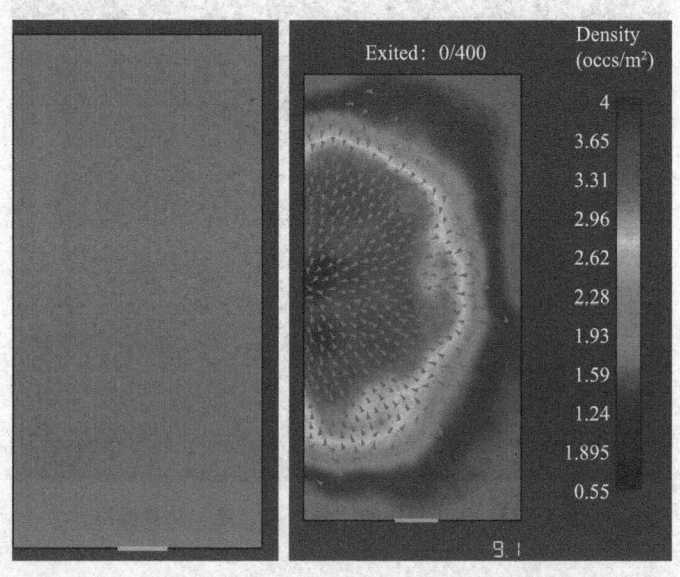

图 4-25　哄抢行为仿真图及密度图

第4章 人群踩踏事故的演化机理分析

4.3.4 仿真结果分析

基于仿真分析，对逆行行为、小团体行为、骤停行为、走走停停行为和哄抢行为的演化分析进行了仿真模拟，仿真结果与视频分析结果基本吻合。少数行人逆行时，常出现钻缝效应，且逆行行为将会影响周围人群密度和速度；多数行人逆行时，常出现错流效应，且会使周围人群密度增加，周围行人的速度变慢。当逆行行为出现时，一定程度上会对周围的人群密度和速度造成影响，逆行人群数量越多，对周围人群的"加塞"越严重，人流方向多样，出现错流的可能性更大（见表4-10）。

表4-10 异常行为仿真结果汇总表

异常行为	正常人数	异常行为人数	演化效应	密度影响	速度影响
逆行行为	320	10	钻缝效应	逆行人群周围密度大于2.5人/m²	逆行人群周围速度小于0.24m/s
	320	60	错流效应	部分逆行人群周围密度大于4人/m²	部分逆行人群周围的人群速度小于0.24m/s
小团体行为	320	3	包络效应	对下游区域密度有影响	对下游区域行人的速度有影响
骤停行为	320	1	"碰鼻子"效应	下游行人的平均密度大于2人/m²，上游部分区域平均密度小于1.5人/m²	
走走停停行为	320	1	（停）"碰鼻子"效应	下游平均密度大于2.51人/m²	
			（走）真空效应	前方出现空置区	
哄抢行为	0	400	鱼涌效应	密度由中心向周围逐渐降低	

骤停行为所表现出来的特点与走走停停行为中的"停"有点类似，区别在于骤停停下来更突然，而走走停停的"停"速度稍微慢一些，表现出来的演化仿真结果类似，都会导致后面行人由于反应不及时而产生碰撞，同时下游人群密度增大。走走停停与骤停行为的另外一个区别是骤停一般是一次停止行

· 113 ·

为,而走走停停行为是多次"走"与"停"的行为。从这个层面看,走走停停行为比骤停行为的影响更大,波及范围更广。

小团体行为是行人捆绑行动的一种方式,表现为行动速度慢、走走停停等行为。在本书的仿真中,只对小团体在某一点停下来的行为进行了演化分析,当小团体的三人停下来时,下游行人选择绕行经过,从而出现了包络效应,这与现实也较一致。当人群密度较大时,小团体行为对整个人群的影响更大;当人群密度较小时,小团体行为对整个人群的影响小一些。

哄抢行为的本质是行人在短时间涌向同一目的地。仿真结果和视频分析结果类似,行人哄抢行为发生时,在几乎同一时间涌向同一目的地,类似鱼群涌向鱼饵。哄抢行为演化中会导致局部地区人群密度极高,同时由于哄抢的过程中,极容易出现弯腰拾物、碰撞和摔倒等行为,因此容易导致人群踩踏事故。

4.4 人群踩踏事故的多方博弈分析

4.4.1 合理性分析

人群踩踏事故在人群聚集时容易发生,而参与这些人群聚集有的是有组织的,如音乐会、体育会、宗教活动,有的是无特别组织的,如旅游、逛街等。无论是有组织的活动还是无特别组织的活动,都涉及参与者(行人)和管理者,其中有组织的管理者主要表现为活动的组织者和安全保护部门,无特别组织活动的管理者主要表现为场地管理者和安全保护部门,为了方便研究,本书将这些组织者和安全保护部门等机构统称为管理者。管理者和行人的策略选择决定了他们的行动方案,而多方主体的行动策略决定了人群踩踏事故的演化和发展。

人群聚集时的策略选择其实是一个演化博弈的过程。管理者(主要指政府部门)和行人作为人群聚集的主体,有各自的目标,管理者在人群聚集中策略选择的主要目的是保障公共安全,而行人的主要目的一方面在于自我安全保护,另一方面在于实现参与人群聚集的目标,如观看一场演唱会、烟火等。

第 4 章　人群踩踏事故的演化机理分析

管理者和行人之间的策略会相互影响，而且双方的策略选择是一个不断探索的过程，在短暂博弈中难以达到纳什均衡①，因此是有限理性的。同时，双方会根据对方的策略进行调整，是一个动态博弈的过程。因此，本节构建演化博弈模型探索管理者和行人在人群聚集中的策略选择。

4.4.2　模型构建

在人群聚集的策略选择过程中，管理者可以选择积极管理或者不作为，管理者的积极管理在一定程度上能降低人群聚集风险，然而会付出相应的"代价"——增加管理成本；而管理者的不作为可能会增加人群聚集风险，但也可能由于行人的理性行动而获得额外收益。行人在管理者的积极管理下，可能会选择理性行为，谨慎应对人群聚集，从而降低风险，也可能为了节约路程、获得更有利的位置等而不理性，从而导致摔倒，甚至引起人群踩踏。具体的博弈策略如图 4-26 所示。

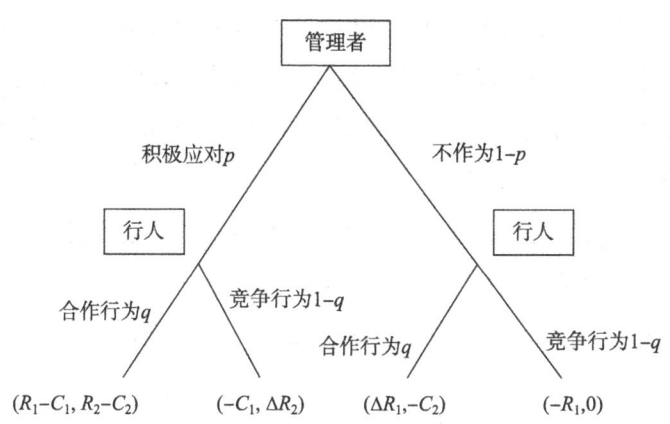

图 4-26　人群聚集风险控制策略博弈树

管理者的策略集合 M_1 主要包括采取积极应对策略 GA 和不作为 GN，即 $M_1 = \{GA, GN\}$，随着人群聚集状况的发展，管理者的策略会发生演化和调整。而行人的策略集合 M_2 主要包括理性行动 PA 和非理性行动 PN，即 $M_2 = \{PA,$

---

① 纳什均衡是博弈论中这样的局面，对于每个参与者来说，只要其他人不改变策略，他就无法改善自己的状况。

人群聚集的风险管理理论与实务

PN},理性行动是指根据人流的情况采取理性的行动,表现在理性选择行走轨迹、行走速度、小心谨慎、注意路况等;而非理性行动表现在不按大众轨迹行走(如逆行)、不注意路面情况(如台阶等)、过度参与拥挤等。

假设在博弈过程中,管理者采取积极应对策略的概率为 $p(0 \leq p \leq 1)$,采取不作为策略的概率为 $1-p$;行人采取理性行动策略的概率为 $q(0 \leq q \leq 1)$,采取非理性行动的概率为 $1-q$。

管理者采取积极应对策略所需要付出的成本为 C_1,这表现为采取积极应对策略所耗费的人力成本、物力成本、宣传成本等,而采取积极应对策略所获得的收益或效应为 R_1,表现为社会的认可、上级的肯定等精神和物质上的收益;行人采取理性行动所付出的成本为 C_2,这个成本体现在由于选择理性行动所付出的物力成本和失去"捷径"的机会成本,而获得的收益是 R_2,主要体现在实现人身安全、实现预期目的(如观看精彩演出等)。当管理者进行积极应对时,行人即使不理性也将获得额外的收益 ΔR_2,这个收益表现为更高效地实现预期目的;当行人采取理性行动时,即使管理者不作为,管理者也将获得额外的收益 ΔR_1;当管理者不作为时,行人采取非理性的行动可能会导致人身安全受伤害,从而也实现不了预期目的,因此其收益为0。其中,C_1、C_2、R_1、R_2、ΔR_1、ΔR_2 均为正数。

根据以上分析,可以构建人群集聚风险控制策略的演化博弈模型,如下:

(1) 管理者期望收益模型。

设管理者选择积极应对的期望收益为 U_{GA},选择不作为的期望收益为 U_{GN},则有:

$$U_{GA} = q(R_1 - C_1) + (1-q)(-C_1) = qR_1 - C_1 \quad 式(4-32)$$

$$U_{GN} = q\Delta R_1 + (1-q)(-R_1) = q\Delta R_1 + qR_1 - R_1 \quad 式(4-33)$$

则管理者的混合策略,即两种策略的平均期望收益为 $\overline{U_G}$,则有:

$$\overline{U_G} = pU_{GA} + (1-p)U_{GN} = -pq\Delta R_1 + p(R_1 - C_1) + q(R_1 + \Delta R_1) - R_1$$

式(4-34)

(2) 行人期望收益模型。

设行人选择理性行动的期望收益为 U_{PA},选择非理性行动的期望收益为

U_{PN},则有:

$$U_{\mathrm{PA}} = p(R_2 - C_2) + (1-p)(-C_2) = pR_2 - C_2 \quad 式(4-35)$$

$$U_{\mathrm{PN}} = p\Delta R_2 + (1-p) \times 0 = p\Delta R_2 \quad 式(4-36)$$

则行人的混合策略,即两种策略的平均期望收益为$\overline{U_{\mathrm{P}}}$,则有:

$$\begin{aligned}\overline{U_{\mathrm{P}}} &= qU_{\mathrm{PA}} + (1-q)U_{\mathrm{PN}} = q(pR_2 - C_2) + (1-q)p\Delta R_2 \\ &= pq(R_2 - \Delta R_2) - qC_2 + p\Delta R_2 \quad 式(4-37)\end{aligned}$$

4.4.3 策略的进化稳定分析

在人群聚集时,管理者和行人会根据对方的策略而做出策略调整,进行博弈。同时,管理者进行博弈决策时,也会受到其他管理者的影响,进行模仿和学习,相应地,行人之间进行决策时,也会受到其他行人的影响。为了获得更高的期望收益,根据进化博弈的原理,获得的期望收益较低的管理者或行人,会学习和模仿期望收益较高的对手。因此,通过构建复制动态方程来描述这个过程。

1. 管理者策略的进化稳定性分析

根据进化博弈理论①,构建管理者动态复制方程:

$$\begin{aligned}F(p) = \frac{\mathrm{d}p}{\mathrm{d}t} &= p(U_{\mathrm{GA}} - \overline{U_{\mathrm{G}}}) = p(1-p)(U_{\mathrm{GA}} - U_{\mathrm{GN}}) \\ &= p(1-p)(R_1 - C_1 - q\Delta R_1) \quad 式(4-38)\end{aligned}$$

根据动态方程(4-38),管理者采取积极应对策略有三个均衡点:

$p^* = 0, p^* = 1, q^* = \dfrac{R_1 - C_1}{\Delta R_1}$。其中,$p^* = 0$ 和 $p^* = 1$ 是两种极端的情况,即管理者无为和管理者采取积极策略。

关于均衡点 $q^* = \dfrac{R_1 - C_1}{\Delta R_1}$,如图4-27(a)所示,若 $q^* = \dfrac{R_1 - C_1}{\Delta R_1}$,则 $F(p) = \dfrac{\mathrm{d}p}{\mathrm{d}t} = 0$,对于所有的 p,$F(p) = 0$。

---

① 谢识予. 经济博弈论[M]. 上海:复旦大学出版社,2002.

若 $q^* \neq \dfrac{R_1 - C_1}{\Delta R_1}$，令 $F(p) = 0$，得 $p^* = 0$，$p^* = 1$ 两个稳定点。

根据演化稳定理论，当 $\dfrac{\mathrm{d}F(p)}{\mathrm{d}p} < 0$ 时，p 才是演化稳定策略，即

$$\frac{\mathrm{d}F(p)}{\mathrm{d}p} = (1 - 2p)(R_1 - C_1 - q\Delta R_1) < 0$$

于是，分为以下情况：

①若 $q > \dfrac{R_1 - C_1}{\Delta R_1}$，$\dfrac{\mathrm{d}F(p=0)}{\mathrm{d}p} < 0$，$\dfrac{\mathrm{d}F(p=1)}{\mathrm{d}p} > 0$，故 $p = 0$ 是演化稳定策略，如图 4-27（b）所示；此时，由于 $0 \leq q \leq 1$，则 $\dfrac{R_1 - C_1}{\Delta R_1} < 1$，则有 $R_1 - C_1 < \Delta R_1$。这意味着，在行人理性的条件下，政府采取积极应对策略的收益与成本的差小于不作为时的收益，则 $p = 0$ 是演化稳定策略，政府将选择无为。

②若 $q < \dfrac{R_1 - C_1}{\Delta R_1}$，$\dfrac{\mathrm{d}F(p=0)}{\mathrm{d}p} > 0$，$\dfrac{\mathrm{d}F(p=1)}{\mathrm{d}p} < 0$，故 $p = 1$ 是演化稳定策略，如图 4-27（c）所示。

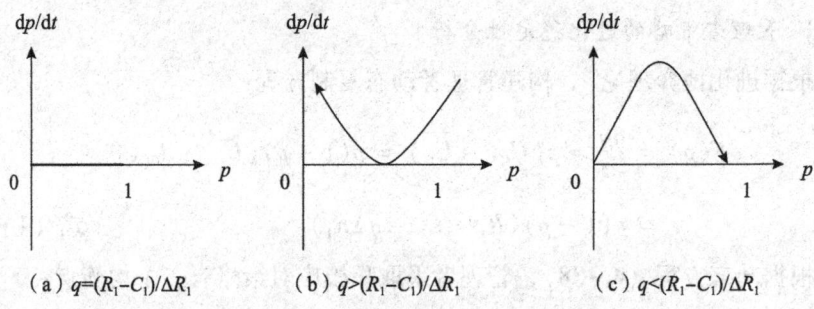

图 4-27 管理者的复制动态路径图

2. 行人策略的进化稳定性分析

根据进化博弈理论①，构建行人动态复制方程：

$$F(q) = \frac{\mathrm{d}q}{\mathrm{d}t} = q(U_{PA} - \overline{U_P}) = q(1-q)(U_{PA} - U_{PN})$$
$$= q(1-q)(pR_2 - C_2 - p\Delta R_2) \qquad 式（4-39）$$

---

① 谢识予. 经济博弈论 [M]. 上海：复旦大学出版社，2002.

通过计算,行人采取积极应对策略有三个均衡点:

$q^* = 0, q^* = 1, p^* = \dfrac{C_2}{R_2 - \Delta R_2}$。其中,$q^* = 0$,$q^* = 1$ 刚好是两种极端的情况,即行人不理性和理性行动策略。

根据演化稳定理论,当 $\dfrac{\mathrm{d}F(q)}{\mathrm{d}q} < 0$ 时,q 才是演化稳定策略,即

$$\dfrac{\mathrm{d}F(q)}{\mathrm{d}q} = (1 - 2q)(pR_2 - C_2 - p\Delta R_2) < 0 \qquad 式(4-40)$$

关于均衡点 $p^* = \dfrac{C_2}{R_2 - \Delta R_2}$,如图 4-28(a)所示,此时无论 q 为何值,$F(q) = 0$。

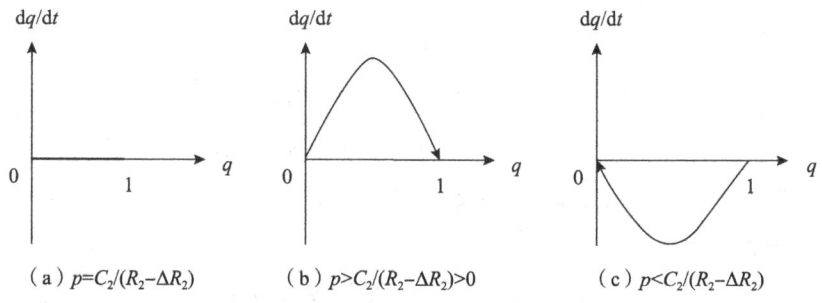

图 4-28 行人的复制动态路径图

若 $R_2 - \Delta R_2 < 0$,由于 $0 \leqslant p \leqslant 1$,所以 $pR_2 - C_2 - p\Delta R_2 < 0$,此时,$q = 0$ 是演化稳定策略。这意味着,如果行人理性行动的收益小于非理性行动的额外收益,行人将选择非理性行动。

当 $R_2 - \Delta R_2 > 0$ 时,有以下两种情况:

①若 $p < \dfrac{C_2}{R_2 - \Delta R_2}$,则 $q = 0$ 是演化稳定策略。

②若 $p > \dfrac{C_2}{R_2 - \Delta R_2}$,则 $q = 1$ 是演化稳定策略,又因为 $0 \leqslant p \leqslant 1$,所以 $\dfrac{C_2}{R_2 - \Delta R_2} < 1$,此时,有 $C_2 < R_2 - \Delta R_2$,即 $R_2 - C_2 > \Delta R_2$。这意味着,当行人采取理性行动的收益与成本的差大于非理性行动的额外收益时,$q = 1$ 是演化稳定策略,即行人会选择理性行动。

人群聚集的风险管理理论与实务

3. 系统的稳定策略分析

基于以上分析可知，在不同初始条件下，管理者和行人之间存在不同的演化策略。

系统的稳定状态是指管理者和行人两者的复制行为处于均衡状态，其策略选择的概率保持不变。根据以上分析，得到五个复制动态均衡点 $A(0,0)$，$B(0,1)$，$C(1,0)$，$D(1,1)$，$E\left(\dfrac{-C_2}{R_2-\Delta R_2}, \dfrac{R_1-C_1}{\Delta R_1}\right)$，并满足 $\dfrac{-C_2}{R_2-\Delta R_2}$，$\dfrac{R_1-C_1}{\Delta R_1} \in (0,1)$，其雅克比矩阵 J 为[1]

$$J = \begin{bmatrix} \dfrac{\partial F(p)}{\partial p} & \dfrac{\partial F(p)}{\partial q} \\ \dfrac{\partial F(q)}{\partial p} & \dfrac{\partial F(q)}{\partial q} \end{bmatrix}$$

$$= \begin{bmatrix} (1-2p)(R_1-C_1-q\Delta R_1) & -\Delta R_1(p-p^2) \\ (q-q^2)(R_2-\Delta R_2) & (1-2q)(pR_2-p\Delta R_2-C_2) \end{bmatrix} \quad \text{式 (4-41)}$$

根据雅克比矩阵的局部稳定分析方法，对五个复制动态均衡点进行稳定性分析，过程如表 4-11 所示。

表 4-11 均衡点的局部稳定性分析

均衡点	$\det(J)$	$tr(J)$
A(0,0)	$-C_2(R_1-C_1)$	$R_1-C_1-C_2$
B(0,1)	$C_2(R_1-C_1-\Delta R_1)$	$R_1-C_1-\Delta R_1+C_2$
C(1,0)	$-(R_1-C_1)(R_2-\Delta R_2-C_2)$	$-(R_1-C_1)+(R_2-\Delta R_2-C_2)$
D(1,1)	$(R_1-C_1-\Delta R_1)(R_2-\Delta R_2-C_2)$	$-(R_1-C_1-\Delta R_1)-(R_2-\Delta R_2-C_2)$
$E(-C_2/(R_2-\Delta R_2),$ $(R_1-C_1)/\Delta R_1)$	0	0

根据弗里德曼（1991）提出的分析方法检验五个均衡点的性质[2]。若 $detJ>0$，且 $trJ<0$，则对应的均衡点为局部渐进稳定点，对应着演化稳定策略

---

[1] Bode N W F, Codling E A. Human exit route choice in virtual crowd evacuations [J]. Animal Behaviour, 2013, 86 (2)：347-358.

[2] Fradi H, Eiselein V, Dugelay J L, et al. Spatio-temporal crowd density model in a human detection and tracking framework [J]. Signal Processing：Image Communication, 2015 (31)：100-111.

（ESS）；若 det$J$ > 0，且 tr$J$ > 0，则对应的均衡点是不稳定的；若 det$J$ < 0，则对应的均衡点为鞍点。由此可知，对于不同的条件和取值，会存在不同的稳定策略。

4.4.4 人群聚集风险控制策略的系统动力学模拟

为了进一步探究人群聚集中的策略选择，本书将演化博弈和系统动力学相结合，基于系统中各主体的博弈效用模型和动态复制方程，构建人群聚集风险控制策略选择的系统流图，如图 4 - 29 所示。

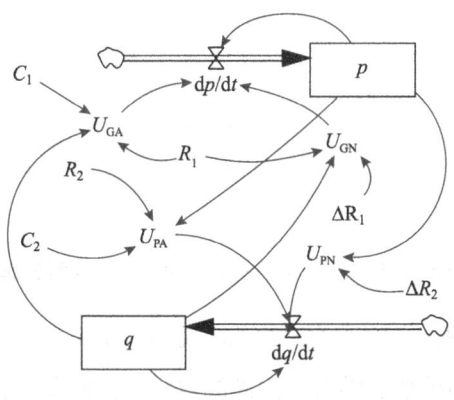

图 4 - 29 人群聚集风险控制策略选择的系统流图

假设管理者积极应对所需要的成本 C_1 为 7，所获得的收益 R_1 为 10；行人采取理性行动的成本 C_2 为 1，获得的收益 R_2 为 0.5，管理者的额外收益 ΔR_1 为 2，行人的额外收益 ΔR_2 为 1，如表 4 - 12 所示。

表 4 - 12 参数设定

变量	单位	变量	单位
C_1	7	C_2	1
R_1	10	R_2	0.5
ΔR_1	2	ΔR_2	1

分别设定 p 和 q 的初始值为 0.2 进行仿真①，如图 4 - 30 所示，随着时间的

---

① 这里表示 0.2 个单位，如纵坐标所示，余同。

演化，p 迅速增加，在第 3 个时间单位，趋近于 1，即管理者采取积极策略；而随着时间的推移，q 呈现先减后增的趋势，在第 1 个时间单位时，趋近于最小值 0.1，随后平缓增加，最终趋近于 1。可见，在该条件下，行人的策略选择，在最初阶段会逐渐趋向于选择非理性行动，在第 1 个时间单位时，趋近于最小值；在第 1 个时间单位之后，行人选择理性行动的概率越来越大，最后趋近于 1。

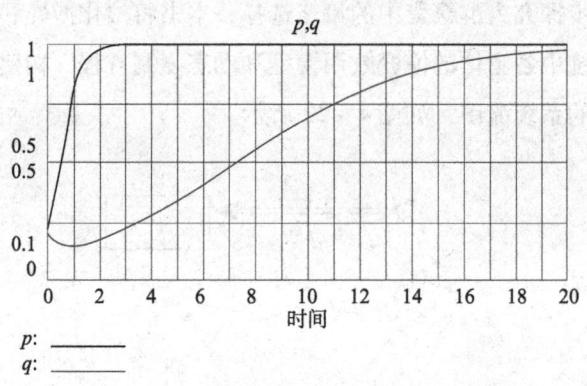

图 4-30 p 和 q 的初始值为 0.2 的决策仿真

当 $q = 0.2$ 时，分别取 $p_1 = 0.2$，$p_2 = 0.4$，$p_3 = 0.6$，$p_4 = 0.8$ 进行模拟，得到图 4-31 所示的结果。随着时间的演进，p 迅速趋近于 1，说明当 $R_1 > C_1$，且 $R_1 - C_1 > \Delta R_1$ 时，管理者会迅速调整策略，最终采取积极策略。

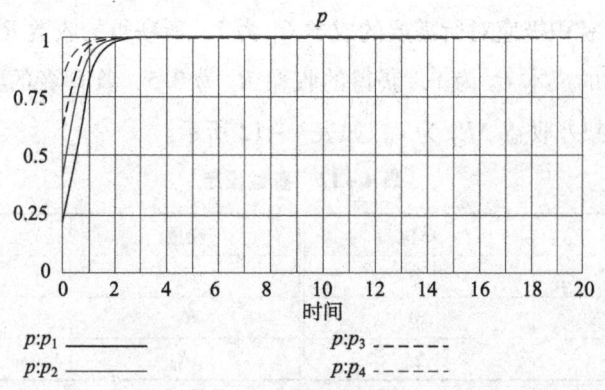

图 4-31 p 取不同值的演化分析

当 $p = 0.2$ 时，分别取 $q_1 = 0.2$，$q_2 = 0.4$，$q_3 = 0.6$，$q_4 = 0.8$ 进行模拟，得到图 4-32 所示的结果。在此条件下，q_1、q_2、q_3、q_4 的曲线呈现 "√"

状，先减后增，最终趋近于1。

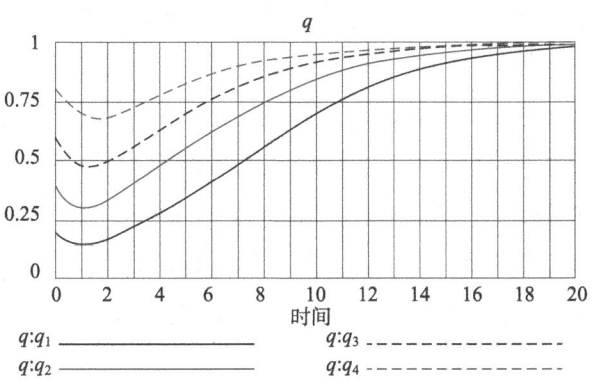

图4-32　q取不同值的演化分析

4.4.5　结果分析

通过对人群聚集中管理者和行人策略选择的演化博弈分析，可以看出管理者和行人之间的相互学习、复制的过程，通过演化博弈仿真模拟的过程，得出以下结论。

首先，当$R_1 - C_1 < \Delta R_1$，即管理者积极应对所获得的收益与成本的差小于其不作为时的收益时，管理者将采取不作为的策略。现实中，管理者采取积极应对策略需要一定的成本，而有时候的人群聚集未必一定会造成人群踩踏事件，甚至在行人理性的情况下，政府不作为也可能获得额外的收益ΔR_1，这些是管理者采取不作为的原因。

其次，若$R_2 - \Delta R_2 < 0$，即行人采取理性行动的收益小于非理性行动的额外收益，行人将选择非理性行动。行人是一个不断学习和复制的主体，具有有限理性的特点，会根据他人的策略不断做出调整和改变。现实中，行人之所以采取不理性的行动，如逆行、强行抄近道等，是因为采取这些行动所获得的收益将大于理性行动所获得的收益，抑或其发现其他行人的非理性行动获益大于自身的理性行动的获益，从而进行复制和模仿。

最后，额外的收益ΔR_1、ΔR_2是存在"投机"的根源，也是人群踩踏风险产生的重要原因。之所以存在额外的收益，是因为在人群集聚事件中，会不会产生人群踩踏事件是多个因素共同作用的结果。如管理者的无为，会因为行人

人群聚集的风险管理理论与实务

的理性行动而获得额外收益,从而在人群聚集风险因素出现时,可能出现"误判",认为行人会理性行动,进而低估人群集聚的风险。

通过对人群聚集中行人和管理者策略选择的分析,构建演化博弈模型,通过建立复制动态方程,对系统的稳定策略进行分析,发现因素 R_1、C_1、ΔR_1、R_2、C_2、ΔR_2 的值均会对博弈方的策略选择产生影响,而如何衡量不同情形下的收益与成本则变成了问题的关键。实践中,借鉴经济学中机会成本的概念和设想,管理者和行人应该从理性的角度,对具体情形下的成本、收益及额外收益进行判断,从而选择合适的策略,降低人群踩踏风险。

本章小结

本章从四个方面剖析了人群踩踏事件的演化机理:基于生命周期理论研究了人群踩踏事故的生命周期特征,提出了人群踩踏事故演化的四个生命周期——潜伏期、发展期、爆发期和衰退期,运用贝叶斯网络原理构建了人群踩踏事故演化的生命周期模型,并对人群踩踏事故所处生命周期进行判断;分析了在人群踩踏事件中情绪的传染和演化过程,基于复杂网络原理和传染病模型,构建了人群踩踏事故的情绪传染模型,论证了人群踩踏事件中情绪演化规律;通过人群聚集异常行为的演习,分析异常行为对人群生理—心理—物理维度的影响,并基于 pathfinder 仿真分析了异常行为的演化规律;建立了多方演化博弈模型,分析了管理者和行人在人群踩踏事故演化中的策略选择。

第5章 基于触发—演化链条的人群聚集风险控制

5.1 人群聚集风险控制的两步预警原理

5.1.1 人群聚集风险控制的两步预警的含义

基于人群踩踏事故的触发和演化机理，在熟知人群踩踏事件的发生规律的基础上，本章提出了人群聚集风险控制的思路。通过对人群踩踏事故的触发机理和演化机理的分析，掌握了从人群聚集演化成人群踩踏过程的一般规律。根据人群聚集风险事件的生命周期演化规律，按照事件发展的演化进程，基于触发—演化链条构建人群聚集风险控制的两步预警模型。

人群聚集风险控制的两步预警，顾名思义，是指根据事件发展的不同阶段而采取不同的措施，表现在人群踩踏事故发展期以前的预防性控制阶段和人群踩踏事故发展过程中的救援性控制阶段，见图 5-1。

预防性控制阶段是一种事前风险控制的方式，重点是在人群踩踏事故发生前、在人群聚集发生时，通过采取科学的管理措施，如提前设定活动预案、预先对事件进行人群聚集风险评估等，合理规避风险，防范人群踩踏事件的发生。预防性控制阶段的主体为政府公共安全管理部门、活动的策划和组织部门等。

救援性控制阶段是一种事中风险控制的方式，重点是在人群聚集过程中，采取合理的管理方式，引导人群安全疏散，降低人群踩踏事件发生的可能性。

救援性控制阶段的主体多为政府公共安全管理部门、场地的管理部门等，该阶段的风险管理主要表现在进行风险分级、阈值设定和分级管理等，对管理部门的现场管理和应急事务管理能力要求较高。

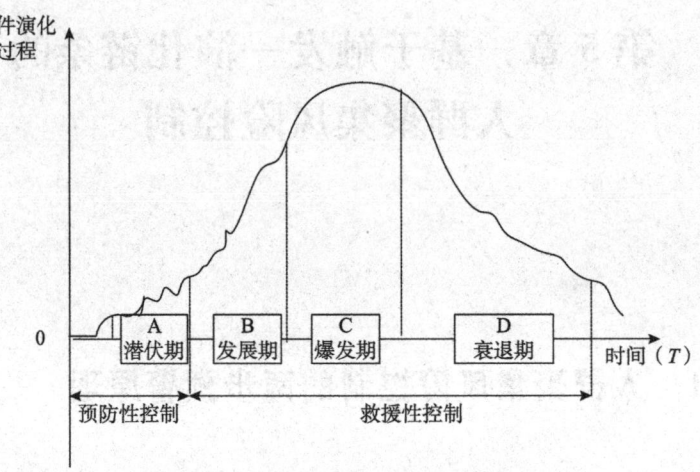

图 5-1　人群聚集风险控制的两步预警模型

5.1.2　人群聚集风险控制的两步预警的区别与联系

预防性控制和救援性控制共同构成了人群聚集风险管理的两步预警控制策略。如表 5-1 所示，两种风险控制策略主要具有以下不同：

表 5-1　两步预警控制对比表

控制方案	预防性控制	救援性控制
主要目的	尽量避免人群踩踏事件的产生	合理疏散，降低人群踩踏事件发生的可能性
发生时间	人群聚集时、人群踩踏事件发生之前	人群踩踏事件发生过程中
主要方式	提前设计预案、预先进行风险评估等	风险分级、阈值设定、分级管理
执行主体	政府公共安全管理部门、活动的策划和组织部门	政府公共安全管理部门、场地安全管理部门
主要特点	事前预防 对预测和预估能力要求较高 预案和方案是相对固定的	事中控制 对现场管理和应急事务管理能力要求较高 控制的策略是动态的

第 5 章 基于触发—演化链条的人群聚集风险控制

（1）主要目的不同。预防性控制的主要目的是尽量避免人群踩踏事件的发生，一些风险因素是可以通过事先预防而避免其出现的；救援性控制的主要目的是在事件已经发生时，尽量将伤害降至最低。

（2）发生时间不同。预防性控制的发生时间是在人群聚集时、人群踩踏事件发生之前；救援性控制的发生时间是在人群踩踏事件发生的过程中。因此，前者是事前风险控制，后者是事中风险控制。

（3）主要方式不同。预防性控制主要包括人群聚集活动的风险评价、人群聚集场所的预案设计等；救援性控制主要包括对人群密集程度进行度量、对人群聚集风险因素进行识别、进行人群聚集风险分级、设定人群聚集风险预警的阈值等。

（4）执行主体具有差异。预防性控制的执行主体主要是政府公共安全管理部门、活动的策划和管理部门；救援性控制的执行主体主要是政府公共安全管理部门、场地安全管理部门。

（5）主要特点各异。预防性控制对预测和预估能力要求较高，一般具有充足的时间准备，通过设计预案、风险评估方案等形式体现，是相对固定的控制策略，是一种典型的事先控制策略，是风险管理中最理想的状态；救援性控制对现场管理和应急事务管理能力要求较高，通过现场控制、现场疏散引导等措施体现，是一种事中控制策略，是一种灵活的、动态的风险控制形式，是当风险发生时，尽最大努力规避风险的方式。

预防性控制和救援性控制存在主要目的、发生时间、主要方式、执行主体等方面的区别，而且主要特点也各不相同，然而，这两步预警的控制策略又是紧密联系的。一方面，预防性控制是救援性控制的基础，预防性控制措施为救援性控制指明了方向，提供了主要的思路，救援性控制可以在预防性控制策略的基础上，结合现场的实际情况而调整；另一方面，救援性控制是预防性控制的补充及发展，由于预防性控制是事先的预控预警策略，对于人群踩踏事件现场的一些突发状况，可能存在预测不全面的情况，而救援性控制则是针对人群踩踏事故发展中的预控预警措施。

5.2 人群聚集风险的预防性控制分析

人群聚集风险的预防性控制主要分为两种：针对人群聚集活动的预防性风险控制和针对特定场地的预防性风险控制。

5.2.1 针对人群聚集活动的预防性风险控制

人群聚集活动根据组织者的不同而分为政府组织的人群聚集活动、企业组织的人群聚集活动、学校组织的人群聚集活动、其他单位组织的人群聚集活动和临时性组织主导的人群聚集活动等；根据活动的性质分为娱乐性质的人群聚集活动、庆祝性质的人群聚集活动、商业性质的人群聚集活动、民俗活动等；根据场地不同，可以分为室内人群聚集活动和室外人群聚集活动。根据人群聚集活动性质的不同、组织者的不同、活动场地的不同，人群聚集活动的风险控制具有差异。然而，不管哪种类型的人群聚集活动，在活动策划的同时，也要评价活动的人群聚集风险，并设计相应的人群聚集安全管理预案。

1. 人群聚集活动的风险分析

人群聚集活动的预防性风险控制活动的关键在于对人群踩踏风险因素进行评价和管理。基于人群踩踏事故触发机理和演化机理的研究，本书主要从人的因素、物的因素、环境因素和管理因素四个方面分析人群聚集活动的风险。

人的因素，主要包括人群拥挤密度因素、人的生理因素、人的心理因素和人的运动轨迹因素等。人群拥挤密度是单位面积内的人员数量；人的生理因素体现在人的年龄、性别、身高等方面；人的心理因素是指人的恐慌、惊吓、好奇等心理状态；人的运动轨迹因素是指人的运动方向和方式等（如逆行、徘徊、跌倒等）。

物的因素，指能够引起室外公共场所发生火灾、爆炸、坍塌、滑落等事故的物品、设备、设施等。① 物的因素主要表现在设备状态、场地状态等。

环境因素，主要包括自然环境因素和人工环境因素。自然环境因素主要表现为不良的气象条件（如降水、沙尘暴等）、复杂的地理环境、突变的天气（如冰雹、太阳雨等）和地质灾害（如洪水、地震等）。② 人工环境因素包括人群聚集场所的选址、设计、疏散通道等诸多因素，特别是人群密集场所的出入口、楼梯、桥梁、疏散通道、舞台等都是踩踏事故的易发地。

管理因素，分为风险评价、应急管理和信息传递等。风险评价是指管理部门通过对历史数据、实际数据、风险因素的分析，评价人群踩踏风险。应急管理是指管理部门在突发事件中采取措施保障公共安全的活动。信息传递是指在人群拥挤事件中，通过声音、文字、图像传递信息、沟通消息的过程。

2. 理论基础

网络分析法（ANP）的特色是将复杂的问题分解成各个组成因素，这些因素之间存在网络形式特征，即不仅系统中的各个元素集相互影响，元素集内部的各个子元素之间也相互制约。③ 模糊网络分析法（FANP）是将传统的网络分析法和模糊综合评价相结合的一种方法。模糊网络分析法被广泛应用于风险评价、综合评价、项目选择等方面，它是处理复杂问题的科学、有效的定量方法。因此，本书采用模糊网络分析法对人群踩踏风险进行评价。

（1）三角模糊数的运算。

三角模糊数可以表示无法用量化数字确切描述的指标。假设运用 M 描述一个模糊事件：

$$M = (l, m, u), -\infty < l \leq m \leq u < +\infty$$

其中，参数 l、m、u 分别表示最小的可能值、中间值和最大可能值。三角模糊数的基本运算如下：

---

① 卢文刚，田恬. 大型城市广场踩踏事件应急管理：典型案例、演化机理及应对策略 [J]. 华南理工大学学报（社会科学版），2016，18（4）：85 – 96.

② 同①。

③ Saaty T L. Fundamentals of the analytic network process – Dependence and feedback in decision – making with a single network [J]. Journal of Systems Science and Systems Engineering, 2004 (2): 129 – 157.

三角模糊数M_1和M_2的乘法

$$(l_1,m_1,u_1) \times (l_2,m_2,u_2) \approx (l_1l_2,m_1m_2,u_1u_2)$$

三角模糊数M_1的倒数

$$(l_1,m_1,u_1)^{-1} = \left(\frac{1}{u_1},\frac{1}{m_1},\frac{1}{l_1}\right)$$

（2）相对权重值的计算。

设模糊网络评价的对象集为$A = (a_1,a_2,\cdots,a_n)$，目标集为$G = (u_1,u_2,\cdots,u_m)$，每个对象通过每个目标进行范围分析，M是每个对象的程度分析值，通过以下符号表示

$$M_{gi}^1,M_{gi}^2,\cdots M_{gi}^m \quad i = 1,2,\cdots,n$$

式中，所有的M_{gi}^m皆为三角模糊函数。

第i个对象的模糊综合程度值定义为

$$S_i = \sum_{j=1}^m M_{gi}^j \otimes \left(\sum_{i=1}^n \sum_{j=1}^m M_{gi}^j\right)^{-1} \qquad \text{式}(5-1)$$

其中，$\qquad \sum_{j=1}^m M_{gi}^j = \left(\sum_{j=1}^m l_j, \sum_{j=1}^m m_j, \sum_{j=1}^m u_j\right) \qquad \text{式}(5-2)$

$$\sum_{i=1}^n \sum_{j=1}^m M_{gi}^j = \left(\sum_{i=1}^n \sum_{j=1}^m l_j, \sum_{i=1}^n \sum_{j=1}^m m_j, \sum_{i=1}^n \sum_{j=1}^m u_j\right) \qquad \text{式}(5-3)$$

$$\left(\sum_{i=1}^n \sum_{j=1}^m M_{gi}^j\right)^{-1} = \left(\frac{1}{\sum_{i=1}^n \sum_{j=1}^m u_j}, \frac{1}{\sum_{i=1}^n \sum_{j=1}^m m_j}, \frac{1}{\sum_{i=1}^n \sum_{j=1}^m l_j}\right) \qquad \text{式}(5-4)$$

令$M_1 = (l_1,m_1,u_1)$，$M_2 = (l_2,m_2,u_2)$为两个三角模糊数，则$M_1 \geq M_2$的可能性程度定义为

$$V(M_1 \geq M_2) = \sup_{x \geq y}[\mu_{M_1}(x),\mu_{M_2}(y)] \qquad \text{式}(5-5)$$

$$V(M_1 \geq M_2) = \begin{cases} 1, & m_1 \geq m_2 \\ \frac{l_1 - u_1}{(m_1 - u_2) - (m_2 - l_1)}, & m_1 < m_2, u_1 \geq u_2 \\ 0, & \text{其他} \end{cases}$$

$$\text{式}(5-6)$$

三角模糊函数M大于K个三角模糊数$M_i(i = 1,2,3,\cdots,k)$的可能性程度

第5章 基于触发—演化链条的人群聚集风险控制

定义为

$$V(M \geqslant M_1, M_2, \cdots\cdots M_k) = \min V(M \geqslant M_i) \quad 式(5-7)$$

假定 $P'(A_1) = \min V(M_i \geqslant M_k)$，则权重向量为 $W' = [p'(A_1), p'(A_2), \cdots, p'(A_n)]^T$

归一化后得 $\quad W = [p(A_1), p(A_2), \cdots, p(A_n)]^T \quad 式(5-8)$

3. 基于 FANP 的人群聚集风险评价的步骤

第一步，识别主要因素，构建人群聚集风险评价的指标体系，见表5-2。人群聚集的风险因素分为目标层、控制层和网络层。目标层即人群聚集风险评价；控制层主要分为人的因素、物的因素、环境因素和管理因素；网络层表现在人群拥挤密度、人的生理因素、人的心理因素等具体因素。

表5-2 人群聚集风险评价指标体系

目标层	控制层	网络层
人群聚集风险评价	人的因素 I	人群拥挤密度 I_1
		人的生理因素 I_2
		人的心理因素 I_3
		人的运动轨迹 I_4
	物的因素 O	设备状况 O_1
		场地障碍 O_2
	环境因素 C	自然环境 C_1
		人工环境 C_2
	管理因素 M	风险评价 M_1
		应急管理 M_2
		信息传递 M_3

第二步，遴选专家评价团队，确定评价准则，建立模糊成对比较矩阵。按照统一的评价准则，根据语意变量评估集合的模糊区间值表（见表5-3），建立模糊成对比较矩阵，包括控制层的模糊成对比较矩阵（见表5-4）、控制层对网络层的模糊成对比较矩阵和网络层的模糊成对比较矩阵。

表5-3 评估集合的模糊区间值

含义	正三角模糊数	正倒值三角模糊数
同等重要	(1, 1, 1)	(1, 1, 1)
普通重要	(1/2, 1, 3/2)	(2/3, 1, 2)
稍微重要	(1, 3/2, 2)	(1/2, 2/3, 1)
很重要	(3/2, 2, 5/2)	(2/5, 1/2, 2/3)
非常重要	(2, 5/2, 3)	(1/3, 2/5, 1/2)
绝对重要	(5/2, 3, 7/2)	(2/7, 1/3, 2/5)

表5-4 控制层三角模糊对比矩阵（以 I 为准则）

I	I	O	C	M
I	(1, 1, 1)	(3/2, 2, 5/2)	(1, 3/2, 2)	(2/3, 1, 2)
O	(2/5, 1/2, 2/3)	(1, 1, 1)	(2/3, 1, 2)	(2/3, 1, 2)
C	(1/2, 2/3, 1)	(1/2, 1, 3/2)	(1, 1, 1)	(1, 1, 1)
M	(1/2, 1, 3/2)	(1/2, 1, 3/2)	(1, 1, 1)	(1, 1, 1)

第三步，计算模糊成对比较矩阵中的局部权重。基于三角模糊数的基本运算和相对权重值的计算方法（式（5-1）~式（5-7）），在 Excel 中计算模糊对比矩阵的局部权重。

第四步，计算超矩阵和加权超矩阵。将计算得出的相对权重值输入 Supper Decision 软件，得到超矩阵、加权超矩阵。

第五步，计算各指标的综合权重。运用 Supper Decision 软件，得到各指标的综合权重。

第六步，针对目标集，由专家对各网络层因素评分，根据公式（5-9），计算目标集的风险值 V。式（5-9）中，W_i 表示第 i 个指标的综合权重，N_i 表示第 i 个指标的专家评分值。

$$V = \sum_{i=1}^{n} W_i \times N_i \qquad 式（5-9）$$

4. 算例分析

2016 年 10 月 1 日上午 11：14 在某室外公园拍摄视频（总时长 1 分 45 秒），将所采集的视频作为目标集（简称情境 A）。专家评价团队由 10 名成员组成，其中高校风险管理专家 3 名、政府部门应急专家 3 名、地铁安全部门管理人员 2 名、公安系统专家 2 名。请专家基于视频评分，具体过程如下：

（1）综合权重的计算过程。

构建人群聚集风险因素的模糊网络结构图（见图 5-2），单向箭头表示因素 A 对因素 B 具有影响关系，双向箭头表示因素 A 和因素 B 具有相互影响关系，曲线箭头表示内部因素之间具有相互影响关系。

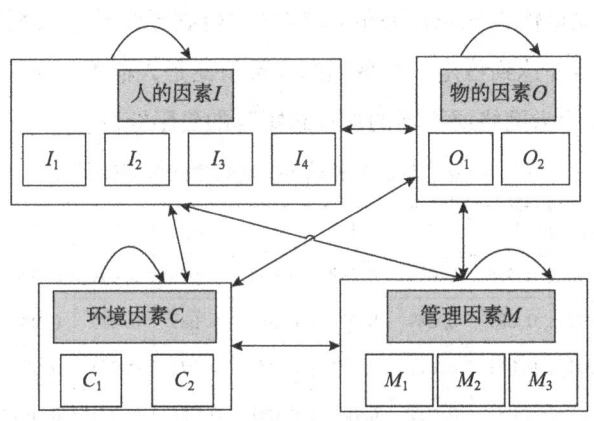

图 5-2 人群聚集风险因素关系图

计算模糊对比矩阵及权重。由专家对控制层的因素进行模糊评价，运用 Excel 软件，根据式（5-1）~式（5-7），计算控制层的模糊对比矩阵的权重（见表 5-5），权重值 W 四舍五入后保留小数点后 3 位。同理，可以计算出，以 O 为准则，四个因素的权重分别为 0.343、0.294、0.145、0.217；以 C 为准则，四个因素的权重分别为 0.336、0.229、0.202、0.233；以 M 为准则，四个因素的权重分别为 0.336、0.229、0.202、0.233。

同理，计算网络层的模糊对比矩阵及权重。

表 5-5 控制层的模糊对比矩阵的权重计算（以 I 为准则）

因素	模糊综合程度值 $S_i \geq S_k$（$i \neq k$）			W'	W
I	$S_I \geq S_O$	$S_I \geq S_C$	$S_I \geq S_M$	1.000	0.336
	1.000	1.000	1.000		
O	$S_O \geq S_I$	$S_O \geq S_C$	$S_O \geq S_M$	0.680	0.229
	0.680	0.968	0.911		

人群聚集的风险管理理论与实务

续表

因素	模糊综合程度值 $S_i \geq S_k$ ($i \neq k$)			W'	W
C	$S_C \geq S_I$	$S_C \geq S_O$	$S_C \geq S_M$	0.600	0.202
	0.600	1.000	0.915		
M	$S_M \geq S_I$	$S_M \geq S_O$	$S_M \geq S_C$	0.694	0.233
	0.694	1.000	1.000		

再将相对权重输入 Super Decision 软件，得到超矩阵、加权超矩阵和极限矩阵。当极限矩阵达到稳定，所得到的权重值便是人群聚集风险因素的综合权重值。表 5-6 即为网络层指标的加权超矩阵的极限矩阵。

表 5-6 网络层指标加权超矩阵的极限矩阵

	C_1	C_2	M_1	M_2	M_3	O_1	O_2	I_1	I_2	I_3	I_4
C_1	0.098	0.098	0.098	0.098	0.098	0.098	0.098	0.098	0.098	0.098	0.098
C_2	0.089	0.089	0.089	0.089	0.089	0.089	0.089	0.089	0.089	0.089	0.089
M_1	0.071	0.071	0.071	0.071	0.071	0.071	0.071	0.071	0.071	0.071	0.071
M_2	0.081	0.081	0.081	0.081	0.081	0.081	0.081	0.081	0.081	0.081	0.081
M_3	0.078	0.078	0.078	0.078	0.078	0.078	0.078	0.078	0.078	0.078	0.078
O_1	0.128	0.128	0.128	0.128	0.128	0.128	0.128	0.128	0.128	0.128	0.128
O_2	0.116	0.116	0.116	0.116	0.116	0.116	0.116	0.116	0.116	0.116	0.116
I_1	0.108	0.108	0.108	0.108	0.108	0.108	0.108	0.108	0.108	0.108	0.108
I_2	0.079	0.079	0.079	0.079	0.079	0.079	0.079	0.079	0.079	0.079	0.079
I_3	0.066	0.066	0.066	0.066	0.066	0.066	0.066	0.066	0.066	0.066	0.066
I_4	0.085	0.085	0.085	0.085	0.085	0.085	0.085	0.085	0.085	0.085	0.085

（2）综合权重的计算结果。

通过 Super Decision 软件计算人群聚集风险因素的综合权重（见表 5-6），并根据综合权重的大小排序和分级。人群聚集风险的影响因素可分为三个等级：第一等级是高风险因素集，主要包括设备状况 O_1、场地障碍 O_2 和人群拥挤密度 I_1，综合权重值分别为 0.128、0.116、0.108；第二等级主要包括自然环境因素 C_1、人工环境因素 C_2 和人的运动轨迹因素 I_4；第三等级包括管理因素 M、人的生理因素 I_2 和人的心理因素 I_3。

第 5 章 基于触发—演化链条的人群聚集风险控制

（3）基于情境 A 的人群聚集风险评价。

情境 A 中，在广场东南角的阶梯分为两组共 17 级，两组阶梯间距 2.3m，阶梯两侧有不锈钢条状扶手。阶梯宽度 6.2m，高度 3.5m，纵深 8.4m，行人可使用面积约 52m²。据视频数据可计算人数变化，从 00：01 到 01：45，人数不断变化，最少 22 人，最多不超过 60 人，平均值为 41 人；人群密度最大值为 1.15 人/m²，平均值为 0.81 人/m²。

通过发放调查问卷，请专家对情境 A 的人群聚集风险因素评分。根据风险的高低，设置 5 个档，分值由高到低为 5 分、4 分、3 分、2 分、1 分，取加权平均值作为该因素的最终评分（见表 5-7）。根据式（5-9），结合综合权重值和专家评分值，算出最后得分（见表 5-7）。由计算结果可知，情境 A 的人群聚集风险评估值为 1.90，属于低风险。

表 5-7 情境 A 的人群聚集风险评价计算表

因素	综合权重值	专家评分值	合计
C_1	0.10	1.40	0.14
C_2	0.09	1.50	0.13
M_1	0.07	1.50	0.11
M_2	0.08	1.40	0.11
M_3	0.08	1.60	0.13
O_1	0.13	1.40	0.18
O_2	0.12	2.70	0.31
I_1	0.11	2.90	0.31
I_2	0.08	1.40	0.11
I_3	0.07	1.50	0.10
I_4	0.08	3.20	0.27
合计			1.90

5.2.2 针对特定场地的预防性风险控制

通过对 2001 年以来的 72 起人群踩踏事故进行统计分析，这些人群踩踏事故主要发生在学校、体育馆、寺庙等地。其中，发生次数较多的场地为学校、体育馆和寺庙；死亡总人数最多的场地是桥上，7 起人群踩踏事故一共死亡了

1826人,其次是寺庙和体育馆;发生在体育馆的人群踩踏事故造成的伤者总数最多,达831人(见表5-8)。本书以学校为例进行预防性风险控制。

表5-8 人群踩踏事故发生场地统计

事故发生场所	事故次数(次)	死亡总人数(人)	受伤人数(人)
学校	14	68	267
体育馆	12	506	831
寺庙	8	802	352
广场	5	137	669
桥	7	1826	782
地铁或地下通道	5	18	113
超市	1	4	30
其他	13	1283	1371

1. 校园人群聚集的特点

根据学生的年龄,学校分为幼儿园、小学、中学、大学等,不同年龄的学生具有不同的人群聚集风险应对能力;根据学生性别,学校可分为女子学校、综合学校等。学校的主要人群密集场所是楼梯处、操场、关键路口等地。校园人群聚集具有以下特点:

(1)校园人群具有同质性。校园人群聚集的参与主体是学生,大部分学生具有同等水平的年龄、知识结构等特质,例如小学校园的学生是6~12岁为主体的青少年,中学校园的学生是13~15岁为主体的青少年,这些人群的身高、步行速度也更加接近。

(2)校园人群运动方向具有趋同性。由于学校的功能性非常明确,学生的活动具有统一性,以班级为单位,每个班级的同学具有相同的作息时间,上课、下课、做操的时间完全一致,因此每个班级的同学往往具有相同的运动方向和目的地。

(3)校园人群运动时间具有限制性。校园有固定的作息时间,对于上课时间、休息时间、做操时间、吃饭时间等都有统一的规定,尤其是小学、中学和高中,时间严格统一,因此学生的人群运动时间是有限的。

(4)校园人群聚集地的密度具有时间周期性。由于学生的作息时间固定,

第5章 基于触发—演化链条的人群聚集风险控制

校园人群聚集地的人群密度随着作息时间的变化而变化，且呈现周期性的规律。

2. 校园日常活动的预防性风险控制

校园预防性风险控制主要分为校园日常活动的预防性风险控制和紧急状况下校园预防性风险控制。校园日常活动预防性风险控制是针对校园内日常活动的人群聚集风险控制。根据校园人群聚集活动的特点，校园日常活动预防性风险控制可以分时段、分区域进行。因此，校园日常活动预防性风险控制主要通过以下步骤进行：

第一步，结合学校的作息时间、课程安排、活动安排和教师学生的运动规律，筛选重点控制的区域、人群聚集时段、活动持续时间。以某小学为例，根据某小学的作息时间表，筛选重点控制区域、人群聚集高峰时段、活动持续时间、主要活动、活动目的地，见表5-9。

表5-9 某小学重点控制区域、时段分析

重点控制区域	高峰时段	持续时间（分钟）	主要活动	目的地
校门口	7：30-8：05	35	上学	教室
	16：30-17：00	30	放学	家
楼梯	7：30-8：05	35	上课	教室
	8：20-8：25	5	做早操	操场
	8：40-8：45	5	操后回教室	教室
	11：20-11：40	20	下课	食堂
	13：00-13：30	30	上学	教室
	15：25-15：30	5	做课间操	操场
	15：40-15：45	5	操后回教室	教室
	16：30-17：00	30	放学	校门口
操场入口	8：20-8：25	5	做早操	操场
	15：25-15：30	5	做课间操	操场
操场出口	8：40-8：45	5	操后回教室	教室
	15：40-15：45	5	操后回教室	教室
食堂出入口	11：20-12：00	40	吃饭	食堂
食堂楼梯	11：20-12：00	40	吃饭	食堂

第二步，预测在高峰时段重点区域的人群流量和单位区域密度，按照人群流量由多至少可以分为☆☆☆☆☆至☆，根据单位区域密度由高至低分为☆☆

☆☆☆至☆，见表5-10。

表5-10 某小学重点控制区域的人群流量和单位区域密度预测

重点控制区域	高峰时段	持续时间（分钟）	人群流量预测	单位区域密度
校门口	7：30-8：05	35	☆☆☆	☆☆
	16：30-17：00	30	☆☆☆	☆☆
楼梯	7：30-8：05	35	☆☆☆	☆☆☆
	8：20-8：25	5	☆☆☆	☆☆☆
	8：40-8：45	5	☆☆☆	☆☆☆
	11：20-11：40	20	☆☆☆	☆☆☆
	13：00-13：30	30	☆☆	☆☆
	15：25-15：30	5	☆☆☆	☆☆☆
	15：40-15：45	5	☆☆☆	☆☆☆
	16：30-17：00	30	☆☆	☆☆
操场入口	8：20-8：25	5	☆☆	☆☆☆
	15：25-15：30	5	☆☆	☆☆☆
操场出口	8：40-8：45	5	☆☆	☆☆☆
	15：40-15：45	5	☆☆	☆☆☆
食堂出入口	11：20-12：00	40	☆☆☆	☆☆☆
食堂楼梯	11：20-12：00	40	☆☆☆	☆☆☆

第三步，分析重点控制区域之间的人流传递关系。根据学生活动目的和运动路径，分析重点区域之间的联系。比如，上学时，学生的一般路径是：从校门口进入学校，穿过操场，到教学楼前，通过楼梯走向教室。因此，校门口的人流分散至各个楼梯，高峰时间段相应地延后。

第四步，基于人群流量和单位区域人群密度的预测和估计，采取相应的人群聚集风险控制策略。

校门口（7：30-8：05时段），由于学生到达校门口的时间差异较大，可能出现间断性人群聚集高峰，在某些时间点，人群密度极大；进校门的区域，由于有家长陪同，人员复杂，家长返回的位置和家长折回的目的地各不相同，人群流向差异较大，可能出现人与人之间的碰撞等现象。校门口（16：30-17：00时段），在放学高峰期的时段，每个班的下课时间一致，学生出校门的时间也基本一致，校门口出间断性人群聚集高峰。因此，要有针对性地采取

第5章 基于触发—演化链条的人群聚集风险控制

预防性风险控制措施,学生早上上学时间可以错开,比如前后相隔10分钟;针对不同年级划分不同的家长接送区;入口处人群密度较高的区域,设置人流分隔栏杆。

楼梯处上学和放学时段(7:30-8:05,11:20-11:40,13:00-13:30,16:30-17:00时段),由于学生上、下楼梯的时间各不相同,在某些时间点,人群密度达到峰值,此时要加强疏散管理,尤其是防止在人群密度极高时部分学生出现摔倒、碰撞、弯腰拾物等异常行为;在课间操上、下楼梯时间段(8:20-8:25,8:40-8:45,15:25-15:30,15:40-15:45时段),受时间的限制,学生们在极短时间通过楼梯,去往目的地,因此行动速度非常快。此时,楼梯处人流密度非常大,十分拥挤,是人群聚集风险防控的重点,要特别注意防止学生摔倒、停滞、碰撞等异常行为,注意楼梯处障碍物的清理,定期检查楼梯设施的安全性。

操场入口处(8:20-8:25,15:25-15:30时段)和操场出口处(8:40-8:45,15:40-15:45时段),受时间限制,学生们在极短的时间经过操场入口或出口,导致操场入口或出口的人群流量在短时间达到最大峰值,出现排队等待的现象。有些校园操场是开放型,则容易导致人群流向多样,造成人群碰撞甚至摔倒。因此,在采取重点监控的同时,要对操场入口或出口人流进行正确的疏导,必要时,设置人流分隔栏杆;适当增加学生们从教室到操场的时间,错开各个班级下课和上课时间,分散人流。

食堂出入口处(11:20-12:00时段),由于每个学生需求和身体状态不同,到达食堂出入口处的时间各不相同,因此在食堂的出入口处,往往出现逆行、碰撞等行为。因此,在学校食堂出入口处,应重点防范人流逆行和人群碰撞的情况,条件允许的情况下,可以区分入口和出口,或者在出入口之间设置人流分隔栏杆。

食堂楼梯处(11:20-12:00时段),由于每个学生吃饭时间和吃饭速度的差异,食堂楼梯处也存在间歇性人群密度较高的情况。由于有人已经就餐完,有人刚到食堂,则容易导致楼梯处出现人流逆行。而且,由于食堂的特殊功能,其楼梯的地面容易产生油腻物,容易导致学生摔跤。基于此,食堂楼梯处要重点防范人流逆行和摔跤的异常行为,条件允许的话,可以在食堂楼梯处

人群聚集的风险管理理论与实务

设置防滑装置。

此外，学校管理层要加强人群聚集风险防范的预防性控制预案管理，科学预测人群聚集风险，并及时将风险防范的预防性控制预案公布，广泛告知全校师生；要加强学生的人群踩踏安全保护意识，在人群密集区域不要慌张，尽量不要出现摔倒、弯腰、系鞋带等危险行为；万一在人群密集区域摔倒，要采取正确的保护措施。

3. 紧急状况下校园预防性风险控制

紧急状况主要指发生自然灾害或者人为灾害，常见的紧急状况包括地震、火灾等。这些自然灾害或人为灾害严重威胁人的生命和安全，同时，由于灾害的危险性，人们会产生恐惧心理、慌乱行为等，造成"再次"伤害。因此，预先设计紧急状况下的校园预防性风险控制方案是必要的，本书以地震时校园预防性风险控制为例进行阐述。

与校园日常活动的预防性风险控制相比，地震时校园预防性风险控制更具有挑战和难度。校园日常活动的预防性风险控制的目的是保证学生的正常学习和生活，而地震时校园预防性风险控制是发生在紧急状况下，以保障人员安全疏散为目的。校园日常活动的预防性风险控制的疏散目的地是教室、操场或校门口等地，而地震时校园预防性风险控制的疏散目的地是开阔安全的场地，如操场、广场等地。校园日常活动的预防性风险控制的疏散时间有限制，但较为宽松，而地震时校园预防性风险控制疏散时间有限，情况紧急。校园日常活动的预防性风险控制重点是防止人群拥挤中的碰撞和摔倒行为，而地震时校园预防性风险控制重点在于防止人群恐慌、慌乱，在稳定人群情绪的基础上，迅速疏散。校园日常活动的预防性风险控制具有规律性、日常性，而地震时校园预防性风险控制具有突发性、危险性。校园日常活动的预防性风险控制周围设备设施是正常的，而地震中，部分设备设施可能被破坏，不利于疏散，见表5-11。

表5-11 两种校园预防性风险控制方案比较

类型	校园日常活动的预防性风险控制	地震时校园预防性风险控制
目的	保证校园正常学习和生活	保障人员安全疏散
疏散目的地	教室、操场、校门口等	开阔而安全的场地
疏散时间	有限制，但较宽松	时间有限，紧急

第 5 章 基于触发—演化链条的人群聚集风险控制

续表

类型	校园日常活动的预防性风险控制	地震时校园预防性风险控制
防控重点	防止人群拥挤中的摔倒、碰撞	防止人群恐慌、慌乱
风险点	基本具有规律性、日常性	具有突发性、危险性
设备设施	正常	设备设施可能被破坏

地震时校园预防性风险控制主要包括以下方面：

(1) 预先分析风险因素，评价风险。事先分析地震发生时，校园疏散可能遇到的风险因素，通过科学合理的方法，评估风险。

(2) 事先规划疏散路线，定期检查疏散设备。事先对地震时的紧急疏散路线进行规划，定期清理关键通道的障碍物，保证疏散设备的良好运行，尤其是疏散指示灯等设备。

(3) 明确主体责任，分工明确。成立校园地震安全疏散应急处理小组，明确小组成员及成员职责。

(4) 加强安全教育，提高地震防范风险意识。对师生加强地震安全教育，师生应该具有地震安全疏散常识，提高地震防范风险意识，减少地震时人群踩踏风险，降低发生二次灾难的可能性。

(5) 提前编制地震时校园预防性风险控制预案，并组织师生学习预案。

5.3 人群聚集风险的救援性控制分析

救援性控制分析的关键是对人群聚集现场进行控制，尽可能地防止人群踩踏事故发生。现代社会是科技社会，视频监控系统已经在世界各国普及。在中国大部分人群密集区域，均有视频监控系统，因此本节在视频分析的基础上进行人群踩踏事故的救援性控制分析。通过利用计算机技术对视频数据进行实时、快速的分析，判别人群密度的拥挤程度，从而进行风险分级，进而在风险分级的基础上，制订救援性控制策略。

人群聚集的风险管理理论与实务

5.3.1 视频图像背景建模的理论基础

1. 背景建模

人类肉眼能够非常方便地识别监控视频中人体以及静止的背景，即便在视频图像不稳定、视频画面抖动的情况下，这种分辨能力也基本不会受到影响。由于监控摄像头一般处于固定状态，对于监控画面而言，房屋建筑等物体基本上不会有变动。基于这个条件，通过对视频图像的一部分图像帧进行分析，找出不变的部分，并将之作为背景，便于提取出运动的前景。这便是背景建模的思想。

2. 高斯背景建模

对于一个固定场景，由于其背景固定、图像变化缓慢，因此，场景中各个像素点的灰度值是符合高斯分布的。基于该特性对视频图像上的每一个像素点进行高斯背景建模，每一像素点都服从均值为1和标准方差为0的正态分布，且每一点的高斯分布是独立的。将背景中的每个像素按照高斯分布模型建模，通过一段时间的训练获得其参数，并不断更新其分布参数，据此更新背景图像来获取初始背景帧。

在高斯模型中，对于一个背景图像，其特定像素亮度的分布满足高斯分布，即背景图像上的点 $D(x, y)$ 的亮度满足 $I_B(x,y) \sim N(\mu,\sigma)$，其中背景模型的每个像素属性包括2个参数平均值 μ 和方差 σ。

背景建模的算法步骤如下：

（1）初始化背景。

将视频图像的第一帧的灰度均值作为 μ，初始方差设置为0。

（2）背景模型更新。

摄像头可能移动导致其他本来是背景的部分移动之后变成前景，或者前景物体停止运动变为背景，所以要不断地对背景进行更新。而本书所使用的高斯背景建模，所得到的背景也是经过不断更新不断调整的。设 $\mu_N(x \cdot y)$ 和 $\sigma_N(x, y)$ 是第 N 帧背景的灰度均值以及标准差，$I_{N+1}(x,y)$ 是新的视频帧在点 (x, y) 的灰度值，对一张给定的图像，用如下公式进行判断：

第 5 章　基于触发—演化链条的人群聚集风险控制

$$\text{Image} = \begin{cases} background: \dfrac{\exp(-(I(x,y)-\mu(x,y))^2}{2\sigma^2} > T \\ foreground: otherwise \end{cases}$$

(3) 像素点参数的更新。

随着时间变化，背景的一部分像素点也会发生变化，这时要更新每个像素点。更新方法如下：

$$\begin{cases} \mu_{N+1}(x,y) = (1-\alpha)\mu_N(x,y) + I_{N+1}(x,y) \\ \sigma_{N+1}(x,y)^2 = \text{MAX}\{\sigma_N(x,y)^2, (1-\alpha)\sigma^2 + \alpha[I_{N+1}(x,y) - \mu_N(x,y)]^2\} \end{cases}$$

3. 目标识别

在高斯背景建模的基础上，得到稳定的背景以及分离出来的前景。本书所研究的对象主要是运动物体，采用二值化的方式，将前景统一变为白色，背景统一设为黑色，更清楚地区分前景与背景，即前景目标统一变为白色，识别出目标，并通过框线将之标出。

4. 密度识别

人群密度的识别是许多通过视频进行人群相关的研究的重要内容。本书使用 W. Kou 和 Y. Wang[①] 团队开发的软件，进行密度识别并分级。该软件基于 C/C++ 的算法，将图像内多个密集区域识别出来。

在目标已经被识别的基础上，进行下述密度识别算法，算法描述如下。

第一阶段：使用一个密度扫描框对视频的一帧图像进行从左至右、从上至下的扫描，找出目标比较多的扫描框，然后通过计算目标内相互距离的方差，将目标距离方差比较小的那个扫描框作为备选扫描框，并进行一次循环，得到所有备选扫描框，这些备选扫描框中基本都包含一个密度较大的区域。

第二阶段：在第一阶段的基础上找出密度较大区域。每个备选扫描框进行一次收缩，收缩的中心为扫描框内所有目标的中心，并与设定的密度阈值进行比较，如达到密度阈值则认为该扫描框内目标较为密集，否则继续收缩，直到密度较为密集，或者不密集为止。然后进行循环，将所有备选扫描框进行如上

---

① Kou W T, Wang Y, Guo J Y, et al. A design of detection and tracking system based on dynamic multi-object [C]. 2017 IEEE 2nd Information Technology, Networking, Electronic and Automation Control Conference, 2017: 1320-1324.

循环，找到所有密集区域，并使用方框标注。

5.3.2 基于视频分析的人群密度初判

基于以上原理，利用 W. Kou 和 Y. Wang[①] 团队开发的软件，将所拍摄的视频输入软件进行测试。场景 1 拍摄于 2015 年 10 月 4 日，拍摄地点位于中国西安市回民街鼓楼旁；场景 2 拍摄于 2016 年 1 月 3 日，拍摄地点位于中国武汉光谷步行街天桥。

1. 场景 1 的测试结果

将场景 1 拍摄的三段视频输入软件，截取时间 A、时间 B、时间 C 的测试结果。由图 5-3 场景 1 时间 A 的测试结果可知，在时间 A 行人的密度较小，人群运动轨迹交汇很少，人群行动自由，相对活动空间大，测试结果中无圆形框框出的拥挤区域。因此，初步可以判断属于低密度的状态。

图 5-3 场景 1 时间 A 测试结果

由图 5-4 场景 1 时间 B 的测试结果可知，在时间 B 行人的密度比时间 A 有所增加，人群运动轨迹交汇很少，人群行动较为自由，相对活动空间较大，测试结果中仅有 1 个圆形框框出的拥挤区域，但圆形区域面积较小。因此，初

---

① Kou W T, Wang Y X, Guo J, et al. A design of detection and tracking system based on dynamic multi-object [C]. 2017 IEEE 2nd Information Technology, Networking, Electronic and Automation Control Conference 2017: 1320-1324.

第5章 基于触发—演化链条的人群聚集风险控制

步可以判断属于中密度的状态。

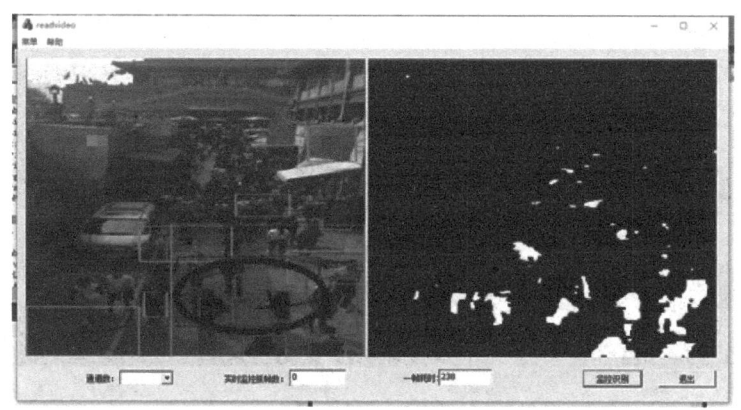

图 5-4 场景 1 时间 B 测试结果

由图 5-5 场景 1 时间 C 的测试结果可知，在时间 C 行人的数量比在时间 B 增加了很多，人群运动轨迹有明显的交汇，人群行动不太自由，相对活动空间较小，测试结果中有 1 个圆形框框出的拥挤区域，且该区域面积较大。因此，初步可以判断属于高密度的状态。

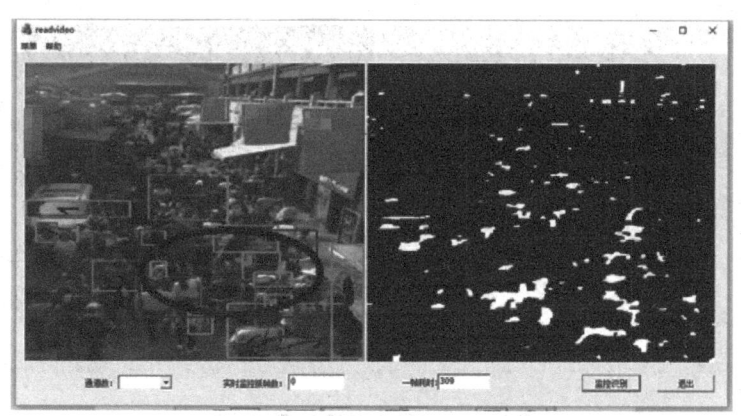

图 5-5 场景 1 时间 C 测试结果

2. 场景 2 的测试结果

将场景 2 拍摄的三段视频输入软件，截取时间 A、时间 B、时间 C 的测试结果。由图 5-6 场景 2 时间 A 的测试结果可知，在时间 A 行人的密度较小，人群运动轨迹单纯，人群运动空间大，能自由行动，基本无碰撞，测试结果中无圆形框出的拥挤区域。因此，初步可以判断属于低密度的状态。

图5-6 场景2时间A测试结果

由图5-7场景2时间B的测试结果可知，在时间B行人的密度适中，人群运动轨迹较单纯，人群可以自由行动，但是容易碰撞，测试结果中有1个圆形框出的拥挤区域。因此，初步可以判断属于中密度的状态。

图5-7 场景2时间B测试结果

由图5-8场景2时间C的测试结果可知，在时间C中部分区域密度较大，人群运动轨迹存在重复和扭曲，人群运动容易碰撞，人均活动空间较少，测试结果中有3个框框出的拥挤区域。因此，初步可以判断属于高密度的状态。

第 5 章 基于触发—演化链条的人群聚集风险控制

图 5-8 场景 2 时间 C 测试结果

3. 测试结果分析

由场景 1 和场景 2 的测试结果可知，通过 W. Kou，Y. Wang[①] 团队开发的软件对视频进行分析，能对视频中的场景进行密度初判。然而，该方法对于视频的稳定性要求较高，且对视频拍摄角度要求严格，识别时，近处的部分准确率较高，而远处部分识别度降低。因此，将软件分析和人工筛选相结合是高效且合理的解决途径，即通过软件分析对人群密度进行初判，人工识别异常行为，并进行风险分级，在风险分级的基础上，采取相应的救援性控制策略。

5.3.3 人群聚集风险分级

综合理论文献分析和软件分析，对人群聚集风险分级，在异常行为识别的基础上，通过人工判别对人群聚集分级结构进行修正[②]。如表 5-12 所示，将人群聚集风险等级由低至高划分为四个等级：A 级、AA 级、AAA 级、AAAA 级，对应的人群踩踏事故发生的概率为不太可能、有可能、很有可能和极有可能。在人群聚集时，人群能自由移动，且通过软件测评人群密度无拥挤区，同时未发现异常行为，此时可以判定人群聚集风险等级为 A 级，即不太可能发

[①] Kou W T, Wang Y, Guo J X, et al. A design of detection and tracking system based on dynamic multi-object [C]. 2017 IEEE 2nd Information Technology, Networking, Electronic and Automation Control Conference, 2017: 1320-1324.

[②] 曹青. 人群踩踏风险分级及预控策略研究 [D]. 武汉：武汉理工大学, 2017.

人群聚集的风险管理理论与实务

生人群踩踏事故；在人群聚集中，人群运动状态是能够低速自由移动，且通过软件判定人群密度只有1个面积较小的拥挤区，同时未发现异常行为，此时可以判定人群聚集风险等级为 AA 级；在人群聚集中，人群运动状态是能够移动但时有碰撞，通过软件判定人群密度只有1~3个拥挤区，面积较大，出现了异常行为，但影响面积不大，此时可以判定人群聚集风险等级为 AAA 级；在人群聚集中，人群运动状态是移动困难，通过软件判定人群密度大于3个拥挤区且面积较大，出现了异常行为，且影响大，此时可以判定人群聚集风险等级为 AAAA 级。

表 5-12 人群聚集风险分级

人群聚集风险等级	A 级	AA 级	AAA 级	AAAA 级
人群踩踏事故发生概率	不太可能	有可能	很有可能	极有可能
人群运动	能自由移动	能自由低速移动	能移动，有碰撞	移动困难
人群密度（软件测评）	无拥挤区	1个拥挤区且面积较小	3个以下拥挤区，面积大	大于3个拥挤区且面积较大
异常行为	无	无	出现异常行为	出现异常行为，且影响大

5.3.4 基于不同风险等级的救援性控制策略

针对不同风险等级采取相应的应对策略，具体而言，当人群聚集风险等级为 A 级时，发生人群踩踏事故的可能性非常小，此时风险控制的重点是实时监控和预防；当人群聚集风险等级为 AA 级时，发生人群踩踏事故的可能性比较小，此时拥挤区域面积不大，风险控制的关键是重点监控拥挤区域，以及实时监控并发现异常行为；当人群聚集风险等级为 AAA 级时，很可能发生人群踩踏，此时的重点在于监控拥挤区域，防止异常行为造成更大的影响以及尽量减少异常行为带来的伤害；当人群聚集风险等级为 AAAA 级时，发生人群踩踏的概率极大，拥挤区域较多，且出现了异常行为，此时要启动重点救援策略，多部门协作救援，管理者和人群共同合作，以实现顺利疏散。

第 5 章 基于触发—演化链条的人群聚集风险控制

5.4 人群聚集风险控制的两步预警的实现

预防性人群聚集风险控制和救援性人群聚集风险控制构成了人群聚集风险防范的两步预警策略。预防性人群聚集风险控制是在正常运动发生前，对可能存在的人群踩踏事故风险进行分析，并事先采取相应的风险控制措施。如图 5-9 所示，预防性人群聚集风险控制的目的是使人群正常运动实现人群聚集，实现聚集的目的（如观光、参加活动等），最后实现顺利疏散。而救援性人群聚集风险控制的重点是通过采取措施，尽量防止触发因素对聚集的人群产生作用，使聚集的人群顺利疏散，若未能实现顺利疏散，则通过相应的策略对混乱的人群进行控制，尽量避免人群踩踏事故发生。

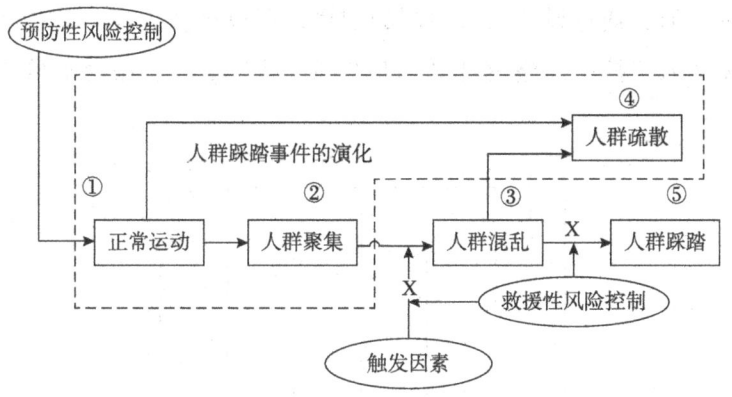

图 5-9 人群聚集风险控制的两步预警

5.4.1 常见的两步预警策略

1. 分区策略

分区策略是指将人群聚集的区域按照一定原则分类，根据不同类型分成各种小区域，分区域聚集人群。通过分区策略，避免人群汇总于某一个地方，从而达到分散人群的目的。分区策略适用于大型活动，通过采用分区策略，分散人流，避免某些区域人群过度集中。

人群聚集的风险管理理论与实务

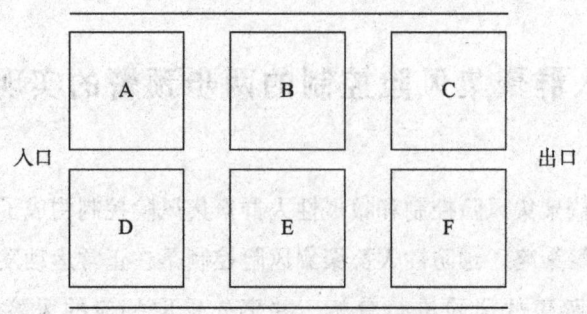

图 5-10 分区策略示意图

2. 入口控制策略

入口控制策略是指通过改变入口处的进入路径、调整入口路线、临时设置入口等策略,限制进入某场地的人流。通过采用入口控制策略,一方面,通过设置"S"围栏,增加行人进入场地的距离,可以限制入口人流量;另一方面,通过设置入口控制的围栏,可以规范人流,减少错流等行为。常见的入口控制策略有地铁入口处的"S"围栏、旅游景区入口处的隔栏等。

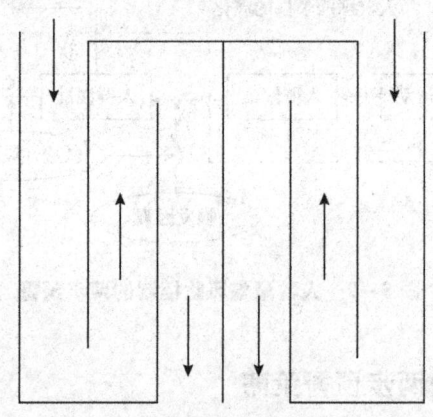

图 5-11 入口处的"S"围栏

3. 分流策略

通过物理设置栏杆等方式将人流分开的策略为分流策略。分流策略常用于人群密集区域,主要是为了防止人流对冲、减少人与人之间的碰撞。地铁站、旅游景区等人群密集区域常采用该策略。

第 5 章 基于触发—演化链条的人群聚集风险控制

4. "喇叭"策略

"喇叭"策略是指通过采用喇叭、指路牌等设备，将引导和疏散人群的相关信息提前告诉大家，以减少行人由于不知情而导致的走走停停、左顾右盼和混乱的情况。"喇叭"策略是一种信息放大的效应。

5. 通道策略

通道策略是指在人群密集的危险区域，提前设置并预留通道，以备应急救援。通道策略的功能类似于高速公路应急车道的功能。通过预留通道，当发生人群摔倒等紧急情况时，救援人员可以通过此通道，以最快的速度进入人群并采取相应的救援措施。

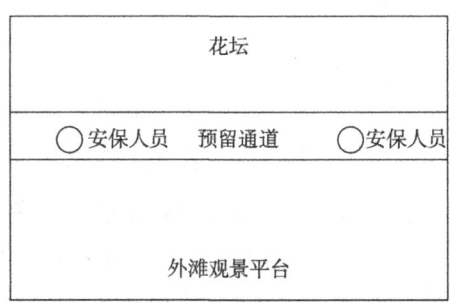

图 5-12 上海外滩十一期间预留的通道

注：根据 2016 年 10 月 1 日上海外滩照片绘制。

6. 现场预警策略

现场预警策略是在现场提供关于某些区域的人群视频、人群数量数据等，让行人对这些区域的人群数量有个正确的认知，理性入场。现场预警策略常常用于旅游景区的入口，通过在电子屏幕上实时显示入场的人数，提前告知后面的旅客。

7. 重点标识策略

重点标识策略是指将一些特殊场地标识出来，以提醒行人当心，如楼梯、凹凸地面。重点标识策略在很多地方的公共场合使用，常通过使用鲜艳颜色标识、采用专门的宣传牌等方式来实现。

8. 危险提示策略

危险提示策略是指对可能导致人群摔倒、碰撞或其他具有风险的行为提前预警和提示的控制策略。如在密集楼梯处的警示标语、在灯光黑暗处的预先提示开灯标语等。

5.4.2 基于技术创新的两步预警策略

Martella 认为人群踩踏事故的安全管理的问题在于较多依靠管理者经验，而较少借助新的技术，建议在人群安全管理中发挥技术的更大作用。①

一些研究对技术创新应用于人群踩踏风险管理提出了理论构想，这些技术主要包括人流监控技术、手机感应技术②、大数据技术③、虚拟现实技术④、人脸识别技术⑤、OLED 技术⑥等。这些研究从理论层面为技术创新在人群踩踏风险管理中的应用提供了依据，如图 5-13 所示。

1. 人流监控技术与人群聚集风险控制

人流监控技术是指通过相关技术监测人群数量，从而进行人群聚集风险控制。人群踩踏事故多发生于人群拥挤难以控制的情况下，通过采用相关技术对人群数量进行监测，可以在事故发生前进行预警控制，降低发生人群聚集风险的可能性，从源头上遏制人群踩踏事故的发生。人流监控从早期的人工监控逐渐向智能化监控的方向发展，目前人流监控最常见的方法可以分为三类，分别是压力检测技术、红外线检测技术和视频检测技术⑦。

---

① Martella C, Li J, Conrado C, et al. On current crowd management practices and the need for increased situation awareness, prediction, and intervention [J]. Safety Science, 2017 (91): 381-393.

② Liu S S, Xie K F. Research on Crowd Gathering Risk Identification Based on Cell Sensor and Face Recognition [C]. 2015 International Conference on Industrial Informatics - Computing Technology, Intelligent Technology, Industrial Information Integration. Wuhan, China, 2015: 201-204.

③ 曾范敬, 张鹤飞. 大数据在预防踩踏事故中的应用 [J]. 中国人民公安大学学报: 社会科学版, 2015, 31 (3): 79-84.

④ Sharma S, Jerripothula S, Mackey S, et al. Immersive virtual reality environment of a subway evacuation on a cloud for disaster preparedness and response training [C]. 2014 IEEE, Symposium on Computational Intelligence for Human-like Intelligence (CIHLI), Orlando FL, USA, 2014: 1-6.

⑤ 苏楠, 吴冰, 徐伟, 等. 人脸识别综合技术的发展 [J]. 信息安全研究, 2016, 2 (1): 33-39.

⑥ Liu S S, Xie K F, Zhao T, et al. Patent map analysis of china's organic light - emitting diode technology [J]. Light and Engineering, 2017, 25 (3): 225-231.

⑦ 刘庆芳. 基于移动智能终端的踩踏预防方法研究 [D]. 兰州: 兰州理工大学, 2016.

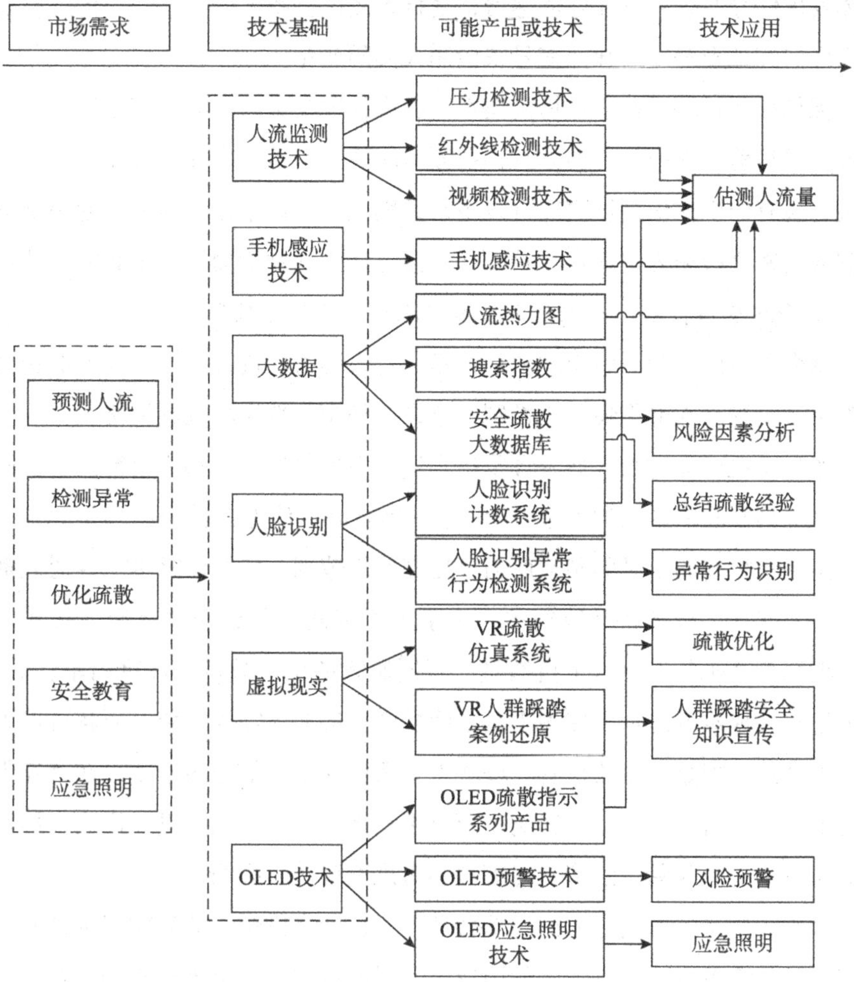

第 5 章 基于触发—演化链条的人群聚集风险控制

图 5-13 技术创新与人群踩踏事故风险管理

压力检测技术通过检测压力采集板上是否感知到重量来判断是否有行人作用于压力板。这种方式适用于出入口同一时间只能由单人通行的方式，对多人通过的出入口无法进行计数。

红外线检测技术分为主动式和被动式两种。主动红外检测方式指的是安装红外发射接收装置，一旦有行人从装置中间经过就会使接收装备不能收到发射过来的红外线，此时会输出一个高电平脉冲，主动红外方式的缺陷是不能分辨物体和人体，对于拥挤的人群准确率会降低。被动红外方式采用的是能检测到人体发出信号的热释电红外传感器,当行人经过检测区域时,红外传感器会根据人体的红外光谱发出脉冲信号来检测人流的变化。

视频检测技术得益于计算机技术、图像处理技术以及数字信号处理技术的发展,是目前最常用的一种方案。视频检测技术的摄像头安装方便,从理论上来说,所有的模式识别算法都可以用来识别人体。数字化和高清化的摄像头为视频人流密度检测方法奠定了基础,图像算法为视频检测提供了必要条件。

2. 手机感应技术、人脸识别技术与人群聚集风险控制

结合手机感应和人脸识别两种技术,对人群密度进行测算,在人群密度估计的基础上进行人群聚集风险控制,这是一种预防性风险控制策略。

通过手机感应进行人数统计是指利用专门的仪器,能感应出待机手机的数量,从而推断某一区域的人数。① 该方法具有以下优点:首先,操作简单、容易,由于手机探测工具的制造商为了提高使用范围,使操作简单,普通人都容易上手;其次,该方法计算简单,由于手机探测工具越来越高级,技术含量高,能探测待机状态下的手机数量、不同制式的手机数量,计算简单;最后,该方法安装成本低。很多探测工具是便携的,甚至不需要安装,而且可以到多个地方使用。但是该方法也有一些缺点:手机感应受信号的干预,在存在干扰的情况下,会对准确度造成影响;通过手机感应判断手机数量,推测人群密度的方法,人群的年龄、经济状况等都会对准确度产生影响。

人脸识别是一种通过人脸面部特征信息进行身份辨识的生物识别技术,是指采用摄像设备采集含有人脸的图像,并对图像中的人脸进行检测、跟踪和识别的一系列方法。利用计算机图像处理技术,基于人脸识别的技术进行人群集聚密集度测定,打破了最初用原始的人工计数的方法,实现智能化人群密集度测算。

通过手机感应和人脸识别进行人群密度测算分为以下步骤:首先,对规定视频区域,通过手机感应计算手机数量,根据手机数量推算人数。由于人们大部分都拥有手机等移动设备,先通过手机感应计算出手机数量,通过视频判断

---

① 曾范敬,张鹤飞. 大数据在预防踩踏事故中的应用 [J]. 中国人民公安大学学报:社会科学版, 2015, 31 (3): 79–84.

第5章 基于触发—演化链条的人群聚集风险控制

人员状况,结合人员状况和手机数量,推断人数。具体适用以下公式:

$$N_t = \gamma \times M_t$$

其中,N_t 表示 t 时刻特定区域的人数,M_t 表示 t 时刻特定区域手机的数量,γ 代表修正系数。显然,特定区域手机的数量与特定区域的人数呈正相关的关系。因此,一般情况下 $\gamma > 0$,γ 的数值受人的年龄、经济状况、职业等因素的影响。

其次,根据计算机视频所获得的图片,进行人脸识别。在同一时刻、同一视频区域,通过人脸识别进行人数计算,基于 LBP 原理,通过计算机运算,计算在 t 时刻,该区域的人数 N_t',这样得出的人数对前面所计算出的人数做修正。

最后,综合两种算法的结果,对于所得到的 N_t 和 N_t' 取平均数,则为该区域 t 时刻的人数,根据视频区域的面积大小,计算出人群聚集的密度。

3. 大数据技术与人群聚集风险控制

大数据是一种新型的技术和架构,具备高效率的捕捉、发现和分析能力,能够经济地从类型繁杂、数据庞大的数据中挖掘出色价值。[①] 大数据具有海量、时效、混杂和价值的特点,它改变了人类的生活、工作及思维模式,给各个领域带来跨越式变革,为解决人群安全管理问题提供了新的视角。

运用大数据技术进行人群聚集风险防范主要包括以下方面:首先,建立信息服务平台,实时监控人群动态。利用信息服务平台,对人群变化进行实时监控,并提前根据实时人群聚集情况对风险进行估计和预判。

其次,利用大数据技术评估人群踩踏风险,并进行风险分级。基于大数据获取人群实时信息,对人群聚集区域的流速—流向、速度—密度、心理—行为、场地—环境等四个维度的因素进行分析划分风险等级,提出相应的预警信息,进行预防性风险控制。

最后,依靠大数据分析人流导向,设定科学疏散路线。通过借助大数据平台获得人群、车辆、道路等即时信息,根据事态等级,适时调动,规划科学的疏散路线,避免因疏散路线不当而导致的人群踩踏。这是一种新型的救援性风

---

① 魏振华,刘强. VR 技术在土木工程防灾中的应用 [J]. 工程管理学报,2016,30 (2):81-85.

险控制策略。

4. 虚拟现实技术（VR 技术）与人群踩踏事故风险控制

VR 技术是一种可视化的仿真技术，通过将 VR 技术和模拟软件相结合，可为人群踩踏事故的预防性风险控制提供服务。[①] 以 VR 技术软件为平台，调用相关专业软件分析，可以直观地展现人群聚集风险的发生过程及人群聚集中行人的疏散路线，对人群聚集风险的预防有重要意义。VR 技术对人群疏散仿真的最终目标是对人群聚集时的疏散情况进行精确预演。

VR 技术在人群聚集风险控制方面的应用主要体现在以下方面：首先，场地设计和规划。运用 VR 技术可以设计不同的场地，如出入口设计、分流栏设计等，通过 VR 技术和模拟软件，对不同知识和经验的设计者的不同设计方案进行研讨，促进从多角度收集意见，从而更好地进行场地设计和规划，通过优化场地设计降低人群踩踏风险。

其次，防范人群踩踏风险的宣传教育。行人的人群踩踏风险防范意识不强、自救互救知识缺乏是造成人群踩踏中大量人员伤亡的主要原因之一。由于人类是视觉动物，相比于二维的平面图像，利用 VR 技术进行人群踩踏风险教育能为培训者提供一个交互式的、积极的学习过程。

最后，利用 VR 技术进行疏散模拟，指导疏散。由于人群聚集具有风险，通过真人实验和模拟具有危险性，而 VR 技术具有三维立体性，真实性较高。因此，运用 VR 技术对人群疏散进行模拟有利于寻找科学合理的疏散方案，提高紧急状况下的疏散效率，降低疏散中产生的人群踩踏风险。

5. OLED 技术与人群聚集风险控制

有机电致发光器件（OLED）具有高亮度、高效率、自主发光、制作工艺简单、响应速度快等优点[②]，是未来节能照明应用领域中最具发展潜力的技术[③]。安全需要是人们最基本的需求之一，将 OLED 技术运用于安全管理

[①] Raupp S M, Merklein L, Pathak M, et al. An experimental study on the reproducibility of different multilayer OLED materials processed by slot die coating [J]. Chemical Engineering Science, 2017 (160): 113 – 120.

[②] Mann V, Rastogi V. Dielectric nanoparticles for the enhancement of OLED light extraction efficiency [J]. Optics Communications, 2017 (387): 202 – 207.

[③] 刘刚, 方旭东, 卞成芬, 等. 基于专利视角的我国 OLED 照明技术发展态势分析 [J]. 照明工程学报, 2013, 24 (4): 8 – 13.

第5章 基于触发—演化链条的人群聚集风险控制

领域既是技术延伸需要，也是市场需求所在。运用 OLED 技术进行人群聚集风险控制主要体现在以下方面：

在公共应急管理方面，运用 OLED 技术设计相关产品，可以指导疏散，提高疏散效率。比如，通过发展疏散指示屏幕 OLED 技术设计公共应急的疏散指示屏，达到醒目而节能的效果；运用 OLED 技术设计疏散指示灯，达到既节约能源，又能清晰指导疏散的效果。

在公共安全保护方面，运用 OLED 技术，为人群聚集风险预警和控制提供支持。通过优化 OLED 预警技术，设计 OLED 报警设备等，实现公共安全保护。

在人身安全管理方面，通过优化 OLED 个人便携应急照明等技术，设计出 OLED 柔性手表、OLED 便携手电筒等设备。

本章小结

基于人群踩踏事故触发机理和演化机理的分析，本章介绍了人群聚集风险控制的两步预警原理，阐述了人群聚集风险控制两步预警的含义，分析了人群聚集风险的预防性控制和救援性控制的区别与联系。人群聚集的预防性风险控制分析主要包括针对人群聚集活动的预防性风险控制和针对特定场地的预防性风险控制。人群聚集风险的救援性控制分析主要包括两个步骤：基于视频分析的人群聚集风险分析和基于不同风险等级的救援性控制策略。最后提出了人群聚集风险控制的两步预警的实施方案。

第6章 案例分析：以上海外滩踩踏事故为例

6.1 上海外滩踩踏事故场景描述

2014年12月31日23时35分许，正值跨年夜活动，因大规模的游客和市民聚集在上海市黄浦区外滩迎接新年，外滩陈毅广场进入和退出的人流对冲，致使有人摔倒，发生踩踏事故。踩踏事故共造成36人死亡，49人受伤，其中，大部分受伤者为女性，受伤者职业多为学生。

从上海外滩踩踏事件的发生来看，导火线是12月31日23时35分，大量人流在阶梯中间形成僵持，造成阶梯底部有人失衡跌倒，继而引发多人摔倒、叠压，致使拥挤踩踏事件发生。而从本质上来看，是人群集聚密度大大超过场地的容忍度，加上当地政府相关部门公共管理风险预警预控能力的缺乏，造成踩踏事件的发生。

通过对2014年12月31日上海外滩踩踏事件进行分析，对事件重新梳理，基于人群踩踏事故生命周期演化规律，将此次踩踏事件的发展分为四个阶段：潜伏期—发展期—爆发期—衰退期。根据事件的发生经过，踩踏事件的产生还有一个准备阶段，该阶段处于事件发生之前，即新年迎新活动的变更为人群踩踏事件的发生留下隐患。因此事件的发展可以分为五个阶段：准备阶段—潜伏期—发展期—爆发期—衰退期。

第6章 案例分析：以上海外滩踩踏事故为例

6.1.1 准备阶段（2014年12月31日前）

自2011年起，黄浦区政府、上海市旅游局和上海广播电视台连续三年在外滩风景区举办新年倒计时活动，深入人心，反响较大。而考虑到安全等因素，2014年12月9日黄浦区政府决定，外滩风景区的活动临时取消，2015年新年倒计时活动在外滩源举行，具体由黄浦区旅游局承办。正因如此，此项变更导致以下几个方面的不对称：

首先，信息不对称。关于外滩风景区的迎新活动临时取消未进行广泛的宣传，而导致广大民众依然认为外滩风景区会举办大型迎新活动，同往年一样积极前往；而政府等管理部门则从安全考虑，取消了活动并认为民众得知活动已经取消的消息。

其次，管理与现实不对称。管理部门认为活动已经取消，活动规模大大降低，因此公安部门对人流量的估计与实际情况存在较大差距，同时管理部门关于外滩沿线部分路段是否进行临时管制产生意见分歧。

最后，地点不对称，外滩与外滩源"混淆"。由于以往的新年倒计时活动是在外滩风景区举行，而2014年则改在外滩源举行，部分民众混淆，临时变更地点带来人群流向的混乱，原本到达外滩风景区的民众要转向外滩源，加剧人流涌动。

因此，活动变更导致信息不对称、管理与现实不对称、地点不对称等，这些为人群踩踏事件的发生留下隐患。

6.1.2 潜伏期（2014年12月31日20：00-22：00）

2014年12月31日20时到21时，广大的人群大量拥入外滩风景区，根据以往的惯例，新年倒计时活动是在外滩风景区举行，因此，在事发当天22时以前，大部分民众开始到达外滩风景区。据百度大数据查询平台显示，在21时左右，在外滩风景区的人流量达到顶峰。

20时12分开始，黄浦公安分局开始被要求密切关注外滩风景区及南京路步行街人流量情况，并积极上报，同时，黄浦公安分局开始在分局范围内调动警力，21时左右，分局警力陆续到位。在此期间，相关部门存在几个问题：首先，对人流集聚密度及其变化未准确把握，也没有及时上报；其次，所调用警力远小于所需要的警力。

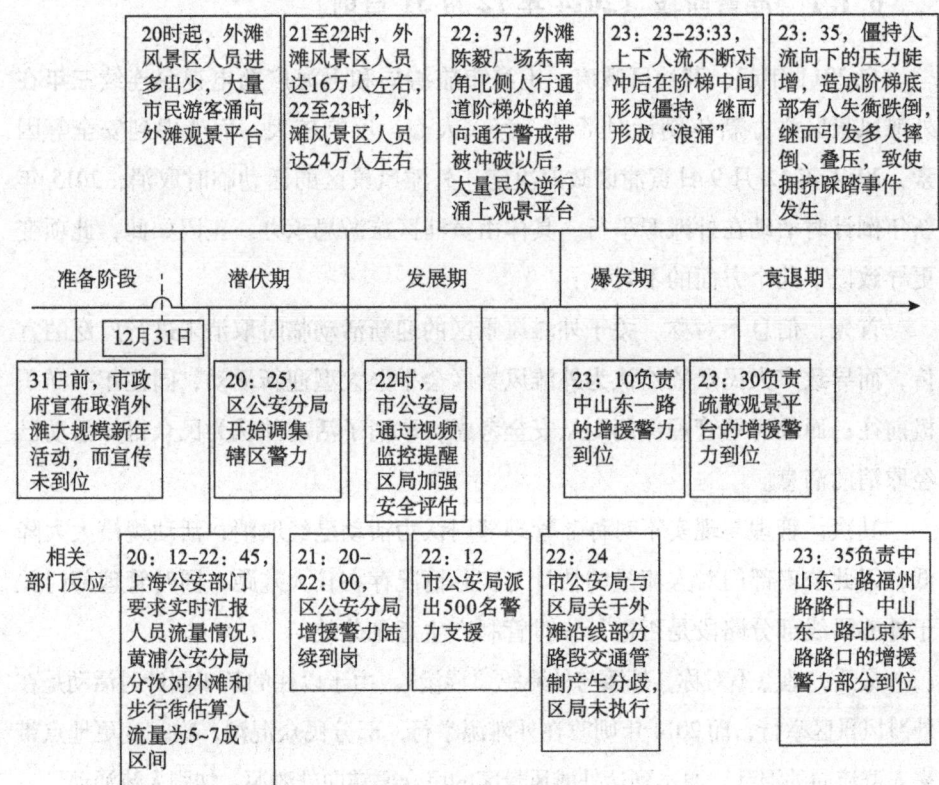

图 6-1 事件发生图

6.1.3 发展期（2014年12月31日22：00－23：00）

2014年12月31日22时左右，人流开始大量集聚，同时出现人流方向改变。据百度大数据查询平台显示，在21时以后，大量人群开始从陈毅广场沿着中山东一路流向北部的外滩源，也就是事发当天灯光秀所在地。同时，从百度搜索关键词分析里可以看到，当天23：20左右，搜索"灯光秀取消了么"和"灯光秀门票"的关键词的数量急剧增加。如图6-1所示，22时37分，外滩陈毅广场东南角北侧人行通道阶梯处的单向通行警戒带被冲破，现场执勤民警竭力维持秩序，仍有大量市民游客逆行拥上观景平台。

22时起，上海市公安局相关领导从视频监控看到人流巨大的风险，提醒要加强警备。22时12分，上海市公安局派出500名警力支援，如图6-1所

第 6 章 案例分析：以上海外滩踩踏事故为例

示，这些警力在随后陆续到位。22 时 24 分，上海市公安局与黄浦区公安分局关于外滩风景区沿线的中山东一路两端对机动车进行改道分流产生分歧，最终由于怕让民众误解有大型活动，因此未对其进行交通管制。

在这期间，风险已经达到恶化的地步，一方面，民众持续狂热，甚至逆行拥上观景平台，而观景平台有 17 级台阶，特别容易摔倒；另一方面，公安部门的警力陆续到位，但是直到踩踏事件发生，都还有部门未到位，同时，上下级部门之间关于紧急处理意见不统一。

6.1.4 爆发期（2014 年 12 月 31 日 23：00 - 23：50）

2014 年 12 月 31 日 23 时 30 分，警方从监控探头中发现陈毅广场上下江堤的一个通道上，发生人员滞留的情况，立即调集值班警力赶赴现场，民警遭到超大规模拥挤人流的阻隔，采取了强行切入的方式，进入所用时间比正常时间多 5~8 分钟。

23 时 35 分左右，外滩陈毅广场和亲水平台的相向人流在斜坡上发生对冲，有人在对冲中摔倒。有处于高处的民众意识到了危险，挥舞手臂让其他人后退。楼梯上的人和赶到救援的警察开始呼喊让台阶上的人群后退，但声音太小并没有起到多大作用。于是更多的人被层层涌来的人浪压倒，情势开始失控。

23 时 40 分，眼见下面的人处于危险，站在墙头的几个年轻人就开始号召大家一起呼喊，"后退！后退！"楼梯上端的人群察觉到了下面的危险，人流涌动的趋势开始减慢并停止。10 分钟后人群有了后退的趋势，然而压在下面的人已经渐渐不支，当人群终于散开时，楼梯上已经有几十人无力地瘫倒在那里，救援人员立即进行呼喊和心肺复苏。

6.1.5 衰退期（2014 年 12 月 31 日 23：50 - 23：55）

23 时 50 分，越来越多的警察赶到，试图从下端往外拉拽被压得动弹不得的人，但根本拉不动。

23 时 55 分，没有受伤的人们都站了起来，正常疏散。现场的哭喊与尖叫声和呼叫救护车的声音混成一团，赶来的医务人员和附近的热心市民对每一个倒地的人进行呼喊和心肺复苏，试图进行抢救。有一些人已经死亡。

· 161 ·

6.2 上海外滩踩踏事故的触发机理分析

6.2.1 上海外滩踩踏事故的触发因素分析

通过对上海外滩踩踏事件的案例还原，有利于剖析在不同的时期人群踩踏事故的发生风险，同时，通过对不同时期的深度分析，找出人群踩踏事件的触发机理。

1. 关于人的生理、心理和物理维度的触发因素

人群对冲因素。由于人群流向的变化，连接陈毅广场层和观景平台层的楼梯形成严重的人流对冲，规模较大，且有人被挤倒了，人群密度非常大。人流对冲因素的风险分级为Ⅳ级。

人群拥挤因素。该因素表现为人群密度。2014年12月31日晚，上海外滩人群密度非常高，部分区域能低速移动，楼梯附近区域人群移动困难，人群密度因素为Ⅳ级。

失去平衡或摔倒因素。事发当晚，在陈毅广场西北角楼梯底部有多人踏空摔倒，而后续人流涌上，引发多人摔倒、叠压。因此，失去平衡或摔倒因素的风险等级为Ⅳ级。

人群恐慌因素。结合对事发当晚的视频分析和对亲历者的采访分析，在人群聚集时，部分行人出现了恐慌情绪，传染给周围行人，并伴随着尖叫等非理性行为。因此，人群恐慌因素为Ⅲ级。

从众效应因素。通过对事发当晚的视频进行分析，人群踩踏事件的主要触发因素是在人流对冲时，由于挤压力的作用，人群的从众效应推动了上面人群对下面人群的拥挤，导致人群摔倒和叠压。由此可判断，从众效应因素处于Ⅳ级。

2. 关于场地、环境和管理因素的触发因素

场地因素。事发场地为楼梯处，场地设施未被破坏，由于发生在黑夜，该场地灯光昏暗，视线不佳。

环境因素。事发当晚，上海外滩天气正常，未发生自然灾害和人为灾害。

管理因素。首先,缺乏对人群踩踏事故的预警能力。上海是中国的经济中心,也是人口较多的城市之一,而外滩风景区又是上海的重要景点,尤其在重大节日,管理部门应该有良好的预警机制,积极贯彻落实。然而,事发当晚,对于由于活动改变造成的人群集聚情况,管理部门缺乏正确预期,如图6-2所示,人群集聚程度远远超过了民警预期,导致场面难以控制。其次,应急管理能力缺乏。体现在当出现危害公共安全事件时,上下级沟通不畅,如关于是否实行交通临时管制意见不统一;应急响应速度较慢,在恶化期,上海市公安局指挥中心调动500名警力,至事故发生时,仍有部分警力未到位。

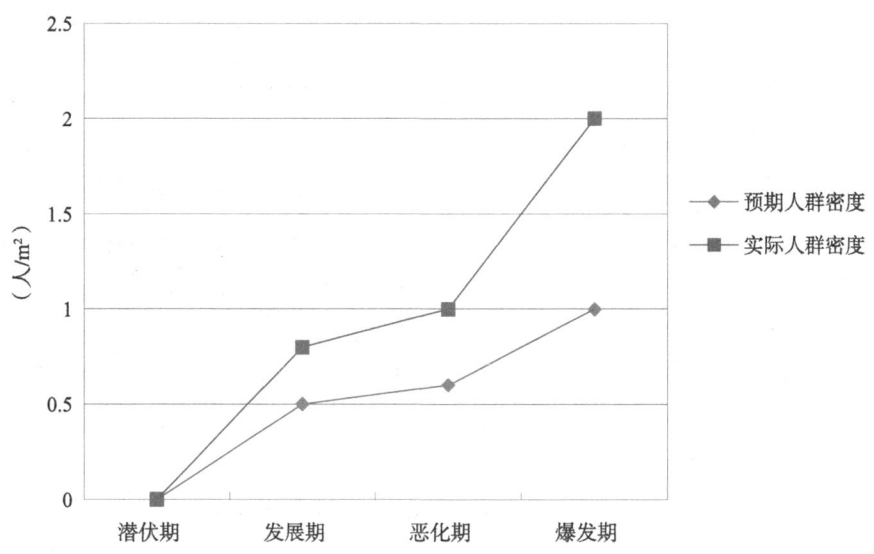

图6-2　上海外滩景区人群密度差异图

资料来源:根据"12·31"上海外滩踩踏事故相关资料整理得出。

6.2.2　上海外滩踩踏事故的触发条件分析

上海外滩踩踏事故由多个因素触发导致,通过对事故的剖析,基于心理—行为、数量—密度、流向—流速、地形—环境的四维分析,综合分析上海外滩踩踏事故的触发条件。

如图6-3所示,事发当晚,大量人群聚集在上海外滩庆祝新年的到来,人群密度非常大。在陈毅广场西北角的楼梯处,灯光昏暗,可视性较差,场地

因素 R_{11} 处于Ⅲ级水平，密集的人群和人流对冲，使大量人群产生恐慌心理，即人群恐慌因素 R_5 处于Ⅲ级水平；在楼梯处，不断涌入的人群越来越多，人群密度因素 R_2 处于Ⅳ级；而且，大量的人群跟着前面的人流，往楼梯处拥挤过去，产生从众效应，即从众效应因素 R_7 为Ⅳ级；由于信息不对称，外滩的部分行人发现灯光秀变更地点后改变行进方向，因此导致楼梯处形成人流对冲，行动困难，即人流对冲因素 R_1 为Ⅳ级；在人群密度极高、人群非常拥挤的情况下，出现多个行人跌倒，因此触发了人群踩踏，即人群密度因素和人群失去平衡或摔倒因素 R_4 均为Ⅳ级，导致人群踩踏的触发。

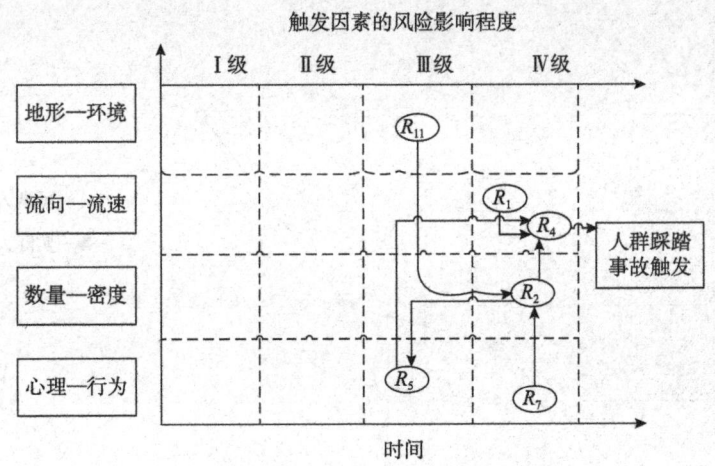

图 6-3　上海外滩踩踏事故的触发条件分析

6.3　上海外滩踩踏事故的演化模拟

6.3.1　仿真模型构建

本书的仿真模型构建基于中国上海外滩地形，源自上海外滩踩踏事故的发生地，通过对上海外滩踩踏事发地进行实地测量，利用 Pathfinder 软件构建仿真模型，探索公共场所人群疏散的规律。

第6章 案例分析：以上海外滩踩踏事故为例

1. 仿真假设

为了研究上海外滩人群疏散规律，本书基于以下假设：

假设上海外滩此研究区域内的人群只出不进，为简化模型，暂不考虑人群随时进入该区域时的情况；

假设行人对于上海外滩的各个出口不存在选择偏好，且行人事先知道自己要从某个出口出去。

2. 场景构建

位于中国上海的外滩风景区是黄浦区辖区内的公共区域，东起黄浦江防汛墙、西至中山东一路和中山东二路西侧人行道、南起东门路北侧人行道、北至苏州河南岸。陈毅广场位于外滩风景区中部（与中山东一路335号至309号段隔路相望）、与南京东路东端相邻、与中山东一路相连，公共活动面积约2877m^2。陈毅广场通过大阶梯及大坡道连接的黄浦江观景平台，是外滩风景区最佳观景位置。此外，陈毅广场附近交通便捷，距离轨道交通2号线、10号线南京东路站约580m，是外滩风景区人流量最大、人员密度最高的区域。观景平台是外滩区域的最高点，市民游客通过阶梯上至观景平台，可以观看黄浦江两岸景观。

本书重点研究了以观景平台为中心，向北延伸145m，向南延伸108.5m的公共区域，整个区域包括三层：第一层是以陈毅广场、外滩商业体等为主要建筑的公共活动区域；第二层是观景平台层（低）；第三层是观景平台（高）。根据实地测量，在Pathfinder软件中画出研究区域的3D效果图，见图6-4。

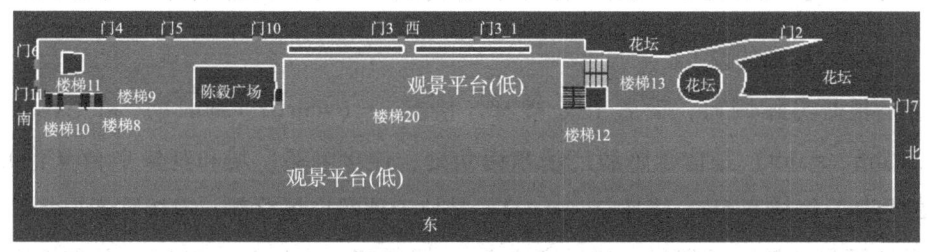

图6-4 研究区域的3D效果俯瞰图

3. 参数设置

Pathfinder软件主要用于研究封闭式建筑的人群疏散，然而，通过实地调

人群聚集的风险管理理论与实务

查发现,上海外滩的疏散路径非常明晰,大量人流的进出是通过陈毅广场附近的两条斑马线、陈毅广场西北部的公交车站等,因此,本书采取精准分析陈毅广场的出入情况,忽略其他出入口进出的情况的方式,用 Pathfinder 软件进行近似的仿真分析,反映其疏散情况。本书的参数设置如下:

(1) 关于门的设置。

通过精准分析大规模人流的进出规律,在以下位置设置门:陈毅广场南边为门 6 (Door 6) 和门 11 (Door 11);陈毅广场西南方向,连接中山东一路两条斑马线的区域为门 4 (Door 4)、门 10 (Door 10);在门 4 和门 10 之间,大量人群由此出入等待观望,故设置门 5 (Door 5);观景平台(高)下面为商业体(商店),门口处有一个公交车站,该处有大量人流出入,因此设置一个门 3 (Door 3);在门 5 的北方,连接斑马线的地方,有大量人流出入,设置成门 3_1 (Door 3_1);在商业体西北角的方向,花坛与花坛之间有一条路,也有人流出入,设置成门 2 (Door 2);商业体东北部,花坛与花坛之间有一条路,有人流出入,设置成门 7 (Door 7)。具体各门的设置参数如表 6-1 所示。

表 6-1 门的设置及参数

门	符号	门宽度(米)	门	符号	门宽度(米)
门 6	Door6	4	门 3	Door3	3
门 4	Door4	4	门 3_1	Door3_1	3
门 10	Door10	4	门 2	Door2	3
门 5	Door5	4	门 7	Door7	1.5
门 11	Door11	4			

(2) 楼梯的设置。

根据实际调研,设置五处楼梯。楼梯一(stair10、stair11)和楼梯二(stair8、stair9)是位于陈毅广场东南角处,连接陈毅广场和观景平台(低)的楼梯,楼梯宽 6m;楼梯三(stair2)是位于陈毅广场北部,连接陈毅广场和观景平台(低)的楼梯,楼梯宽 4.2m;楼梯四(stair12、stair13)是邻近商业综合体北部,连接陈毅广场和观景平台(低)的楼梯,楼梯宽 9.6m,分为上下两个部分;楼梯五(stair20)是连接观景平台(高)和观景平台(低)的楼梯,楼梯宽 120m。

第6章 案例分析：以上海外滩踩踏事故为例

（3）障碍物的设置。

在 Pathfinder 软件中，将人不能通过的地方设置成障碍物。本书根据需要，将行人无法活动的区域设置成障碍物。主要体现在：陈毅广场、商业综合体西部的花坛、商业综合体北部的圆形花坛和两处不规则花坛。

（4）人群构成设置。

年龄和性别对人群疏散运动有非常大的影响[①]，因此本书采用分层抽样选取样本。在上海外滩随机抽取 350 名行人，分成三组，包括 150 名男性行人，150 名女性行人和 50 名儿童。测量每个行人的肩宽和步行速度，分别计算三组行人的最大值、最小值、均值和方差，见表6-2。在本书的仿真分析中，假定上海外滩行人的肩宽和步行速度符合正态分布，基于表6-2的基本数据，设置了三组行人的肩宽和步行速度。比如，男性行人的肩宽 $X \sim N$（45.62，2.63），男性行人的步行速度 $Y \sim N$（1.31，0.20）。

表6-2 抽样人群的参数设置

项目	数值	男	女	少
肩宽（cm）	最小值	39	34	21
	最大值	51	42	33
	均值	45.62	37.56	26.67
	方差	2.63	1.45	3.43
步行速度（m/s）	最小值	0.52	0.40	0.40
	最大值	1.97	1.67	1.30
	均值	1.31	1.13	0.82
	方差	0.20	0.18	0.26

根据上海外滩日常人流情况监控和统计，结合本书研究目的，设置仿真的人群结构，如表6-3所示。在楼层一（Floor 1），总人数为 2000 人，其中男性行人占 45%，女性行人占 45%，儿童占 10%；楼层二（Floor 2），总人数为 4500 人，其中男性行人占 45%，女性行人占 50%，儿童占 5%；楼层三（Floor 3），总人数为 1000 人，其中男性行人占 45%，女性行人占 45%，儿童占 10%。

---

① Gu Z Y, Liu Z Y, Shiwakoti N, et al. Video-based analysis of school students' emergency evacuation behavior in earthquakes [J]. International Journal of Disaster Risk Reduction, 2016（18）：1-11.

表 6-3　各楼层人员结构

楼层	描述	总人数	男	女	少
Floor1	陈毅广场层	2000	45%	45%	10%
Floor2	观景平台（低）	4500	45%	50%	5%
Floor3	观景平台（高）	1000	45%	45%	10%

6.3.2　正常疏散下的仿真模拟

1. 仿真行为设置

①仿真 1。设定行为 1：从任意出口出去。楼层 1～3 的 7500 人均设定为从任意出口出去。楼层 1 为 2000 人，楼层 2 为 4500 人，楼层 3 为 1000 人，均选择从任意出口出去。这种设置体现了正常的人群疏散活动，本次仿真模拟作为仿真的参照组。

②仿真 2。设定行为 2：从门 4（Door 4）出去；行为 3：从门 5（Door 5）出去。楼层 1～3 的 7500 人均设定为从任意出口出去。第一层，总人数为 2000 人，其中行为 1 占 40%，行为 2 占 35%，行为 3 占 25%；第二层，总人数为 4500 人，其中行为 1 占 40%，行为 2 占 30%，行为 3 占 30%；第三层，总人数为 1000 人，其中行为 1 占 40%，行为 2 占 30%，行为 3 占 30%。

表 6-4　仿真 2 各楼层人群的行为分布

楼层	总人数	行为 1	行为 2	行为 3
Floor1	2000	40%	35%	25%
Floor2	4500	40%	30%	30%
Floor3	1000	40%	30%	30%

2. 人群疏散演化模拟分析

在仿真 1 中，采用 Steering 模式，仿真开始，行人按照自己的路线疏散。在疏散时间为 20.8s 时，已疏散 664 人，在各大楼梯口、门口和狭窄区域，行人聚集，密度为 2 人/m² 左右，见图 6-5。人群聚集最多的地方为观景平台（低）的楼梯 2 和楼梯 12 的入口处，在楼梯 2 的入口，形成扇形拥堵区，最拥挤区域人群密度大于 2.33 人/m²；在楼梯 12 入口处，形成小型拥堵区，整体人群密度约 1.88 人/m²。门 4、门 5 和门 10 周围形成小型的拥堵扇形区，最高

第 6 章 案例分析：以上海外滩踩踏事故为例

密度约 2.33 人/m²，周围区域人群密度约 1.44 人/m²。

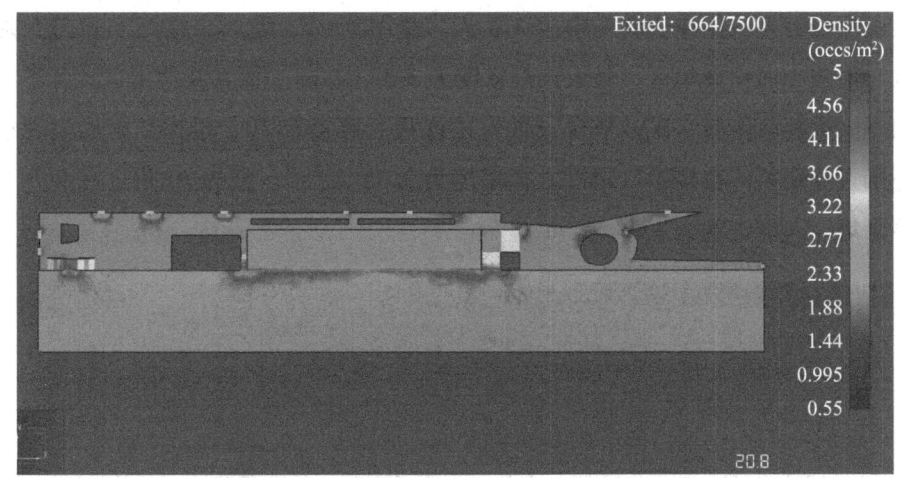

图 6-5 疏散时间 20.8s 时仿真 1 的人群密度

当疏散时间为 57.5s 时，在观景平台（低）层的楼梯 2、楼梯 12、楼梯 8 和楼梯 10 入口处出现成拱现象，在这些人群聚集之处，中心区域人群密度达到 5 人/m²，见图 6-6。楼梯 8 和楼梯 10 入口处，拥挤区域较小，部分区域人群密度达到 5 人/m²，大部分区域人群密度为 3.66 人/m²；在楼梯 2 入口处，拥挤区域较大，大部分区域人群密度为 4.5 人/m²；在楼梯 12 入口处，形成双峰拥挤区域，中心区域人群密度为 4.5 人/m²，紧挨楼梯的区域人群密度略小，是 3.66 人/m²。

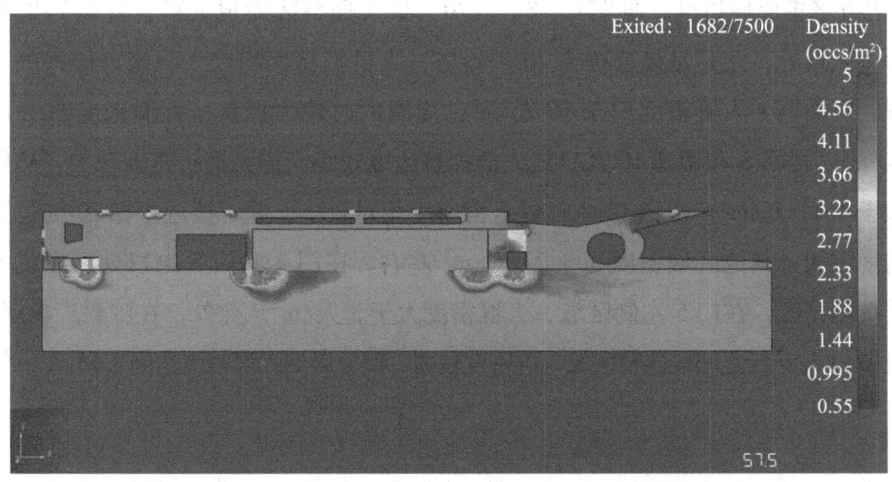

图 6-6 疏散时间为 57.5s 时仿真 1 的人群密度

在仿真 2 中，60%的行人选择出口 4 和出口 5，当疏散时间为 20.8s 时，已疏散 291 人，比在仿真 1 中少 373 人，见图 6-7。此时，在门 4 和门 5 附近，形成小面积聚集区，最大人群密度为 2.33 人/m^2，而在其他出口，几乎未出现人员拥堵停滞。观景平台（低）的楼梯 8 和楼梯 10、楼梯 2 附近出现小范围人群聚集，在楼梯口附近人群密度为 2.33 人/m^2。楼梯 20 附近有部分人群聚集，人群密度为 1.44 人/m^2。

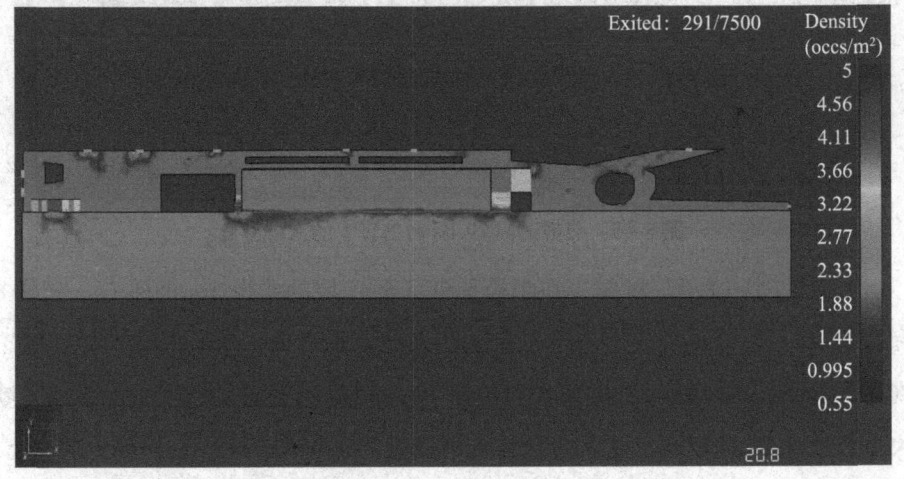

图 6-7 疏散时间 20.8 s 时仿真 2 的人群密度图

随着疏散的演化，当疏散时间为 60.8 s 时，行人在三处楼梯口、门 4 和门 5 附近聚集成拥挤区，见图 6-8。其中，最大拥挤区为观景平台（低）的楼梯 2 入口处，尤其是接近楼梯 20 的地方，人群拥挤面积较大，接近楼梯的位置相对通畅，人群密度约 3.66 人/m^2，周围两边较为拥挤，人群密度约 4.11 人/m^2。楼梯 8 和楼梯 10 入口处人群拥挤区域较小，但是拥挤密度较大，均值大于 4.11 人/m^2。楼梯 12 入口处人群密度相对较小，除了接近楼梯 20 的位置密度稍大，其他区域密度为 3.22 人/m^2 左右。在门 4 和门 5 出口处，形成了严重拥挤区，在门 5 左侧区域，人群密度大于 5 人/m^2。此外，在陈毅广场层，楼梯 13 与花坛之间的狭窄区域人群密度较高，部分区域人群密度达到 3.66 人/m^2。

· 170 ·

第 6 章 案例分析：以上海外滩踩踏事故为例

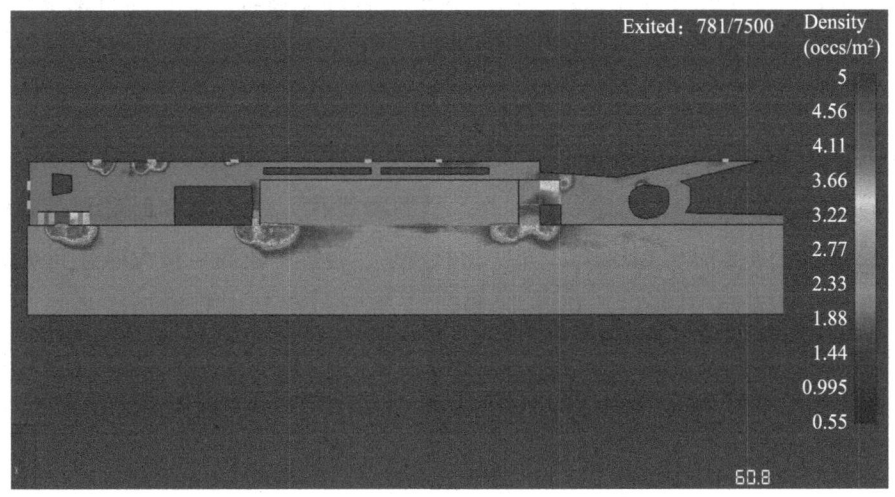

图 6-8 疏散时间 60.8 s 时仿真 2 的人群密度图

3. 仿真结果汇总

从仿真 1 的疏散结果来看（见图 6-5），正常情况下，行人从任意出口出去。三层楼一共 7500 人，所耗费的总时间为 674s，行人最短耗时为 0.7s，平均耗时 235.7s；最短疏散距离为 0.3m，最大疏散距离为 729.6m，平均疏散距离为 107.9m。

表 6-5 仿真 1 的疏散时间和疏散距离

参数	疏散时间（s）	疏散距离（m）
最小值	0.7	0.3
最大值	674.0	729.6
平均值	235.7	107.9
标准差	175.2	75.5

从疏散过程来看（见图 6-9），当不指定出口时，行人会选择距离最近的出口疏散。从疏散结果来看，门 2 的通过总数最高，为 1860 人；其次为门 10，通过总数为 1799 人；再次为门 3_1 和门 11，通过总数分别为 1519 人和 1357 人。其中在 0~600s 内，门 2（Door2）均不断有人通过，最高时平均通过率 4.57 人/s，最低时平均通过率 1.49 人/s；600~700s，几乎无人通过门 2。关于门 3（Door3），在 0~80s 有人通过，最多时超过 3.31 人/s，在 80s 之后，

无人通过。关于门3_1（Door3_1），几乎一直有人通过，平均通过率大于2人/s，最高通过率为3.9人/s，说明门3_1是使用率较高的。关于门4（Door4），在0~75s通过率非常高，呈抛物线状，最大达到6人/s；在75~300s，通过率降低，均值小于1人/s；300s以后，几乎无人通过。关于门5（Door5），在0~95s，通过率非常高，呈抛物线状，在29.47s时达到最高值6.12人/s。关于门6（Door6），在0~48.95s，通过率较高，最大时达到4.32人/s。关于门7（Door7），在0~100s，人流通过率呈现先增后减趋势，在51.44s时，达到最高值2.29人/s。关于门10（Door10），在0~620s，一直有行人通过，通过率曲线像心电图，跌宕起伏，在28.47s达到最高值6人/s。关于门11（Door11），在0~507s，一直有行人通过，在67.46s时，人群通过率达到5.42人/s。

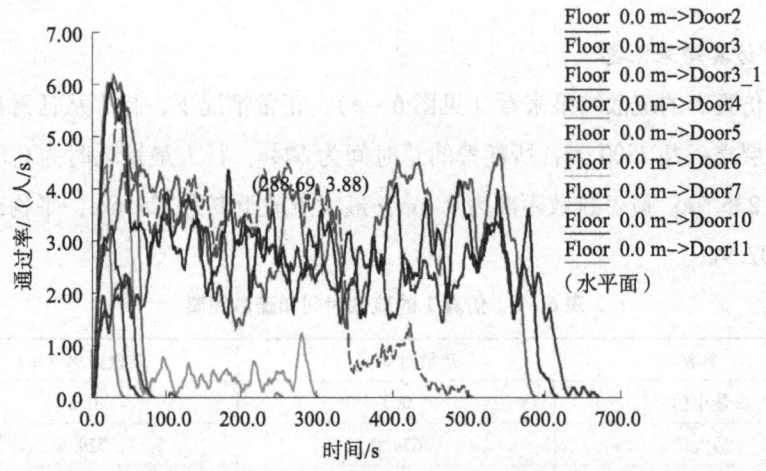

图6-9　仿真1中门的通过率

从仿真2的疏散结果来看（见表6-6），当指定出口时，总疏散时间为890.6s，行人最短耗时为0.8s，平均耗时356s；最短疏散距离为0.4m，最大疏散距离为913.4m，平均疏散距离为165m。

表6-6　仿真2的疏散时间和疏散距离

参数	疏散时间（s）	疏散距离（m）
最小值	0.8	0.4

第6章 案例分析：以上海外滩踩踏事故为例

续表

参数	疏散时间（s）	疏散距离（m）
最大值	890.6	913.4
平均值	356.0	165.0
标准差	214.4	114.9

仿真2中，从门的通过率来看（见图6-10），由于指定了60%的行人从门4和门5通过，因此门4和门5人流通过率最高，门4的人流几乎覆盖仿真的整个阶段。在疏散时间100~200s，人流通过率最高，约6人/s从此门通过；在疏散时间200~400，行人通过率次高，约5人/s从此门通过。门5的通过率前期低，中期较高，后期最高，具体而言，在疏散时间0~200s，平均2人/s从此门通过；在疏散时间200~600s，平均3.5人/s从此门通过；在疏散时间600~850s，平均4人/s从此门通过。门2的使用情况主要集中在前530s，在0~120s，平均通过率先增后减，最高为3人/s；在120~300s，通过率增至最高点3.6人/s；在300~450s，人群通过率振荡波动，均值为3人/s；在450~530s，人群通过率逐步递减，直至为0。门6和门7在前150s内有人通过，通过率小于2人/s。门3_1在0~620s不断有人通过，但是通过率均低于2人/s。在0~800s期间，均有人从门10通过，在前120s内，人群通过率

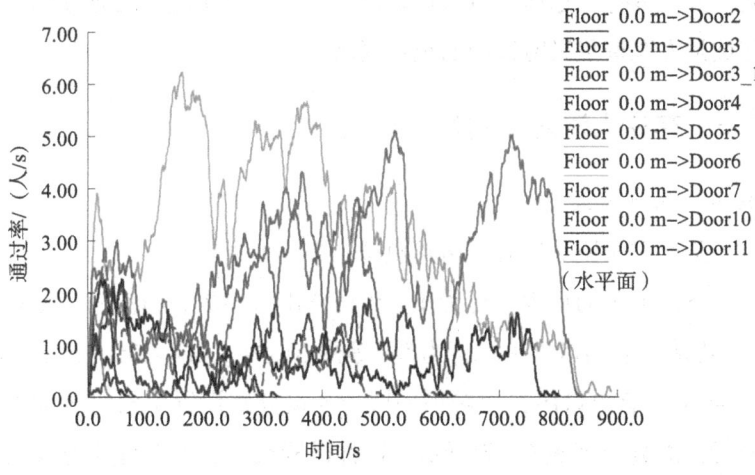

图6-10 仿真2中门的通过率

人群聚集的风险管理理论与实务

较高,最高达 2.3 人/s,在 120~800s,人群通过率较低,均值低于 1.5 人/s。由此可知,当部分指定门通过时,这些门口将形成拱形聚集区,人群密度较大;对于其他未指定出口的情况下,行人会倾向于选择最近的出口。

4. 结果分析

对比仿真 1 正常情况下的疏散和仿真 2 指定出口情况下的疏散,仿真 2 比仿真 1 的最大疏散时间增加 216.6 秒,平均疏散时间增加 120.3 秒,仿真 2 比仿真 1 的疏散时间标准差增加 39.2。仿真 2 比仿真 1 的最大疏散距离增加了 183.8 米,平均疏散距离增加 57.1 米。因此可知,指定出口的情况比任意出口的情况下,行人的整体疏散时间增加了,且行人的总的疏散距离增加了。

仿真 1 和仿真 2 的疏散演化中,在楼梯口、门口、狭窄区域均出现了成拱现象,从根本上来说是由于行人在同一时间聚集于某一有限的区域,从而导致该区域人群密度极高。从门的通过率来看,仿真 2 的人流通过率更不均衡,由于大部分行人选择了门 4 和门 5,而导致门 4 和门 5 人群通过率最高,且一直不断有人流通过,而其他门的人群通过率较低,部分时间段甚至无人通过。

在现实情况下,由于门 4 和门 5 是连接南京路步行街和地铁站最近的出口,因此,大部分行人选择从该出口疏散,门 4 和门 5 的人流通过率较高。因此,该区域是人群聚集风险控制的重点区域。

6.3.3 存在人流对冲的仿真模拟

1. 仿真 3 的行为设置

仿真 3 是存在人流对冲时的仿真模拟。具体如下。

设定以下几种运动行为:行为 1:从任意出口出去;行为 4:先去观景平台(高),再从任意出口出去;行为 5:等待 30 秒再从任意出口出去;行为 6:等待 60 秒再从任意出口出去。对每一层的人员分别设置不同的运动轨迹,各楼层不同行为的分布如表 6-7 所示。这种设置反映了上海外滩游客的一般状态,部分群众已经观光结束,从任意出口离开;部分群众直奔观景平台,看风景,再从任意出口出去;部分群众等待和观望,再采取行动。由于楼层 1 的行

第 6 章 案例分析：以上海外滩踩踏事故为例

人要去往楼层 2 和楼层 3 的观景平台，观景平台的行人要从楼层 1 出去，因此在人群运动过程中存在人流对冲。

表 6-7 各楼层人群的行为分布

楼层	总人数	行为 1	行为 4	行为 5	行为 6
Floor1	2000	10%	60%	10%	20%
Floor2	4500	30%	40%	20%	10%
Floor3	1000	50%	0%	30%	20%

2. 人群疏散演化分析

采用 Steering 模式仿真，模拟刚开始，行人迅速行动，根据不同的行为设定，在仿真时间为 20.9 秒时，疏散人数为 118 人，第一层大部分行人要去观景平台层，观景平台层的大部分行人要从出口出去，如图 6-11 所示，人群零散分布，朝各自目标前进，部分人群逐渐聚集，在楼梯附近和陈毅广场附近、楼梯 13 附近形成小聚集区，每平方米密度大于 1.44 人；在第二层的楼梯 2 附近，人群密度最大，每平方米达到 2.77 人。

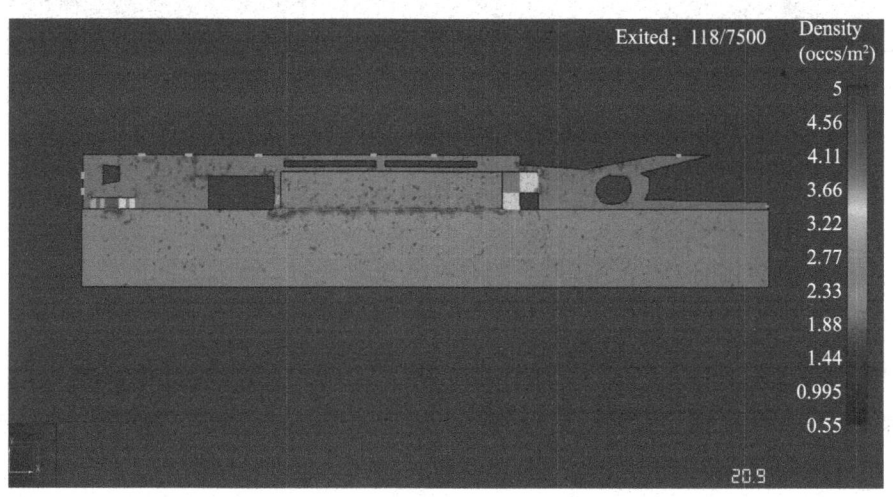

图 6-11 疏散时间 20.9 秒时人群密度图

当仿真时间为700.7秒时（见图6-12），一共有1480名行人已疏散，剩下的行人主要聚集在连接第一层和第二层的楼梯处，尤其是在楼梯2处，在第一层陈毅广场正北方狭长区域，平均每平方米人群数量大于4.56人，在第二层楼梯2入口处形成了大面积人群拥挤区域，平均人群密度大于4.11人/m^2。楼梯10和楼梯8的入口处聚集的人群密度较小，由于未指定出口的情况下，行人优先选择最近的出口，而该楼梯离门6和门11最近，因此人群疏散较通畅。楼梯12入口处的人群聚集区域面积较大，尤其是在楼梯20和楼梯12的邻接处，拥堵人群较多，平均每平方米的人数达4.11人以上。

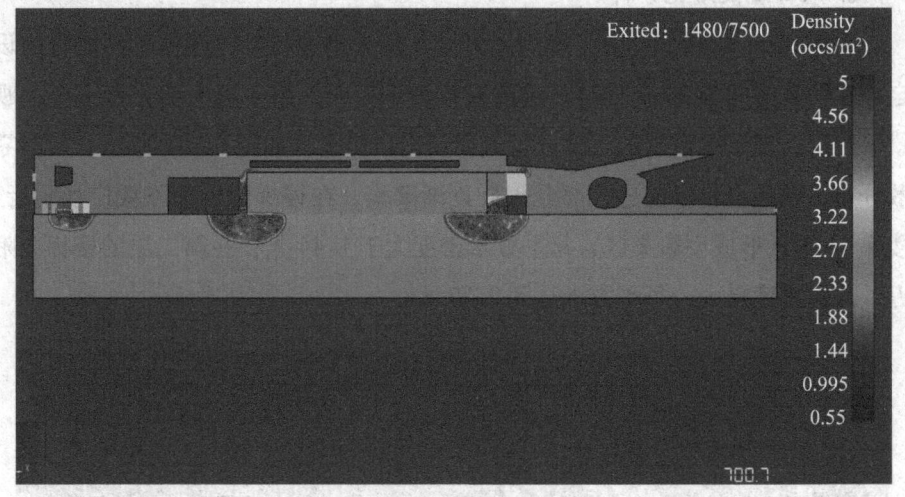

图6-12　疏散时间700.7秒时人群密度图

从仿真演化的3D结果来看，当存在人流对冲时，行人之间方向不同，导致部分区域人群密度极大，几乎没法移动。从楼梯2的排队程度图（见图6-13）来看，在700.7秒，在楼梯区域出现了严重的排队现象，深色区域覆盖大部分楼梯，在楼梯的右侧，逆行的行人从空隙通过，排队程度略低。在楼梯20和楼梯2的邻接处，人流运动方向各异，在第三层楼梯附近，行人想要从楼梯下来，人群流向朝第二层观景平台，在第二层的行人则朝向楼梯2入口处，人群朝楼梯入口走去，因此，在此处行人流向众多，出现了第二级的排队等候区，而且人群碰撞时有发生。

第 6 章 案例分析：以上海外滩踩踏事故为例

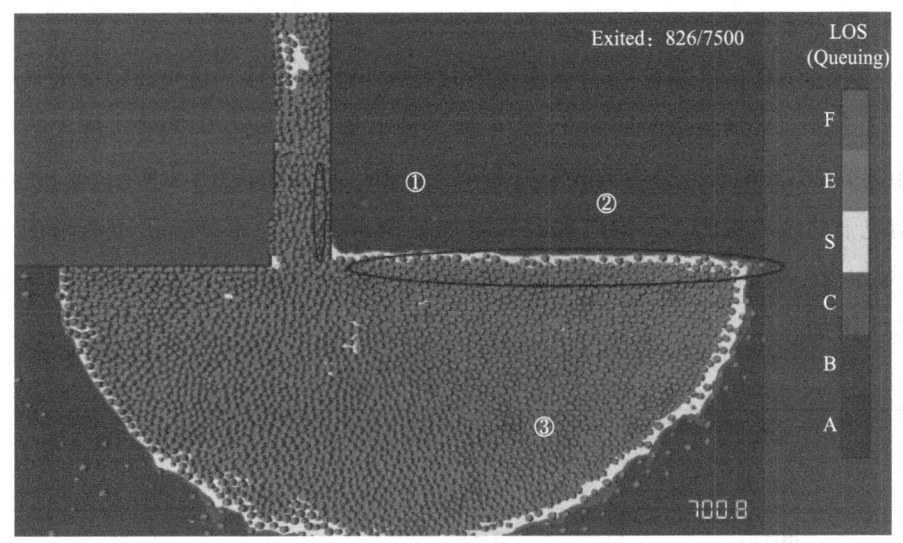

图 6-13 楼梯 2 附近排队程度图

通过对 3D 结果分析，当逆行的行人占少数时，行人一般会选择缝隙处行走，而走最旁边是一种常见的选择，即行人更倾向于选择两边的区域穿行，呈现出"溜边效应"。如图 6-14 所示，在陈毅广场东侧连接楼梯 2 的区域，左右两边行人形成对冲，通过在间隙中穿行，能更快疏散。图 6-14 中圈出的行人正从楼梯最右侧穿出人群，通过仿真动态可以看出，在人流对冲僵持状态下，行人更倾向于选择缝隙处前进（如两侧缝隙处），而且速度更快。

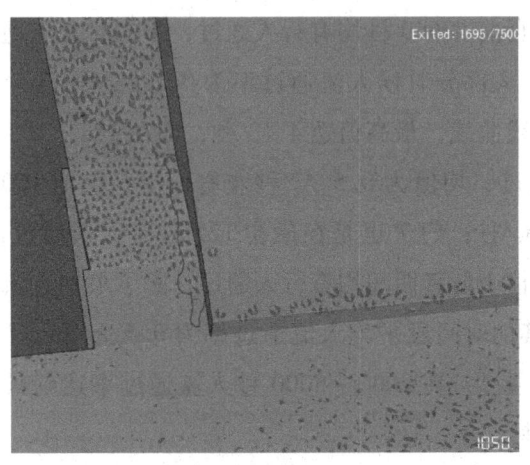

图 6-14 楼梯 2 逆行中的"溜边效应"

人群聚集的风险管理理论与实务

3. 仿真结果汇总

通过仿真,见表6-8,本次疏散共耗时11495.1秒,最快疏散的人员耗时2.2秒。平均疏散时间为3922.4秒,最小疏散距离为0.7米,最大疏散距离为2872.6米,平均疏散距离为439.3米。具体如表6-8所示。与正常情况下的疏散相比,平均疏散时间增加了3686.7秒,平均疏散距离增加了331.4米,由此看出,当存在人流对冲时,整体的疏散时间和疏散距离均会大大增加。

表6-8 模拟结果汇总表

参数	疏散时间 (s)	疏散距离 (m)
最小值	2.2	0.7
最大值	11495.1	2872.6
平均值	3922.4	439.3
标准差	3059.5	374.5

从门的通过率来看,见图6-15,仿真前125秒门2的人流通过率较高,最高时每秒超过2人由该门通过;而在126~750秒,人流通过率为0.5人/秒,在1370秒之后几乎无人从此门通过;在仿真前143秒门3有少量行人通过,最大时人流通过率为0.75人/秒;门3_1在0~10774秒几乎一直有行人通过,最高人流通过率为1.2人/秒,大部分时候,人流量为0.5人/秒以下;门4在仿真前10660秒均有行人通过,最初时人流通过率最高,最大值为3.6人/秒,大部分时候人流通过率为0.2人/秒;门5在0~180秒人流通过率为抛物线曲线,最高值达4人/秒,而在181~10831秒,一直不断有行人从此门通过,均值为0.5人/秒左右;门6仅前100秒有行人通过,最大值为0.65人/秒;门7也是在最初125秒有行人通过,最大值为0.55人/秒;门10在整个仿真期间均有行人通过,除了最初人流量较大,最高达到1.5人/秒,其他时间段平均人流通过率为0.5人/秒;门11在仿真期间断断续续有行人通过,在2000~5000秒人流通过率达到最大,人流通过率均值约为1人/秒。

第6章 案例分析：以上海外滩踩踏事故为例

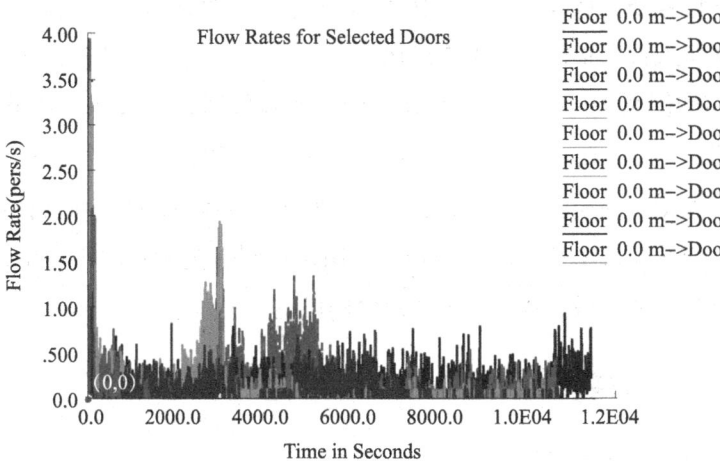

图6-15 仿真3中门的人流通过率

从门的通过率可以看出，在存在人流对冲且不指定出口的情况下，行人会以选择最近的出口为目标做出路径规划，因此门的使用不均衡，主要包括以下三种类型：①川流不息型，如门4、门5和门3_1，这些门的人流通过率较大，几乎在整个仿真期间均有行人通过，而且最大人流通过率达到3.5人/秒；②周期型，即仅某个时间段有人通过，如门2、门3、门6、门7，这些门在仿真前期有行人通过，且人流通过率不高，之后几乎无人通过；③细水长流型，以门10为代表，在整个仿真期间均有行人通过，人流通过率不高。

4. 结果分析

通过比较正常情况下的人群疏散、指定出口情况下的人群疏散和存在人流对冲情况下的人群疏散，得出以下结论：

（1）当存在人流对冲时，人群疏散时间会增加，疏散距离会增大。从仿真结果来看，当存在人流对冲时的平均人群疏散时间是正常疏散情况下的15倍，平均疏散距离是原来的4倍。

（2）当存在人流对冲时，在楼梯、狭窄通道等区域人群密度更大，而且人群排队等候情况更严重。从仿真结果来看，楼梯2在仿真时最大人群密度超过5人/m^2，且行人流向不同导致排队等候严重，超过5个小区域排队等候处于最严重的程度。

（3）当存在人流对冲时，在楼梯入口附近行人流向不同，导致成拱和碰

人群聚集的风险管理理论与实务

撞出现。在仿真中，楼梯2入口和楼梯20邻接处，行人流向不同，形成多个严重排队区、人群密集区、人群成拱区。

（4）门的使用不均衡。在不存在特殊选择偏好时，行人会选择最近的出口离开，因此导致在仿真模拟中各个门的人流通过率相同，因此归纳为三种类型：川流不息型、周期型和细水长流型。细水长流型是风险最小而利用率最合理的状态；川流不息型存在的风险最大；周期型则是资源利用不均衡的体现，在人流通过率高的时段，也存在人群踩踏的风险。

6.3.4 事发楼梯人流对冲下的人群疏散演化分析

1. 仿真4的行为设置

为了较真实地模拟上海外滩踩踏事故的人群运动演化规律，仿真4设置为在事发楼梯、人群密集和人流对冲情况下的仿真模拟。

由于事发当晚，整个外滩区域遍布行人，人群密度极大，事发楼梯位于陈毅广场东南角的楼梯处，存在人流对冲、人群极度拥挤而导致有行人摔倒，而触发人群踩踏事故。因此，仿真4设置为第一层（陈毅广场层）的行人经楼梯8、9通往观景平台，而第二层（观景平台—低）和第三层（观景平台—高）的行人经楼梯8、9到达第一层，再由任意出口离开上海外滩区域。具体而言，设定行为7到达航点1（楼梯9附近）再去航点2（楼梯8附近）；设定行为8到达航点3（楼梯8的入口）再去航点4（楼梯9入口）。具体设置参数如表6-9所示。

表6-9 各楼层人群的行为分布

楼层	总人数	行为7	行为8
Floor1	2000	100%	0
Floor2	4500	0	100%
Floor3	1000	0	100%

2. 人群疏散演化分析

在仿真时间为1756秒时（见图6-16），大量人群聚集在楼梯附近，形成大面积的拥挤区域。整体上来看，南侧比北侧人群密度小，南侧大部分人群密度为

第 6 章 案例分析：以上海外滩踩踏事故为例

4.37 人/m²，而北侧（陈毅广场附近）大部分人群密度大于 5 人/m²。在楼梯 8、9 处，人群密度较大，平均密度大于 4.91 人/m²。人群密度最大的区域则是在存在人流方向不一时，部分区域受影响而导致密度达到 6 人/m² 以上。如在楼梯 9 与陈毅广场之间，连接楼梯的区域中有部分面积密度为 2.73 人/m² 左右，这部分区域行人由此驶离人群，而临近区域人群密度极大，人群密度超过 5.46 人/m²。

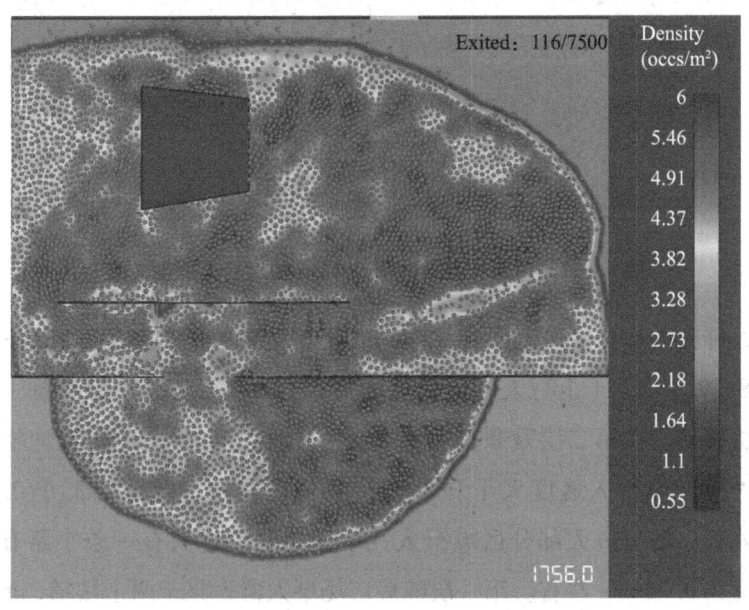

图 6-16 仿真 4 疏散时间为 1756 秒时的人群密度图

从仿真结果来看，在仿真演化中，大量行人聚集于楼梯处。以楼梯 8、9、10、11 为例，在仿真时间 1756 秒，人群聚集于楼梯处，且在上、下楼梯口人流方向错乱，人流移动速度缓慢。在楼梯 11 上，有往上的行人和往下的行人，往上的行人占少数，选择最边缘上行。在楼梯 11 的入口（第一层），形成了多种流向的聚集，如图 6-16 所示，人群流向不同，形成了人流阻滞并造成局部地区密度较大。同样地，在楼梯 9 的入口处（第一层）形成几个流向的人流聚集，形成人流成拱、造成碰撞。在楼梯 8 和楼梯 10 之间的平台（第二层）形成紊流，如图 6-17 所示，周围的人流朝中间的方向，而中间的行人朝楼梯 8 的方向，导致周围的行人无法前进，而中间的人流也移动缓慢。在第二层观景平台（低）的楼梯入口处，中间部分行人朝楼梯的方向流入，而南侧的行人则往北侧的方向行动，由于流向不同而导致碰撞。

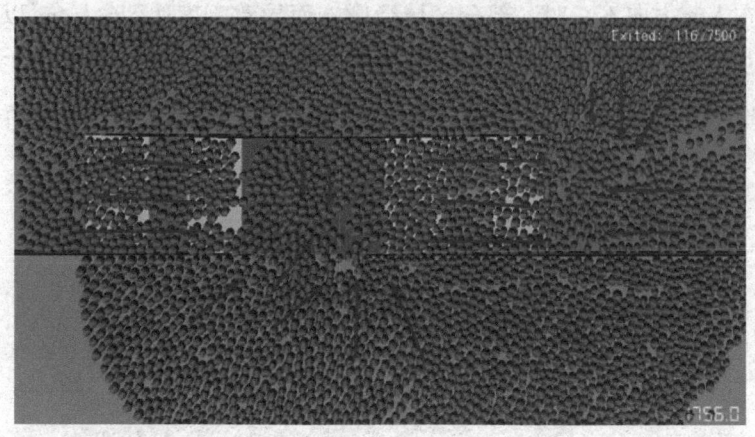

图6-17 仿真4疏散时间为1756秒时的人群演化图

从人群疏散演化的速度图（见图6-18）来看，在疏散时间为1756秒时，在楼梯8、9、10、11上行人的运动速度为0.12m/s及以下，即楼梯上的行人几乎无法移动。在第二层观景平台（低）的楼梯入口处，除了通向楼梯处的小部分连接区域行人速度大于0.2m/s，其他区域行人速度均低于0.12m/s。第一层陈毅广场南边大部分区域行人几乎无法移动，只有一条小路有行人走出，速度为0.24m/s左右。第一层陈毅广场层人群聚集于两个楼梯，形成扇形拥堵区域，除了最外围部分人群速度大于0.36m/s，其他区域行人的速度均低于0.24m/s，即均处于排队等待、难以移动的状态。

3. 上海外滩踩踏事故的演化分析

上海外滩踩踏事故发生时，人群聚集于整个外滩区域，楼梯8、9、10、11处人群密集，且存在人流对冲，如图6-19所示，在楼梯9上，有行人摔倒，后方的行人不知情而继续行走，被摔倒的行人绊倒，导致多个行人摔倒。由于后方行人不明情况，继续行走，且人群密度极大，摔倒的行人无法起来，后续的行人继而被绊倒，因此出现了多人摔倒，由于挤压力的作用，部分行人死亡。

第 6 章 案例分析：以上海外滩踩踏事故为例

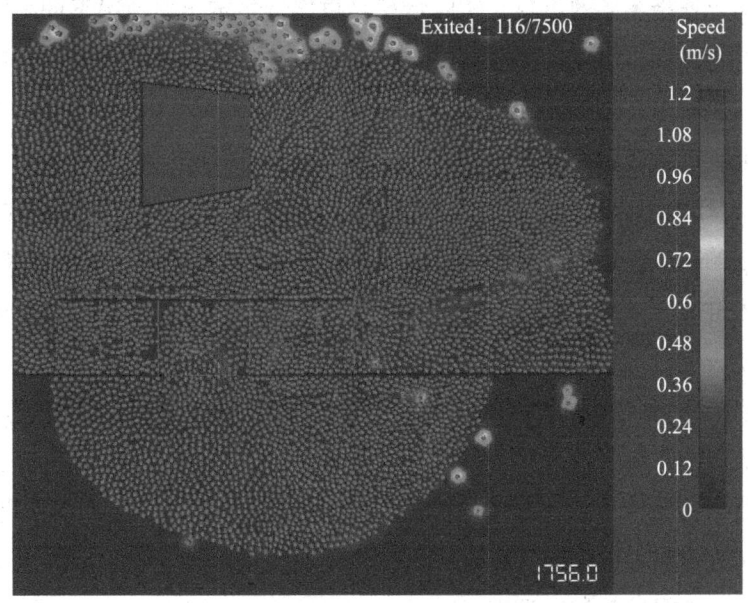

图 6-18 仿真 4 疏散时间为 1756 秒时的行人速度图

图 6-19 上海外滩踩踏事故的演化分析图

6.3.5 仿真结果与分析

通过对正常情况下的疏散、指定出口情况下的疏散和存在人流对冲情况下的疏散模拟，得出以下结论：

(1) 正常情况下的人群疏散所耗费时间最短，但是由于现实中行人会根

人群聚集的风险管理理论与实务

据自身需求选择不同的出口，实际情况会更接近指定出口情况下的人群疏散。在上海外滩区域，由于大部分行人选择公交车或者地铁等通行方式到达外滩，因此，门4和门5是最常用的出入口，在风险管理和防范时，要重点对门4、门5附近进行管理和控制。

（2）无论是正常情况下的疏散、指定出口情况下的疏散还是存在人流对冲情况下的疏散演化中，在楼梯口、门口、狭窄区域均出现了成拱现象，在这些区域人群密度最高。因此，在人群踩踏风险防范中，要将这些区域列入重点管理区域，针对这些区域采取重点防控策略。

（3）存在人流对冲时，所耗费的人群疏散时间最长，行人的疏散距离最大。人流对冲，容易造成部分区域人群密度更大，人群排队等待时间较长，部分区域行人移动困难，且行人之间的碰撞概率增加。因此，在人群密集时，要重点防范人流对冲的情况，在重大节日来临时，采取相应措施引导人群流向，尽量减少人流对冲的情况发生。

（4）基于上海外滩人群踩踏事故发生地的楼梯为研究背景，通过设置存在人流对冲情况下的人群疏散运动，分析上海外滩人群踩踏事故的演化机理。当大量人群聚集在楼梯8和楼梯9时，存在人流对冲的情况下，行人碰撞和拥挤，且灯光昏暗，部分行人摔倒，而后面的行人对有人摔倒不知情而继续前进，则发生了连环摔倒的情况，由于人群密度极大，摔倒的行人无法及时起来，继而又被后面的行人践踏和挤压，会出现伤亡情况。

6.4 上海外滩人群聚集风险控制分析

6.4.1 上海外滩人群聚集风险控制的现有策略分析

1. 现有策略

通过对2016年国庆期间上海外滩人群聚集风险控制的调研，总结了上海外滩在重要节假日的救援性风险控制策略，主要体现在以下方面。

（1）交通管制策略，对地铁停靠站点进行控制、对外滩附近区域实行交

第6章 案例分析：以上海外滩踩踏事故为例

通管制。上海外滩在国庆、元旦等重要节假日，全面启动交通管制，并通过各大媒体宣传，告知广大群众。具体的交通管制包括外滩沿线车辆限行、地铁最近站点关闭、轮渡停航、观光隧道关闭。

（2）楼梯分流策略，主要分为永久性分流和临时性分流策略。永久性分流是指通过改变建筑的物理结构以达到分隔人流的效果，如2014年上海外滩踩踏事故之后，对外滩踩踏事故的事发楼梯加装了物理分流栏；临时性分流是指当预测到人群密集时，现场对人流进行强制性引导，如规定某个楼梯只能上行、某个楼梯只能下行。

（3）出入口限制策略，主要分为限定出入口策略和入口限制策略。限定出入口策略表现为将特定的区域设定为入口，将特定的区域设定为出口，实现出入口分开，尽量防止人流流向错乱的情况；出入口限制策略表现为在入口处设置"S"围栏，通过增加人群进入的距离，增加人群进入拥挤区域的时间，从而达到控制拥挤区域的人群密度的目的。

（4）通道策略，结合相应警力进行现场控制。上海外滩在人群密集处设置应急通道，利用铁栏提前在拥挤区域设置通道，并配合相应警力。这种通道策略的主要目的是当出现人群摔倒、人群踩踏等紧急情况时，救助人员可以第一时间从应急通道到达救援目的地。

（5）喇叭策略。喇叭策略主要分为指示牌策略、广播导向策略等。通过在关键路口设置指示牌和导向牌，引导人流运动；利用广播、扩音器等工具，用声音引导人流，尽量减少走走停停、人群流向错乱等异常行为。

2. 策略评价

通过对现有的五种策略进行对比分析（见表6-10），总结了各自的特点和策略的效果，具体如下。

（1）交通管制策略的特点是对于进入外滩附近区域的公交、地铁等进行调整，对机动车通行进行规定和限制，从而达到限制外滩区域人流、增加外滩区域行人活动范围等目的，当出现紧急状况时，救援车辆可以尽快到达外滩区域。因此，交通管制策略从宏观上有利于限制人流、增加活动区域、减少救援车辆到达时间等的目的。

（2）楼梯分流策略。永久性分流一般不具有强制性，因此在日常中的效

人群聚集的风险管理理论与实务

果不太明显，还是会导致人群流向不同的情况发生；临时性分流往往具有强制性，一般来说效果较好，但是会导致楼梯资源的使用不均衡。

(3) 出入口限制策略。一般来说出入口限制策略是强制性的，效果较好，规范了出入口的人流流向，减少了人流对冲行为，降低了人群碰撞、逆行等风险，但是也会造成资源浪费，降低通行效率、增加行人疏散距离。

(4) 通道策略。为紧急救援预留空间，当发生紧急情况时，救援人员能第一时间进入事发地。通过采用此策略，当发生人群踩踏事故时，能在最短时间内对伤者救援，减少伤亡。这种策略的缺点在于，预留通道占用了公共区域的面积，使人群活动区域面积减少。

(5) 喇叭策略。喇叭策略是提前在一些关键路口利用具有放大效应的设备，引导行人流向的策略。喇叭策略有助于规范行人流向，减少走走停停等异常行为，降低人群由于走错路而折返的概率，减少人群碰撞、逆行等行为。这种策略的效果较为显著，缺点在于增加公共管理成本，如人工成本、购买扩音设备和宣传展板的成本等，见表6-10。

表6-10 外滩现有策略对比表

策略名称	特点	效果
交通管制策略	对外滩区域的人流和车流进行管制，增加人群进入时间和距离，扩大人群活动的范围，减少机动车辆通行	从宏观上控制人流，增加外滩区域人群活动范围
楼梯分流策略	通过永久的或者临时的措施，分隔楼梯的人流	强制性的临时分流效果较好，但是会降低楼梯的使用率
出入口限制策略	对出入口进行限制，管理进入和出去的人流	在出入口人流流向统一，减少冲突和碰撞，但会降低通行效率
通道策略	通过采取措施预留通道，以备紧急状况下的应急救援	当出现紧急状况时，可以第一时间到达事发地，但会减少人群活动区域面积
喇叭策略	采用扩大效应，提前引导人流	现场控制引导人群流向，减少走走停停等异常行为，但会增加管理成本

6.4.2 上海外滩人群聚集风险控制的两步预警分析

上海外滩人群聚集风险控制的两步预警分为事先的预防性风险控制和救援

第 6 章 案例分析：以上海外滩踩踏事故为例

性风险控制（见图 6 - 20）。预防性风险控制是提前进行风险控制，分为针对活动的人群聚集风险控制和针对场地的人群聚集风险控制。救援性风险控制是现场控制的方法，主要通过基于视频分析的人群密度判断，基于密度的高低采取不同的救援策略。

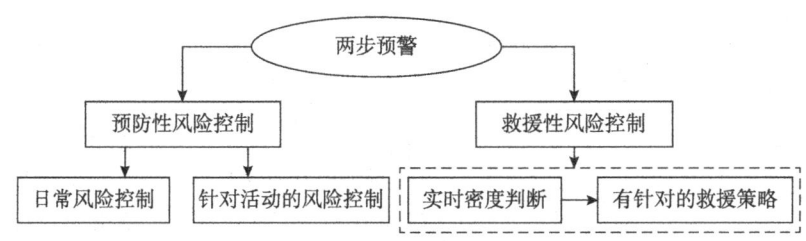

图 6 - 20　上海外滩人群聚集风险控制的两步预警策略

1. 预防性风险控制

（1）日常风险控制。

日常风险控制是指事先对日常活动中的人群聚集风险进行防范，并采取相应控制策略。对上海外滩的日常风险控制主要包括：出入口监控和管理、人流流量预测、楼梯设施处重点监控。

（2）针对活动的风险控制。

针对活动的上海外滩人群聚集风险控制主要包括人的因素、物的因素、环境因素和管理因素四个方面，见图 6 - 21。

关于人的因素。不同人数的人群聚集活动对应不同的风险控制策略，人群聚集活动的预防性风险控制的首要步骤是预计参加者数量。参与者数量决定了活动的规模，当 24 小时内，人群聚集数量超过 25000 人，则该人群聚集活动被定义为大规模（mass gathering）人群聚集活动[1]。要事先预计人群的主要流向，分析存在风险的路径，预测可能出现的问题并提出解决方案。在活动策划时，预测可能发生的非适应性行为，对于个别行人可能出现的伤害他人的非适应性行为，要尽量防止此类行为发生，且提前设计解决方案。预先估计可能导

---

[1] Illiyas F T, Mani S K, Pradeepkumar A P, et al. Human stampedes during religious festivals: A comparative review of mass gathering emergencies in India [J]. International Journal of Disaster Risk Reduction, 2013 (5): 10 - 18.

人群聚集的风险管理理论与实务

致参与者情绪感染的病原,尽量从源头上消除病原,并设计好相应的预案。事先估计活动参加者的构成,包括男女比例、受教育程度、职业等方面。

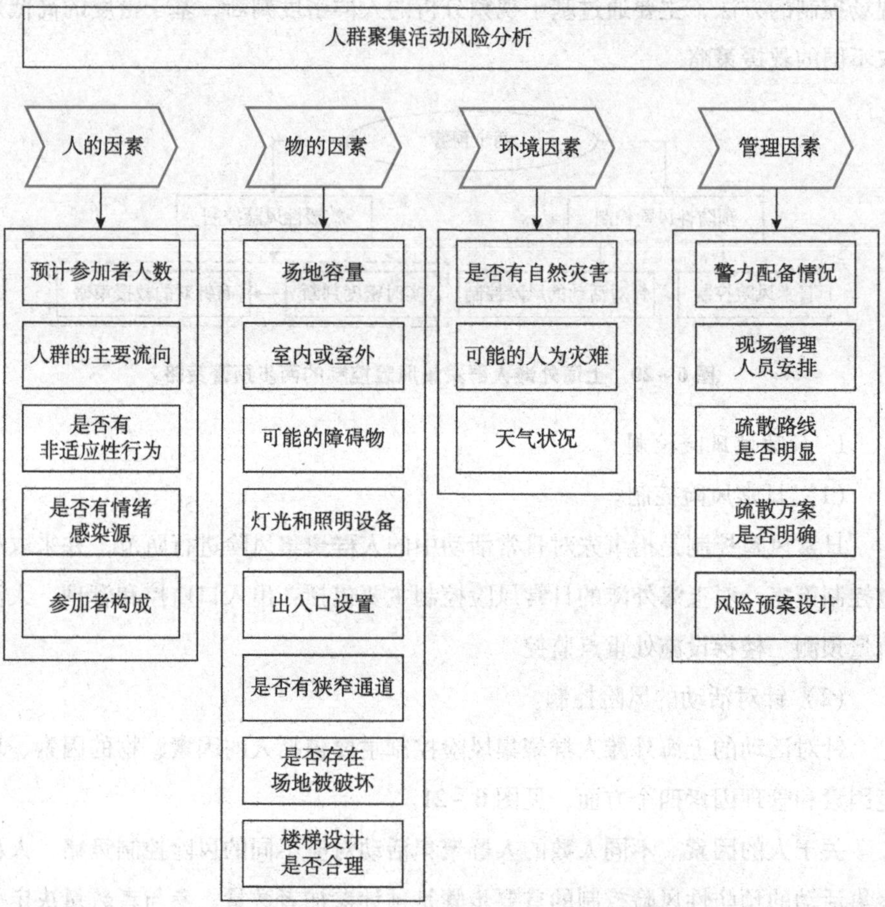

图 6-21 上海外滩人群聚集活动的预防性风险控制

关于物的因素。人群聚集活动的预防性风险控制根据场地的不同而不同,上海外滩人群聚集活动的主要聚集场所为室外场地。而室外场地具有开放性,出入更加灵活,相应地,人群构成、运动轨迹和路径则更为复杂。场地容量是人群聚集活动预防性风险控制的重要因素,场地容量与人群密度有极为密切的关系,当人数固定时,场地容量越小,人群密度越大。人群聚集活动预防性风险控制需要预先分析是否存在障碍物,有哪些因素可能导致人为障碍的出现。在活动开展前,要检查场地的灯光、照明设备的情况,尤其是疏散指示灯是否

第6章 案例分析：以上海外滩踩踏事故为例

正常。要分析出入口设置是否合理，根据上海外滩的人流出入情况，分析外滩的出入口是否需要设置。要分析是否存在狭窄通道，在狭窄通道设置明亮的灯光和清晰的标识，并根据需要设置人流方向。在人群聚集活动举办之前，要检查场地是否存在设备、设置被破坏，如栏杆坏了，或者一些设施老化，可能存在安全隐患。检查楼梯的设置是否合理，若不合理，是否需要对上行和下行人流分流。

关于环境因素。在进行活动策划时，要提前了解活动当天的自然灾害情况，若可能发生自然灾害，在设计安全防范预案时要全面考虑自然灾害导致的影响；要提前了解活动当天的天气情况，对于过热、过冷等极端天气，采取相应的预警策略；对于可能发生的人为灾难要进行预测，并对一些常见的可能发生的人为灾难设计预案。

关于管理因素。当组织人群聚集活动时，在估计参加者数量的基础上，要对所需配备的警力进行估计，或者通过对参加者的预判，向相关部门提出申请；活动的组织者要事先安排活动现场的管理人员、安全人员和引导人员等；在组织人群聚集活动前，要确定人群疏散路线是否明晰，疏散指示灯是否正常；在人群聚集活动预防性风险控制时，要提前设计人群疏散方案，提前设计人群踩踏风险预案。

2. 救援性风险控制

上海外滩人群聚集的救援性风险控制是针对现场的一种风险防范途径，利用计算机技术、数据分析技术等进行救援性风险控制是目前的趋势。上海外滩的救援性风险控制的核心思路为：利用计算机技术对上海外滩各区域的视频数据进行实时分析，运用 W. Kou，Y. Wang[①] 团队开发的软件判别人群密度的拥挤程度，从而进行风险分级。在风险分级的基础上，制定救援性控制策略，见图 6-22。

---

① Kou W T, Wang. Y, Guo J X, et al. A design of dection and tracking systm based on dynamic multi-object [C]. 2017 IEEE 2nd Information Technology Networking, Electronic and Automation Control conference, 2017: 1230-1234.

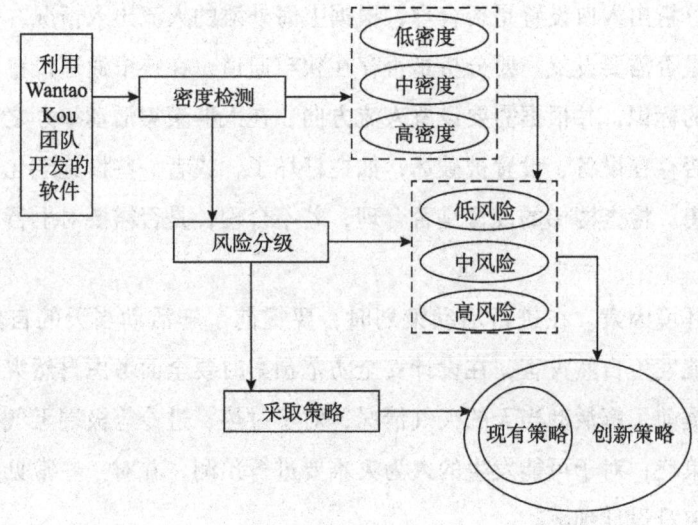

图 6-22 上海外滩人群聚集的救援性风险控制思路

6.5 上海外滩踩踏事故的启示

上海外滩踩踏事故是由于人的因素、物的因素、环境因素和管理因素共同作用的结果,是在人群的物理—生理—心理维度的共同触发下发生的。上海外滩人群踩踏事故的触发是事发地人群密度大大超过场地容忍水平,存在人流对冲,场地光线不足且存在台阶的情况下,有行人摔倒而后继行人未意识到而继续前进,继而又被绊倒,从而出现大量行人摔倒、被踩踏、受挤压,最后造成人员伤亡。通过对上海外滩人群踩踏事故进行剖析,分析上海外滩踩踏事故的发展脉络、触发机理和演化机理,提出了上海外滩人群踩踏事故风险控制的两步预警方案,得到了以下启示。

首先,在日常生活中,人群踩踏风险防范的重点应该集中于人群密集的区域,如楼梯、出入口、狭窄通道等,这些区域是事故易发地,因此要重点防范。在楼梯处,条件允许的情况下,最好设置上下分隔线,并标好上下示意图,防范人流对冲;在出入口处,可以根据情况采用分隔人流的栏杆,提前设置标识牌,指示出入口,以减少在出入口附近的走走停停和左顾右盼行为;在

第6章 案例分析：以上海外滩踩踏事故为例

狭窄通道附近设置标识，并尽量引导人流从另外的宽阔路段行走，条件允许情况下，设置人流分隔装置。

其次，在组织人群聚集活动时，要对人群聚集活动进行风险评价，尤其是对于人的因素、物的因素、环境因素和管理因素等四个方面的各个因素进行分析。在风险分析的基础上，采用科学的方法对人群聚集活动的风险进行评价，并根据人群聚集活动风险的大小采取相应的应对策略。

再次，人群踩踏事故是可以通过科学的管理来避免的，采用预防性人群踩踏风险控制和救援性人群踩踏风险控制相结合，对不同的人群聚集活动、针对特殊的场地和特殊的区域采取相应的人群踩踏风险控制策略，提前做好人群踩踏风险预案，并对现场进行科学的防范和管理，有利于防范人群踩踏风险。

最后，通过积极创新、运用新的技术控制和防范人群踩踏风险是未来的发展方向。如运用人脸识别和手机感应系统，统计人群聚集程度；利用大数据分析，预测某地区的人流情况；采用VR技术对人群疏散进行模拟，从而设计科学的应急疏散方案；利用OLED技术进行引导指示，既节约能源，又能清晰标识，减少行人走走停停等异常行为。

本章小结

本章梳理了2014年12月31日上海外滩人群踩踏事故的发展经过，分析了上海外滩踩踏事件的准备阶段、潜伏阶段、发展阶段、爆发阶段和衰退阶段的特点，分析了各个阶段人群运动情况和各个部门的处理情况；总结了上海外滩人群踩踏事故的触发因素，并分析了上海外滩人群踩踏事故的触发机理；运用Pathfinder软件还原了上海外滩事发地的场景，并对正常情况下的人群疏散、指定出口下的人群疏散、存在人流对冲情况下的人群疏散和事发楼梯人流对冲情况下的人群疏散进行仿真模拟，探索了上海外滩人群踩踏事故的演化机理；基于上海外滩人群踩踏事故的触发和演化机理，提出了上海外滩人群聚集风险控制的两步预警策略，包括事前的预防性风险控制和事中的救援性风险控制，并分别对两种预警控制策略进行了阐述。

第 7 章　总结与研究展望

7.1　总结

本书基于四维分析的研究范式，综合运用心理学、物理学、数学、计算机、管理学等多学科的知识，将理论分析与案例分析相结合，视频分析和计算机仿真相结合，数学模型和仿真方法相结合，探讨了人群踩踏事故的触发及演化机理，并由此提出了人群聚集风险控制的两步预警思路。本书遵循的基本逻辑是：在理论分析和案例分析的基础上，利用扎根理论和解释结构模型的方法，研究人群踩踏事故的触发机理；基于生命周期理论、情绪传染机制、异常行为演化机理和多主体博弈的维度，剖析人群踩踏事故的演化机理；基于触发—演化链条提出人群踩踏风险控制的两步预警方案；通过上海外滩人群踩踏事故的案例分析，剖析事故的触发、演化机理，分析上海外滩的人群聚集风险控制策略，并得出相关启示。通过研究，得出了以下结论。

(1) 阐述了人群聚集风险管理的基本理论。

定义了人群运动，分析了人群运动的特点；界定了人群集聚，并阐述了人群集聚的类别；介绍了人群踩踏的含义和特征。在此基础上，对人群踩踏事故的触发和演化进行了诠释和界定，并对人群踩踏事故的触发和演化进行了系统性分析，提出了四维分析的研究范式，构建了物理—生理—心理概念模型，并剖析了人群踩踏事故触发和演化的链式关系。

第 7 章 总结与研究展望

(2) 揭示了人群踩踏事故的触发规律。

人群踩踏事故触发因素的扎根理论分析总结出 74 个编码、17 个范畴,并提炼了 12 个主范畴,构建了人群踩踏事故触发因素的概念模型;人群踩踏事故触发因素的概念模型包括人的因素、物的因素、环境因素和管理因素,通过解释结构模型分析构建了多层次的解释结构模型;通过扎根理论和解释结构模型相结合,分析了人群踩踏事故触发因素的临界条件,并从心理—行为、数量—密度、流向—流速、地形—环境四个维度分析了人群踩踏事故的触发条件。

(3) 探究了人群踩踏事故的演化机理。

论证了人群踩踏事故的生命周期演化规律。总结了人群踩踏事故演化的四个生命周期——潜伏期、发展期、爆发期和衰退期,基于四维分析的范式总结了四个阶段的特征,并构建贝叶斯网络模型论证了人群踩踏事故演化的生命周期特性。通过筛选人群踩踏不同阶段的 110 个案例,将其离散数据化,利用贝叶斯机器学习,对人群踩踏事故所处生命周期进行判断。

结合传染病模型和复杂网络原理构建了人群踩踏事故中的情绪传染模型,分析了在人群踩踏事件中情绪的传染和演化过程,利用 Matlab 软件对两种情景下的情绪传染演化进行仿真模拟,论证了人群聚集时情绪传染的规律。

基于大量的视频分析,总结出人群聚集中常见的异常行为,如逆行、骤停、走走停停、哄抢行为等,并分析了这些行为演化的效应,结合 Pathfinder 软件对这些行为的演化进一步仿真模拟,得出以下结论:当少量行人逆行时,逆行行为演化为钻缝效应;当多数行人逆行时,逆行行为演化产生错流效应;当在人群聚集时骤停时,容易产生"碰鼻子"效应;走走停停行为中停时演化为"碰鼻子"效应,走时产生真空效应;小团体行为在人群聚集时产生包络效应;哄抢行为演化中产生鱼涌效应。

通过构建多主体在人群踩踏事故中的策略演化博弈模型,并运用系统动力学进行仿真分析,得出管理者和行人在人群聚集演化中的策略选择结论。当管理者积极应对所获得的收益与成本的差小于其不作为时的收益时,管理者将采取不作为的策略;如果行人理性行动的收益小于非理性行动的额外收益时,行人将选择非理性行动;额外的收益 ΔR_1、ΔR_2 是存在"投机"的根源,也是人群集聚风险产生的重要原因；因素 R_1、C_1、ΔR_1、R_2、C_2、ΔR_2 的值均会对博弈方的策略选择产生影响，而如何判断不同情形下的收益与成本，并作出合适的策略选择是最关键的。

（4）提出了人群聚集风险控制的两步预警思路。

基于人群踩踏事故触发机理和演化机理的分析，介绍了人群聚集风险控制的两步预警原理，阐述了人群聚集风险控制两步预警的含义，分析了人群聚集风险的事故预防性控制和救援性控制的区别与联系。人群聚集的预防性风险控制分析主要包括针对人群聚集活动的预防性风险控制和针对特定场地的预防性风险控制。人群聚集风险的救援性控制分析主要包括两个步骤：基于视频分析的人群聚集风险分析和基于不同风险等级的救援性控制策略。最后构建了人群聚集风险防范的两步预警模型。

（5）分析了上海外滩踩踏事故的触发、演化及风险控制策略。

通过对 2014 年 12 月 31 日上海外滩人群踩踏事故的还原和分析，剖析了该人群踩踏事故发展的生命周期路径，经过了准备阶段、潜伏阶段、发展阶段、爆发阶段和衰退阶段。分析上海外滩踩踏事故的触发因素和触发条件，通过对上海外滩事发场景进行实地测量，构建了仿真模型，运用 Pathfinder 软件对正常情况、存在人流对冲情况下和存在骤停、人流对冲情况下的人群疏散进行了仿真模拟，通过比较分析探讨了上海外滩踩踏事故的演化。最后对上海外滩目前的人群聚集风险控制策略进行了分析，并提出了上海聚集风险控制的两步预警方案。

7.2 本书创新点

本书综合运用管理学、数学、计算机、心理学等相关理论，尝试着用多元的方法，探讨人群聚集的风险管理理论，其中得出较有特色的研究成果是：

（1）提出了流向—流速、数量—密度、地形—环境、心理—行为四个维度分析范式。

本书提出了流向—流速、数量—密度、地形—环境、心理—行为四维分析的研究范式，并将四维分析的研究范式贯穿于人群踩踏事故的触发及演化机理分析之中。从流向—流速、数量—密度、地形—环境、心理—行为四个维度分析了人群踩踏的触发条件，并基于四维分析的研究范式分析了人群踩踏事故的触发机制。

（2）综合运用复杂系统建模法探索了人群踩踏演化规律。

基于危机的生命周期理论和贝叶斯网络原理，构建了人群踩踏事故生命周期演化分析模型，收集了处于不同生命周期的人群踩踏案例，将其数据离散化并输入 Netica 软件进行机器学习，得出人群踩踏事故不同生命周期演化特征，并利用 Netica 软件和所构建的模型对事故的人群踩踏生命周期演化进行判断。结合传染病模型和复杂网络的模型，构建了人群踩踏事故中的情绪传染模型，利用 Matlab 软件编程对人群踩踏事故中的情绪传染机理进行了仿真模拟。综合视频分析、Pathfinder 仿真模拟，对人群踩踏事故中异常行为的演化进行了仿真，揭示了逆行、小团体行为、走走停停行为、骤停行为和哄抢行为的演化规律。运用演化博弈和系统动力学模型，构建了人群踩踏事故的多主体策略演化模型，论证了随着时间的推进不同主体之间的动态的策略选择博弈。

（3）构建了人群聚集风险的两步预警模型，并提出了两步预警思路的实现方案。

基于风险管理理论的基本思想，结合人群聚集风险的触发和演化链条分析，构建了人群聚集风险的两步预警模型，即预防性风险控制和救援性风险控制。结合数理理论、视频分析和案例分析，分别针对人群聚集活动和特定场地提出风险控制方案；将视频分析和计算机分析软件相结合，对人群密集程度进行判断并分级，对不同风险等级的人群聚集情况采取不同的措施。提出了人群聚集风险的两步预警思路的实现方案，提出了常见的两步预警策略和基于技术创新的两步预警策略。

7.3 研究展望

人群聚集风险管理是一个复杂的动态的多维问题，涉及管理学、心理学、

人群聚集的风险管理理论与实务

数学、物理等多个学科领域，涉及不同行人的个体差异、自然环境与人工环境、场地因素等多种因素。本书在文献分析、案例分析、视频分析的基础上，综合多学科的理论与方法，探讨人群踩踏事故的触发及演化机理、人群聚集风险管理的基本思路，虽然取得了一定成果，但受研究条件、研究时间和学术水平的局限，依然有一些需要进一步探讨和分析的地方，具体如下。

(1) 案例的局限性与事故发展性的矛盾。近年来人群踩踏事故的案例是本书研究的重要数据之一。在人群踩踏事故触发因素分析、人群踩踏事故生命周期演化仿真分析中，都是以人群踩踏事故案例数据为基础，然而人群踩踏事故是发展的、变化的，在发展中人群踩踏事故的触发和演化可能呈现新特点和新规律，因此，在今后的研究中，作者将通过不断收集相关案例和资料，继续完善和充实人群踩踏触发和演化机理的相关理论，挖掘新的规律。

(2) 个体行人生理—心理—物理相关数据的局限性。人群聚集风险管理中最重要的主体是个体行人，个体行人的生理、心理和物理方面的相关数据具有多样性、变化性和难获得性，通过事故现场获得相关个体行人三维度的数据很难实现，而通过实验法获得数据具有危险性，因此获得个体行人生理—心理—物理相关数据具有局限性，在今后的研究中，希望能克服局限，获得新突破。

(3) 案例分析仿真模拟的局限性。在上海外滩人群踩踏事故案例分析中，由于地形不规则、地理环境复杂等因素，测量数据与实际数据有一定的误差，将其应用于 Pathfinder 中设计的场地时，与实际情况有一定的误差。此外，在探索人群疏散效应时，为了简化仿真过程，本书未考虑人群不断进入的情况。这些问题也是今后进一步研究的方向。

后　记

当您翻到这本书的最后一页，我希望本书已经为您提供了深刻的洞见和实用的知识。作为作者，我为能够向您分享这一领域的最新发展和深入研究深感荣幸。

2014年12月31日上海外滩人群踩踏事件，让我们整个团队深受触动，一方面为失去36余名鲜活的生命感到心痛和惋惜，另一方面希望能用我们的团队智慧为社会做点什么。于是，在导师谢科范教授的指导和带领下，我们团队围绕人群踩踏事件的机理，完成了国家社科基金重点项目的研究、指导学生参加全国挑战杯大赛、为多地应急管理部门提出建设性建议等一系列的工作。本书撰写思路起源于这个阶段，我们团队去西安、长沙、西双版纳、武汉、上海等地调研，收集了一些关于人群聚集管理的一手数据，综合理论分析和实践调研，结合系统管理的基本理论，撰写成书。

在撰写这本书的过程中，我们深深地感受到人群管理领域的复杂性和挑战性。我们试图在这本书中平衡理论与实践，结合历史案例和现代技术，以期为读者提供一个全面、多元的视角。我们的目标是为读者，无论是专业人士还是普通公众，提供一本既丰富又易于理解的指南。

此书的撰写离不开许多专家和同行的宝贵意见。他们的洞察和建议使这本书的内容更加丰富和深入。同时，我也要感谢那些无私分享自己经历和故事的人们，是他们的真实案例让这本书更加生动和贴近实际。

当我们探讨人群聚集的风险管理时，实际上我们是在讨论一个更广泛的话题：如何在日益复杂的社会环境中保持安全和秩序。这本书旨在启发更多的思考和讨论，鼓励读者积极参与到这一重要领域的研究和实践中来。

我衷心希望这本书能够成为您在理解和应对人群聚集风险过程中的有力工具。同时，我也期待这本书能够激发更多的思考和研究，为这一领域的发展贡献一份力量。

再次感谢您的阅读与支持。在这个充满挑战的时代，让我们共同努力，为创造一个更安全、更有序的社会环境而不懈奋斗。

刘思施

2023 年 12 月 23 日